日本軍の朝鮮学兵

－二次大戦中－

孫 鐘 英
(広原健一少尉)

제이앤씨
Publishing Company

まえがき

僕は日本軍の学兵だった。学兵は学徒兵とも言った。然し、問題は僕は日本人ではなかった。僕は大韓半島の中東部にある僻村に生まれて、ソウル(京城)にある日帝下官立の京城高等商業学校に通っていた。時と所を間違っていたのだろうか? 僕は日本が朝鮮を植民地化し独裁政治と搾取政策を実施するために自分らの子供達を教育して居る日本人の官立学校に入って、日本の学生達と競っていた。今顧みるとそれが僕の間違いだったと思うが、その時僕は年が寄っていなかったし、それが悪いとは思っていなかった。それが又その当時一般人の希望でもあった。

僕は千九百四十四年一月から翌年九月末迄、学兵として日本軍に引っ張って行かれて、千辛万苦を重ね、死線も突破して故国に帰った。或る時には死線を迷って居るような気もした。日本で一番大きい本州と九州と云う大きい島に行って来たのに、何の死線かと云う人も居るだろうが、この手記を終わり迄読めばそれが理解出来ると思う。今もう半世紀以上も過ぎた事々を書いて居るがこのエピソ-ドは皆僕が直接経験したのであり、少しも変えたり作ったのは一つもない。唯、人名とか、部隊名とかは変えるのが良いと思って変えたのがある。その他の事を少しでも変えたり加えたら、手記でなく小説に過ぎない。僕は日本の帝国主義者達が僕らを迫害した歴史を残したいし、小説を残したくはない。そう云う意味でこの本が少しでも歴史的価値があれば幸いだと思う。

今朝鮮の若者達は彼らの祖父母達や父母達が経験した痛ましい日本統治下の歴史、特にその内容をよく知ら無い者が多いようだが、それは此れに関してよく習って居ないか、それとも絵を描いでやらないと別に関心が無いからであろう。それに、朝鮮の一般人は解放直後から今迄、日本の学兵として日本軍に引っ張られて行って来た同胞に関する関心がなく、又「学兵」と言う言葉もよく使わない。その理由の一つは、学兵何名が終戦後歸国してソウルに「学兵會」を結成したが、それが共産團体だと看做されて、政府と西北青年會の奇襲を受けて、跡もなく無くなってしまった。それで他の學兵迄赤色派と見るように成った。その後には日本軍に行って來た学生に関しては「学兵」と言う言葉はよく使われていない。

この嬉しくもない追憶の手記は千九百四十八年の夏迄書いたが、その理由は僕がその時迄も学兵に關する良くない記憶を脱皮出來なかったからである。僕が千九百四十八年の春遅くクリスチャンになり、その七月初にアメリカ留学に発つようになってから、その気分が大分無くなった。

この手記を読んでクリスチャンになる人があれば非常に幸いだが、この本は勿論宣教目的で書いたのではない。僕が死ぬ前に僕の経験談を残して、日本の皆様に日本帝国植民統治下でこう云う酷い事も有ったと云うのを書いで残したいのである。

日本軍に行った朝鮮学兵は二千名位居るが、前にも言ったように、大韓半島の人々は皆此れを忘れたようだし、それに関する本もないようだ。雑誌記事も二、三しか見た事がないので、此の手記を書いで居るのである。この手記では開放前の朝鮮半島は南北を問わす「朝鮮」と言う言葉を使う。僕がアメリカ留学に発つ前には朝鮮は米軍政下にあったし、二次大戦直後「韓國」と言う稱號を知らない人も居った。大韓半島の北の方では今も「朝鮮」しか使わないし、又此の手記には北鮮でのエピソ-ドも少し出て来るから「朝鮮」を使わざるを得ない。今の半島の南部に關しては勿論「韓國」を使う。「朝鮮」と云う言葉は日本人が普通大韓半島を貶して言う時に幾世紀も使って来だのだし、又僕らを言う時に半分も貶して「朝鮮人」と言う。僕は「朝鮮の人」と言う言葉も聞いて氣分が悪い時もあったが此れは少し良い。「朝鮮」は北朝鮮の國號にもあるし、北韓では此れしか使わないので南の人が多く此れを忌避するのは、北の「同志」とか「同僚」を意味する「トンジ(同志)」とか「トンム(友達)」と言う言葉の使用を忌避するのと同じ理由である。此れが僕らの運命であると同時に悲劇でもあった。僕らは「倭」と言う言葉からは脱皮せにゃならん。

又此の手記では別に興味もない日本軍隊の日常生活とか、普通の訓練事項に関しては書かない。僕の記憶中忘れられないエピソ-ドだけを書いたので、少し劇的だとか大袈裟だと云う印象を受けるかも知らんが、僕の学兵生活は繰り返す悲喜劇であった。勿論悲劇が大部分であるので残念である。

この本は初めアメリカで英語で書いた。それが二00七年秋にアメリカで出版された。

目 次

岐路にあった朝鮮 – 千九百四十年代 –

僕は此処で千九百四十年代の朝鮮学生の左傾傾向を説明する必要があると思う。その時には朝鮮の専門、大学生の総数は数千名に過ぎなく、中学生を合わせて万五千名位しか居なかった。此れと数万名に過ぎない中等學校と大學の卒業生を合わせると十万名にも達しなかった。それでこの人達は皆朝鮮の知識人と看做されていた。この時朝鮮半島の八十パーセントが文盲だったのを参照するとこの事情が良く理解出来る。朝鮮の文盲も日帝の半島愚民政策の一つだったのは言う迄もない。

朝鮮が謀略によって千九百十年に日本のために独立を失ったのは周知の事実である。此れは大韓半島では良く知って居るが、日本では日韓合邦を合理化し、それは恰も朝鮮のために良かったとひどい事を云う人迄多いのだから驚かざるを得ない。実に厚かましい人達である。彼らは朝鮮の人の立場に成って考えるべきである。その時、朝鮮の独立志士の一派はソ連と中国と日本が企んで作った「満洲国」に逃げて行った。それからもう一派は主に米國に逃げて行った。前者は距離の關係上後者に比べて數が非常に多かった。

それから僕らは国体がどうであろうが、隣の大国だけが日本の無慈悲な拳から大韓半島を開放してくれる事が出来ると思っていた。その後の歴史がそれを立証して居る。ところが、彼らは不幸にも半島を南と北に分断し、数百万の南北鮮の兵士と一般人が頓死し、北朝鮮ではその他数百万が獄死し又数百万が餓死するなど、歴史上最悪の人為地獄を招来した。日本の統治下でもこういうことは無かった。共産国以外にも北鮮を支持する人達が居るそうだから驚くべきであり、悲しい限りである。

日本はその時も今のように君主主義と資本主義を標榜して居たし、それから朝鮮を武力と策略で合邦してから、圧力と権力で搾取し始めた。総督は鉄拳で朝鮮を統治し、いろんな姦計で南の農民を彼らの農土から追い出して満洲とあの険しい鴨緑江に接している咸鏡道の北の山岳地帯に強制移住させた。

中国は千九百二十年代には蒋介石の統率下、資本主義の体制を保っていたが、共産党の毛沢東は千九百三十年代に北部を掌握し、蒋介石の中央政府に挑戦していた。ソ連は千九百十七年から無慈悲な共産党の独裁統治下にいた。それで此れらの国に逃げて行った朝鮮の志士達は共産主義と独裁政治に浸っていた。アメリカに行った人達は勿論資本主義と自由を信奉した。この両系はその正反対の理念を基盤とする二個の国家を大韓半島に造って半世紀以上も維持して居る。ソ連は北鮮で共産主義の美名を標榜しながら最悪質の独裁と強制国家経済政治強制を始めた。然し主にアメリカだけが僕ら国民の厚生と繁栄に直接、間接に寄与した。世界の人達が良く知らないようだが、アメリカのルーズベルト大統領とイギリスが千九百四十五年二月「ヤルタ」會議でスターリンと非公式ではあるが大韓半島を三十八度線で両断すると合議したのである。不幸にも彼らは僕らに何を欲するかと言う質疑もしなかった。その悲劇的結果が韓國戰爭であった。その戰爭後半世紀以上も續いて居るのが南北の兩立と對決である。

勿論アメリカは大韓半島を半永久的に両断する意思はなったが、スターリンの陰謀も知らずにこれを承認したのである。此處で付け加えたいは、スターリンが金日成の南鮮(韓国)侵略を支持し、多くの空軍と少しではあるけれども陸軍も北鮮に派遣して居た。それから毛沢東に中国が韓国戦に参戦するように説得したのもスターリンであった。親北煽動家達は韓国が北鮮に侵入したと宣伝して来たが非常に愚かな話である。この左翼分子達は北鮮の愚策を盲目的に加勢する赤色分子に過ぎないし、北鮮が南進したと云う書類が現れたため、彼らは北鮮の羞恥的南鮮侵入の事実を認めざるを得なかった。数年前モスクワのソ連記録保管所で発見した書類によれば、金日成とスターリンが南進を計画したのである。親北煽動家達のやり方は理解しがたく、彼らが欲するのが何であるのか理解が出来ない。北鮮の絶対的階級制度? 共産党員の富裕な生活? 一日に一器、二器の食事? 彼等はインテリと自称して居るから、北鮮の現実'とその指導者たちをよく認識すべきである。北鮮が良い国だったら皆北鮮に行って住むべきであろう。然し、そういう人は今はむ非常に少ない様だ、言い換えるが、半島の両断問題を千九百四十三年イギリスとアメリカと中国がカイロ会議で、大韓半島を二次大戦で日本の敗退後、独立国家に作ると合議して居る。此れを千九百四十五年ボツダム宣言で再確認した。彼らは此れを施行したのかと敢えて質疑したい。この国々は自分の国の中に居る朝鮮独立志士達を援助して朝鮮を日本の拳から解放する道義的任務があった。然し、前にも言った様にイギリスとアメリカとソ連は、一九四五年日本軍の武装解除と云う名目で大韓半島を両断し、南は米軍が、北はソ連軍が占領すると言う秘密合意に達していた。ソ連は此れを利用して日本降伏のやっと八日前に対日宣戦布告をして、北に侵入し共産政府を立てた。この両国は勝手に思想的に正反対の政府を南鮮と北鮮に作ったので、その後の半島の事情と世態が順調な筈がない。

アメリカは三十八度線は日本軍の武装解除の線であり、半永久的な境界ではないと主張して来た。アメリカはソ連の姦計も知らず全然誤算をしてしまったのである。ソ連は米ソ間の約束を無視して半島に最現代鉄鋼戦を招来した。其の対立が終戦後も半世紀以上続いでいるのだから驚かざるをえない。此の悪政体は今後一世紀以上も續くかも知らぬから大変なものであり困っものである。とにかくこの世界は此の様に共産対反共産の闘争を一世紀も近く経験して居る、ソ連の崩壊のため大分軟化したが、その余波が中国や北鮮には未だ及んで居ない。この南北両断と韓国戦争は南の社会構造を破壊するように見えたがそれは出来ず、北の以前の社会体制丈を相当破壊してしまった。又ある人達は大韓半島が完全に独立したように言うけれども、勿論それは現実を無視した話であり空虚な主張に過ぎない。然しそういう人が今は韓国戦争以後非常に少なくなったのは事実である。

二次大戦の前後、国内の学生達も両体制を支持する両派に分かれていた。幸いにもこの両派間には激烈な競争や闘争はなかった。元来この両派は独立を願う学生達の党派だったのでそんな対立はなく、経済体制は第二次問題だったのである。半島内の朝鮮学生は勿論日本の学生もこの両体制に関する本を読まないと政治的討論に参与する事が出来なかった。そう云う学生は深みのない学生と看做されで非難と蔑視を受けていた。ところが、半島内の朝鮮学生達は就職も親日派でなければ容易でなく、親日派も就職後行政部の中位以上には上がるのが非常に難かしかった。それで親日派みたいに変身する人達が居る事はあったが非常に少数だった。勿論こう云う人達は親日派と烙印され、朝鮮の一般社会から疎外されていた。それでそういう人達の中には中等学校と大学の卒業後その侭左傾に留まる人が多かった。それは共産主義に関する本も読み、共産独裁制度に関して知ってはいたが、実際そう云う制度を直接体験をした事がないのでそうだった。彼らの大部分は忠実な共産主義者ではなかった。

その後、社会学者達が研究した結果、日本の学生は左傾か左傾のように装って、一旦就職をするとその職場に忠実な人、即ち社会学で言う職場人或いは組織人(Organization Man)に變身し、大部分が中央路線支持者か右翼分子になり、少數は極端保守派に變わると言う事である。

僕は現在の大学水準であると言われる京城高等商業学校に通っていた。周知の事実だけれども京城は今のソウルである。其の時その学校で経済を勉強せざるを得なかったので、あの有名な「マルクス」の「資本論(Das Kapital)」と言う本と、資本主義の古典と言われる「アダム、스ミス(Adam Smith)」の「国

富論(The Wealth of Nations)」のような本も読まねばならなかった。率直に言って僕はその時どれが良いか結論を付ける事が出来ず「ゼレミ、ベンサム(Jeremy Benthem)」と「ジョン、ストアト、ミル(John Stuart Mill)」が主張した功利主義(utilitarianism)のモットーである「最多数の最高の幸福」が一番良いと考えていた。共産主義と資本主義は経済の方法論であり、功利主義は人類の最終目標を標榜して居ると思ったからである。ところが最終目標は間違いがないけれども、方法論は間違いがある可能性があるから沈着に研究せねばならないと、漠然と結論を付ていた。

此処で参考的に付け加えると、僕は千九百四十八年の春遅くクリスチアンになったので、方法論と最終目標もキリスト教の原理に合わないといけないと云う所信を持つようになった。日本は世界の開闢が日本で始まり、人類の揺籃地が「奈良」であると、とんでもない主張をし、それが一部の人達の宗教に成っている居る島国だから、そのようなのを脱皮しないと世界の指導国とか文明国とかの役割は果たせない。この世紀に世界の指導国になるためには、そう云う国としての知性的道を歩まにゃなるまい。

今、(女子)挺身隊の問題が大きにクローズアップされ、日本の政府も直ぐ前の天皇「裕仁」がその設立を命じたと言う書類が現れて、仕方なくこの問題と賠償を論議せざるを得ないようになったが、今迄何の賠償もして居ない。今の日本の主相はこれに関しで非常識な詭弁的発言までしている。そして日本の国会議員四十名がワシントン、ポストに挺身隊は日本政府と無関係だと大きく広告したがそれは米国会が挺身隊に関して討論していたからであろう。実に良心の無い厚かましい人達である。此れを書いている時には既に米国会でそれを忌憚する法案が通過している。日本はドイツに習うべきである。ドイツは過去のユダヤ人に対する自分らの過誤を反省して賠償をしているのである。

天皇陛下が「自分は神でない」と告白しようが、しまいが「天皇」と言う称号も妥当でない。人間的で民主的な称号を採択すべきである。よく考えると、彼がそう云う告白を仕ようが、しまいが問題でない。人類歴史上最も文明開化したと云う二十一世紀に「天の皇帝」と云う號を使うのは常識はずれである。事實「裕仁」自身も最高位の戰犯であり相應な處罰を受けなければならなかった。そうすれば日本は謙虚な人間味のある國に再誕生して、全世界が受け入れられる倫理的國家になったであろう。こういう点においも日本は未だ、未だ不足な点が多い。又、僕は挺身隊に合った事もないし、合ったら皆同じ血を持って居る女として愛し、その一人を異性として受け入れた事であろう。僕が愛国者とか特別な人間だからそう云うのでなく、僕の体の中を回って居る血がそうさせたと思う。僕は僕の血が特別な血でないのはよく分かって居る。ところが僕が持って居る血は僕がどうする事も出来ず、それを否定するとか恥ずかしく思う必要もない。僕らの血は幾つかが交わったのは間違いないが、それが二十世紀以上も大韓半島で浄化されて誇るべき血に成ったのである。僕はそれを汚さずそれに忠実でなければならないと思い、又そのように生きて来た。それで僕はアレックス、ヘイリが書いた「根源(Roots)」と云う本に出て來る話を時々考え、人間の起源に關しても考えてみるが、 彼の「根源(Roots)」と僕の「血」が似合って居ると思う。僕らは勿論此れを汚しては真の人間でないとも思って居る。

僕が特別な愛国者でなく愛血家だと云うのは既に上で言った。この本を読んで僕が現世の風潮に諂う人だと思う人が居れば、此の手記は書かなっかた筈である。僕は誰も恐い人はないがそう云う非難は聞きたくない。唯、僕の稀な生涯の一部を話して残したい。

近頃、韓國の研究者一人が京都の日本政府書類保管所で變な書類を一つ發見したそうであるが、それに依ると日本政府は千九百四十五年八月十八日に朝鮮の知識人を全部殺す計劃をしていたそうである。

一般の日本人も此れを知らん人が大部分でこういうのを反対する人が多いだろう。二次大戰が三日後に終っていだら、僕もその時殺された事だろう。全世界が当然此れを制裁すべきである。幸いに、宇宙の創造主、クリスチャンの神様が此れをお許ししなかったお陰で僕も今迄生き殘って、こう云う本も書いで居るのである。世界は此ういう日本の為政者達を制裁すべきである。

商業學校卒業前の同窓生の死

この時代の悪辣な世態の一遍を紹介する意味において、僕が朝鮮で學生時代に經驗したエピソ-ドを二、三話してみる。僕が元山商業学校の卒業が切迫した時「元山驛事件」が発生した。元山驛の朝鮮の従業者達が獨立運動を企んで居たのが朝鮮系の刑事に發見されて日本警察に逮捕された。拷問中死んだ人も居るし、二次大戰の終わり迄監獄で酷い目に合っていた人も居た。ところがこの人達と元山商業学校の少数の生徒達と何かの連絡が有ったようである。又僕の記憶では僕らの同窓生が「KORAE-HOE(鯨会)」を作っていたが僕が見でも大した会ではなかった。それは少数の同窓生が親睦会みたいなのを作ったのだが「KORAE」の音が一0-一四世紀の朝鮮の大国「KORYO(高麗):世紀九一八-一三九二」に似て居るので、それも朝鮮系刑事の耳に障らない筈がなく、元山驛事件に關連していた人達を先に、それからこの親睦會員を次に逮捕して拷問を始めた。

約三十名もの僕らの同窓生が日本警察に捕まれて三週間ほど拷問を受けていた。僕は体も小さいし静かで友達も多くなかったので、日本警察の眼中にも無かった。然し引っ張って行かれた同期生か後輩が拷問中誰かの名を呼ぶと、その者を逮捕して拷問していた。その爲に引っ張って行かれて酷い拷問を受けて居る同窓生も多かったので僕らは勿論皆毎日戰々恐々としていた。

僕の家でも正門が少し搖れでも警察が僕を逮捕しに來たのかと思って全家族がブルブル震えていた。

幸いに拷問を受ける同窓生の口から僕の名前は出なかった。然し、僕と僕の家族の苦悶は同窓生の拷問が継続する限り無くなる筈がなかった。そう云う渦中でも僕は四学年の成績が一等だったので、京城高等商業学校に無試験入学推薦を受ける資格があった。その時の中等学校は五年制であった。ところが僕が商業学校五年生の一学期の時、日本の先生一人にとんでもない気合を受けて、それも水泡に帰してしまった。それで入学試験を受けねば成らなかった。日本の先生一人が非常に醜いので生徒らが「蛸」と云う別名を作ってやった。勿論日本の生徒らもこの別名を作るのに加担していた。この先生が何でもない事をもって僕に気合を入れた。此れは勿論僕が朝鮮で十五年間通学中に受けた唯一の気合であった。彼は僕が五年生一学期の時、彼が教えて居る科目の僕の成績を二十点も落としたので、僕の平均が少し落ちでクラスの一等にならず無試驗推薦は不可能になった。それで僕は卒業の年の一學期が過ぎて受驗勉强を始めなけれは成らなかった。この受驗準備は余りにも遲かったけれども、仕方がなかった。此處で參考的に云うと、元山商業學校の生徒總數が六百名位で其の半分が朝鮮の学生だったが朝鮮の人の先生は中国語を教える先生一人しかなくて、他の二十余名は皆日本人だった。若い人達のために言うと、前の日本の学校制度はその時のヨ-ロッパ式で、中等学校は五年制で、専門学校は三年制だった。今は中、高等学校はアメリカ式に六年制であるが、専門学校は未だ三年制であるから、此れはアメリカの初級大学二年に一年を足した事になる。又、韓國では university は「大學校」と云うし、college(単科大学)だけを「大學」と稱するが、日本では皆「大學」で「大學校」という言葉が有るが university を意味しないようだ。前でも言ったように僕の入学試験準備はとても遅くなり、又商業学校卒業前にあった元山駅事件と鯨會事件の爲、受験準備が余りにも遅くなったので、京城高等商業学校には入学出來そうもないので、急いで他の専門学校に入学志願書を出しておいた。その時には私立専門学校は皆朝鮮学生が通う學校だった。こう云う學校は皆教授内容は官立学校に劣っては居なかったが、就職は官立学校卒業生がずっと良かったので、學生達は官立学校を先に選んで行った。ところがそういう学校の八、九割が日本学生だった。勿論官立学校の教授達は皆日本人だった。僕がそういう学校に通っていたから愛国者とは言えないだろう。僕は入学試験準備はろくに出来なかったが、卒業前の思想事件のため北漢江の山岳地帯にある伯父の醸造場に潜んでいながら、ソウルに行って入学試験を受けねば成らなかった。その翌日卒業前に級友に会うため、元山市に行って商業学校の卒業式に出席し級友達と最後の話をして、すぐ北漢江の山岳地方に逃げて行った。最後と言わざるを得ないのは半島の両断と僕が千九百四十八年の夏來米して此処で永住しているため、同級生は卒業後二、三人しか会ったことがないからである。北漢江に逃げていったのも、同級生が拷問を受ける時僕の名を呼ぶかも知らんから仕方がなかった。

上で述べたように僕は専門学校入学試験準備をする日々も少なかったので、僕は要領勉強をせざるを得なかった。僕が重要で必要だと思った事項だけを勉強して置いたが、幸いにも高等商業の試験問題は皆その中から出ていた。それで僕は試験官は僕らの思考方式と作文の能力を見るのだと考えて、出来る限り有識な言葉を使いながら理論的に整然と書いていった。その時の専門学校と大学では、学生達が論文を書く時には欧米式の三段論法を用いて論理的に書くのを強調していた。勿論今もそうだろうと思う。それで僕は全家族が期待していた京城高等商業学校に入学することが出来だ。僕は同窓生に比べると非常に運が良かった。警察に引っ張って行かれた同窓生の大部分は、酷い拷問を数週受けて出てきたが、或る学生は拷問のためびっこみたいに成ったし、他の一人は死にそうだから警察が彼の両親に戻してやった。警察も人間だったのか? 然し彼は数日後死んでしまった。彼の家族と同窓生の怨恨と苦痛は表現の仕様もない。勿論警察に引っ張られて行った学生達は学業を継続させなかった。

その時信ずる事も出来ず痛恨な事は朝鮮系刑事と巡査達であった。留置所から出て来た同窓生達に依れば、彼らの暴力は日本系の刑事と巡査の数倍だったと言う事である。そういうのを知らなかった僕らは憤怒と背信感に包まれていて、それを耐えるのが非常に難しかったが、指を噛みながら耐えるしか仕様が無かった。比較的に幼い僕ら中等学生達も、弱小民族の悲哀と苦痛を始めて経験して酷く憐れんだけれども束手無策だった。今もその時の悲しさを生々しく感ずるのである。

こう云う事が朝鮮各所であったと云うし、又その酷さがこの数倍以上に達した所が多いというから驚かざるを得ない。こう言う拷問の全部は僕らの想像以上であるのは間違いない。

太陽出づれば乾坤明るし!

京城高等商業學校は解放後、ソウル大學校に編入されて商科大學になっていた。其處では経済學と經營學を教えていたが、その後朴正熙大統領の時、この学校の学生達の過激な反政府運動が續いたので、朴大統領がそれを米國式に經營大学につくり、經濟學は文科大学で教えるように再編成してしまった。僕は日帝下京城高等商業学校に通っていたので經濟學も必須科目だった。ところが經濟學教授は勿論日本人だったが、共産經濟に關しては簡單に觸れて詳しい講義はしなかった。日本政府は共産主義を嚴禁し、共産主義者とかその他の左翼分子は彈壓し、共産党を支持するような本は一切禁止していた。ところが僕らの學校の學生達は學校の圖書館からそう云う本を借りて讀む事が出來た。それでも朝鮮系學生達は思想犯に看做されるのを恐れてそう云う本を讀まなかった。そう云う本を持って居る朝鮮學生を見付けると無情に投獄したからである。又警察は僕らを含んで、誰でも中國とソ連に居る朝鮮獨立志士と連絡が有りやしないかと非常に虎視眈々だったのである。

僕は学問的好奇心のため学校の図書館からそう云う共産系の本を借りて家で読んでいた。ある日僕らの下宿屋に歸ってみると僕が通っている高等商業の新木學生課長が尋ねて來て僕の部屋に入って見たとの事だった。その時は先生が學生の部屋には何時でも自由に入って見る事が出來だのだった。僕は「オヤ!」と云って肝が潰されるような氣がした。僕はその時河上肇が書いたマルクス共産經濟を支持する「資本論」を學校の圖書館で借りて讀んで居たのである。その日登校する時その本を開いで机の上に置いていたのを新木教授が見た筈である。そう云う本を讀んで居るのが見つかって監獄に行った人も居ると云うのを聞いていたので、僕は直ぐ警察に引っ張って行かれて、拷問を受け、監獄に送られると思って、数日間悩まざるを得なかった。

僕らと違ってその時、日本の学生が左傾書籍を読むのは問題にしなかった。ところが僕は日本の学生ではない。その後数日経ったけれども新木教授は何も言わなかった。又数日たって新木教授が自分の家に夕食を食べに来いと招待したので驚いだ。日本教授が朝鮮学生を食事に招待すると云うのは聞いた事もないし、又考えも出来ない事だった。それでこの教授が何を計画して居るのかと苦悶しだした。然し夕食に迄招待したのだから悪い筈ではないとも考えた。何か良い理由があるだろうと思って心を静めようとしでも、新木教授の意図は知る筈もなかった。

約束の日僕は新木教授の家に行った。その家は大きくはなかったが、良い地域にあって、日本式のしとやかで綺麗な家だった。婦人も典型的な日本婦人で僕を親切に対してくれた。食物は勿論日本の物で塩気が淡いけれども、料理をよくしたので美味しかった。日本式だと思うが夫人は僕らと食事を一緒にしなかった。食事後約一時間位話をしたがどうしたのか、新木教授は僕が家で読んでいた本に関しては一言もなかった。

数日後、新木教授が市中の日本の寺の前で又会おうと云うので、今度は必ず拷問を受けると思って覚悟を硬くしてその寺の前に行った。あれこれ話を少ししてから彼が遂に言った。

「太陽出づれば乾坤明るし!」

僕はこの文句の表面的意味は分かるけれども、新木教授が俄かにそう云う難しい文句を引用したので、彼が何を言おうとして居るのか分かる筈がなかった。それで僕は訊ねた。

「それがどう云う意味ですか?」

「その意味は君も知って居るだろうが、いろんな解釈が出来るでしょう。皆を告げたら気分が軽くなるとも言えるだろう。」

「そうですか? 僕が告白せねばならない事が有るんですか?」

「よく考えたら分かるでしょう。」

僕は彼が何を言ってるのか推測も出来なかった。

「教授殿が何を仰って居るのか全然分かりません。」

「色んな本に関して良く考えて見なさい。」

「色んな本ですか? どう云う本ですか?」

「どう云う本か分かるだろう?」

「先生が何のお話をしていらっしゃるか全然分かりません。」
「では良く考えて、又合おう。」
僕は新木教授がなぜ又個人的に合おうと云うのか當てもなかった。何を言い度いのか、何故率直に言ってくれないのか、苛苛したが、僕は「いいです、そうしましょう。」と言うしか仕方がなかった。僕は僕自身が下宿屋で読んでいた本に関しては触れたくなかった。新木教授がそれに関して言わなければ、僕はそれを引き出す勇気がなかった。然し僕がその本に関して先に話さなければばならなかった。そうしだら問題がたやすく解決された事であろう。その時易者でも一人掴んで相談すれば事が容易く解決されたかも知らない。しかし僕はその時若い専門学生で、易者のする事は信じもせず、考えも出来なかった。
新木教授は本一冊でなく、多くの本を話して居るようだった。とにかく僕が左傾の色んな本を学校の図書館から借りて読んでいたから、酷い目に会うような気がして親しい同級生の一人と相談して見た。彼は僕が田舎に行って隠れて居るのが良いだろうと云った。僕は西欧で中世に異端者の拷問に使っていた非人間的なスペイン拷問の様なのを受けるのも時間問題だと思って、直ぐ医者一人から「肺門淋巴腺炎」と云う嘘の診斷書を貰って、一年休學の書類を學校に出して田舎に隠れで行った。その時僕の学校では歐米と違って一學年中に同じ科目を反復しなかったので一學期休學は稀だった。それで商業學校卒業前、拷問を受ける同窓生の口から僕の名が出るのを恐れて逃げて行った北漢江の僻村にある伯父の村に又逃げて行った。其處で助ける事があると助け、讀書と魚釣りをしながら、不安を感じながらも一年を良く業ごしだ。その間、僕は高等商業とは何の連絡もしなかった。翌年帰校したら、僕と同じ元山商業から来た「光原」と云う日本人の同窓生が、多くの學生の本を盗んで賣りながら、自分の名を書かないで僕の名前を利用したと云うのを誰かが僕に言ってくれた。結局光原は學校から追放されて見えなかった。
遂に待望の千九百四十五年八月十五日の開放が来た。その後僕はアメリカ留学の幸運を享けて此処(アメリカ)に渡って来て勉強後、米軍外国語大学に良い就職をして今迄滞留するようになった。僕は新木教授が東京の国学院大学で英語を教えていたが引退したと云う消息を聞いていた。それで或る年韓国に行く途中、その教授の御宅に寄って挨拶をして、回顧談を色々した事があった。彼は僕が京城高商に在学していた時、僕に迷惑を掛けたのが済まないように見えたので、僕が尋ねた。
「どうしてその時僕を思想犯として刑務所に廻しなかったですか?」

「何の事ですか?」
この時新木教授も敬語を使った。
「私の机の上の河上の本を見られだんでしょう?」
「何処でですか?」
「私の下宿屋でです。」
「あ、それですか?」
ようやく彼はその本の事を思い出すようであった。彼は僕がその本のためにどんなに悩んだかを分かる筈もなかった。僕は又云った。
「その時なぜ私を思想犯として刑務所に廻さなかったのですか?」
「あんたは未だ知らないようですが、僕は朝鮮で生まれ、朝鮮の人が好きです。」
「ああ、そうですか? 知りませんでした。」
「事実、僕は僕の学生とか知り合いが思想犯として投獄されると、警察に行ってよく話して皆解いて上げました。」
僕は驚嘆を隠す事が出來なかった。
あ、そうですか? 私は全然知りませんでした。それは非常に有難うございます。」
「私はその話はあまりしません。」
僕は感謝と敬意を表せざるを得なかった。朝鮮の人だったら誰でも感謝せにゃならん事だ。世界にこう云うエピソ-ドは多くないだろう。日本人の中にもこう云う尊敬すべき人が居ると云うのを又知って驚いで有難かった。此れも僕が若い時の世運が生んだ悲喜劇の一遍である。僕はその時、新木教授が「光原」に關する話を疾うに話して吳れたら休學しなくでも良かったのにと考えながらも、それには觸れる事が出來なかった。皆濟んだ事を持ってその先生を責めるような氣がして、それは言えなかった。
僕は今も半世紀以上も過ぎたこのエピソ-ドを時々思い出しながら、矛盾し対立する人間性善説と人間性悪説の観念を考えながら、人間は運命の善悪から脱皮する事が不可能らしいと云うのを経験を通じてつくづく感じたのである。此れは僕達だけが考えるのではなく欧米学者も HIGH VIEW OF HUMANITY(人間高見説)とか LOW VIEW OF HUMANITY(人間低見説)と言ってこの対立する説を研究して居るが、それが東洋の哲学にもある説の様なものである事が分かった。それで東西洋を通じて考え方が類似して居ると云うのも考えるように成った。とにかく僕は千九百四十五年十月に日本軍から歸國して、千九百四十八年七月初に米國に發ったのでそうかも知らんが、朝鮮ではそんなに非常に良いとか悪い人達は合った事がないが、長らく住んでいだら、そんな人達を多く見た事であろう。僕は今アメリカに来て六十年も住んでいるが、ここにも良い人とか悪い人が日本と朝鮮のようにあり人間性はどこでも同じ様だ。

學兵令

日本は千九百三十二年に「滿洲國」と云う國を建てた。それから日本は日本軍は蘆溝橋で小さい事件を起こして、此れを口實に中支蔣介石の軍隊と毛澤東の共産軍が戰うのを利用して北支那へ侵入して行つた。それで此れがこの支那の兩軍が臨時ではあるけれども、抗日戰の爲對戰を止めるようになった。蔣介石の中央軍は八路共産軍と戰う力を貯めるため、抗日戰には積極的ではなく、戰果も微々たるもんだった。

その反面毛澤東の八路共産軍は二百万に達する日本の五十一個の歩兵師団と熾烈に戦った。千九百三十九年九月、歐洲に戰爭が勃發した時、日本はアジアの指導者になる計劃をして、それに必要な戰爭資源を確保する爲、それが豊富な歐米の南アジアと南太平洋の植民地に侵攻して行った。彼らは彼らが欲する地域を「大東亞共榮圈」と云う美名を作って南方の地域と資源を確保しだした。ヨ-ロッパの諸国はヨ-ロッパでの戦争のため忙しく此れを止める事が出来なかった。日本は千九百四十一年にソ連と友好協約を締結した。それで彼らは東南亜と南太平洋では主に米軍と戦えばよかった。日本は千九百四十一年七月の御前會議で米國との戰爭を決定して、南亜と南太平洋諸島の侵攻を開始し、東條が総理にったた。

千九百四十一年十一月十六日アメリカの国務長官コ-デル、ホールは日本に支那と南太平洋から軍隊を撤退するように勧めたけれども、日本は勿論此れを無視した。この時アメリカ軍と同盟国軍は、太平洋には訓練の未熟な兵士数千名と旧式の軍用機少数しかなかったそうだ。此れは余りにも少なかった。

アメリカの真珠湾(パ-ル、ハ-バ-) 攻撃は山本提督の計画で、南雲提督が航空母艦積載空襲部隊を指揮して敢行した。千九百四十一年十二月七日、日本軍は航空母艦七隻、戦艦二隻、巡洋艦三隻、駆逐艦四隻と空襲機三百六十を派遣して二派の攻撃を決行した。此れらは真珠湾にいた戦艦八隻、巡洋艦三隻、駆逐艦三隻、水雷敷設艦一隻、その他の艦船百八十を破壊した。それから二千三百三十名の米軍将兵が戦死し千百四十名が負傷した。此れがアメリカ市民を半日抗戦に団結させる導火線になった。米軍の航空母艦三隻は真珠湾の外で機動演習中だったので此の時被害は受くなくて、その後アメリカの太平洋艦隊の主軸になった。千九百四十二年一月迄日本は東南アジアと南太平洋に有る多くの島を占領して、豪州近く迄行った。同年二月にはジャヴァを占領した。

東條を先頭にする軍国主義日本は第二次世界大戦参戦後、太平洋と東南アジアで主に米軍と戦ったが日本は負け続けで、全般的敗北が明らかだったのに、日本の軍事関係者は最後の勝利を叫んいた。彼らは人口的には日本の十倍を越え、資源的には数十万倍もあり、技術的にもずっと発展して居る欧米を相手に戦争をしながら、最後の勝利を叫んでいたが、彼らの敗退は新聞を見でも明らかだった。

アメリカはヨーロッパとアジアで戦争をするため、単独に短時日内に千六百万名の兵士を動員し、二十九万六千台の飛行機と、十万二千台の戦車と、八万八千隻の艦船を製造して、有史以来世界的に一番大きいヨーロッパとアジアの両方の大戦で二、三年内に大勝利を挙げた。歴史上此う言うことを成し遂げた国はなかった。日本はこう云う国力は全然なかったし、東條とその一党は此れを知らなかったか、それともそれを度外視してしまったのである。

中国の有名な戦略家孫子と、他の有名な軍事学者達が、「勝利のためには敵を良く知れ!」と教えた。

日本三軍の士官学校では此れを必ず教えて居ると思う。それでも日本軍国主義者と民族主義者はこの軍略の第一原理を無視して、米軍の手によって実地教育を受けるようになった。古来の史学者達が言うように歴史は反復する。歴史上そう云う狂的指導者が東西に多く現れたから嘆かざるを得ない。日本の軍国主義者は全アジアで無数の人名を死傷し数千億円の資産を破壊し、日本内の非軍人的損害も想像以上であった。

あの有名なド-リトル飛行士はこの時東京とその付近の小さい都市二、三を空襲し、損害は多くなかったが日本に大きな衝撃と警告を与えた。同年五月に日本はコラル海戦で大敗し、米軍と豪州間の通信路を遮断仕様とする戦略は水泡に帰してしまった。この海戦は四日も続き両方に損傷が多かったが、日本軍が大敗してしまった。その後日本は航空母艦七隻を含む九十二隻の艦船を集結してミドウェイを占領しようとした。米軍は空軍機百五十台を載積した航空母艦三隻を含む艦船四十五隻しかなかった。この海戦は四日間継続して双方に被害が多かったが日本軍が大敗してしまった。日本軍は千九百四十二年六月に攻撃を始めたが、四隻の母艦を皆失い、その他の損失が多いので敗退してしまった。歴史上この海戦がアジア戦争の大きな転機だったと言う人が居る。千九百四十二年七月から千九百四十三年五月の間、日本軍はソロモン、パプア、マダガスカル、アリュウシヤン、ビルマのようなところで継続敗退してしまった。又このガダルカナル諸島の海戦が太平洋戦の一大転機だったと言う歴史家が多い。

その時どう云う凶計か知らんが、日本政府は最後の身震いをするためか、在学中の専門、大学生を動員する計画をして、千九百四十三年に学兵令を発布して日本学生を徴集しだした。千九百二十三年十二月一日前に生まれた学生はこれから除外されていた。僕ら朝鮮学生は唯日本学生を連れて行くのだから安心して、徴集される日本学生を憐れんでいた。此れが大きい間違いだったのを約二ヵ月後に知るようになった。驚く事には、今度は朝鮮の専門、大学生を動員すると言うのだった。此れは朝鮮社会全体を恐怖の中に追って行った大きな打撃だった。唯二千に過ぎない朝鮮の学兵適齢者を連れて行くと勿論犠牲者も多いだろう。僕は規定正規方案に依って徴集されないと云って喜んでいたのに! 僕は二十数年前に東京に居る新木教授を尋ねたら、彼も徴集されたと言ったので驚いだ。僕らの京城高商の英語教授で学生課長だった新木教授迄徴集して行ったと言うのを聞いて驚いだ。それだから僕らも連れて行ったのだ。それでもどうして日本がそんなに強情を張ったのか理解が出来なかった。とにかくその教授が除隊の時僕の階級は何だったかと訊いたので少尉だったと言ったら、自分はかろうじて二等兵だったと笑っていた。

学兵令は志願制だった。けれども僕は志願しない日本の学生は見た事がない。僕ら朝鮮学兵適齢者には日本政府の全機関を動員して、僕らに圧迫を掛けるのは火を見るようなものだった。その時朝鮮に有る官立専門学校と大学は京城帝国大学とその予科、高等商業学校、高等工業学校、法科専門学校、高等農業学校、それから高等鉱業学校がある程度だった。これ等の学校の学生の総数は四、五千名に過ぎなかったが、朝鮮学生の数はその十分の一にも達しなかった。其の時には、専門学校年は皆私立である普成専門学校、延禧専門学校、崇実専門学校があったが、皆朝鮮系男子学校だった。そのほか恵化専門学校、明倫専門学校等、私立学校が少し有ったそうだが僕のよく知らない学校だった。此れらの学校の学生数も統制されて居て、一つの学校に三百余名位しかいなかった。それで日本の学校に行って居る學生を合わせて、朝鮮の専門、大學生の總數は五、六千名位で、徴集される人と、其の翌年卒業する者を参考的に付け加えると、朝鮮にその他、女子専門学校が二、三あった。日本のように女子中等学校四年制だったし、専門学校は三年制だった。それで女子中等学校と女子専門学校の年数は合わせて七年だった。この課程を経たある女達がアメリカに来て、彼女らは十年課程であるアメリカの中等と　大学を合わせた年数に等しい課程を終えたと言って居たが、とんでもない話である。

千九百四十五年頃朝鮮の人口は三千万と言っていたが僕はそれより少し多いと思っていた。それなのに専門と大学生の総数が四、五千程度だったと言うから酷い事である。特に大学生の数はその何百分の一にも達していなかったと思う。今朝鮮の大学生の数はパーセンテージで見たらアメリカにそう劣らないと言うから、日本の朝鮮に於ける愚民政策の程度を測り知るものである。こう云う事情は今の若い人達は想像も出来ない事であろう。韓国政府の統計の一つによれば今五千万の人口の二百万以上が大学に

在学中だと云うから天壌の差を感じ、韓国の教育熱に感嘆せざるを得ない。多くの外国人がこう云う日本の計画的朝鮮卑賤民政策も知らず、僕らを無視し軽蔑していた。今、韓国の若者達はこう云う天壌の差を納得、神様に感謝すべきであるが、そう云う若者達が少ないようである。

僕はその時から人間は人間的に何時も理性的に行動せにゃならんと信ずると同時に、人間の事は皆神様に任さねばならないと云う宿命論者みたいになって居た。僕はこの時クリスチアンンではなかったけれども、この宇宙に創造主が居られるというのは感じでいた。

明治節

明治節は十一月三日、日本の明治天皇(一八六八-一九一二)の誕生日である。この天皇は四十四年の間統治したが、名王だと云うので日本では明治節と規定して毎年記念して居る。彼は十九世日本　日本の封建制度を廃止して欧米の文明を導入し始め、1その時既に国威伸張の名目で朝鮮と中国と東南

アジアの植民地化を計画していた。それだから明治王が日本の外国侵略の張本人であるのに、此れを知って居る人が多くないようである。皆その後に設定したと考えて居る。日本の大韓帝国の合邦に関しでも多くの説があるが、朝鮮吸収の使命を与え大韓帝国に派遣された寺内の報告書を、李鍾国と云う歴史家が近頃発見したが、それに依ると彼を派遣した張本人が明治天皇だった。この時日本の内閣は「大韓帝国」と云う国号を「朝鮮」に變えてしまった。寺内は千九百十年七月二十三日朝鮮に到着後色々な姦計を使って、同年九月二十二日に明治天皇とその内閣が命じた日韓合邦の使命を達成した。彼はその使命達成のため傲慢に朝鮮国民を脅威して統制するため大韓帝国の許可も受けないで、各道に日本憲兵隊を配置した。彼は又眼下無人的に朝鮮の純宗皇帝が日韓合邦を論議する会議に、彼の傀儡李完用が彼が指示したように話をして居るのかを確認するため、自分の書記をその会議に任意に派遣した。彼は純宗が合邦に同意しない場合には彼を脅威する計画をしていたのである。寺内の報告書は日本政府書類保管庫に埋蔵されていたので、世人は最近迄それを知らなかった。又合邦書に朝鮮の最後の王が玉璽を押さなかった。

とにかく僕らは若い時こう云う事を知る術もなかったし、学兵令が発布されると直ぐ学校を止めて明治節に学校に帰って来て相議する事にして、多くは地方の家に帰ってしまった。僕の両親は事業上他の市に移動中だったので、僕は北漢江の僻村にある伯父の醸造場に行って数週遊んで、約束通りソウルの學校に歸って行った。その時は高等商業学校が位置していた鐘岩洞は、城東駅で電車を降りて、気動車を乗って十分位の後に至るい野原にあった。それは美しい風景であった。やく二十年前ソウルの鐘岩洞を尋ねて行ってみたら、その美しかった校庭には三、四層のコンクリート建物が建っており、校舎は一つの女子中學校に變わっていたので大いに寂しかった。

明治節になった。秋のの空は僕らの心情を無視するように「天高馬肥」の青空だった。涼しい風は僕らを慰めるように吹いていたし、垂柳は左右に動いていた。お天気迄悪かったら僕らの心境はれもっと悪かったであろう。僕は今でも憂鬱な時とか、特に難しい事が有る時は、その日の天気を思い出す。十時に始めると言う式は、おかしい事に十時半が過ぎでも始めなかった。それで朝鮮学生達は別に芝の彼方此方に座って、漠然な将来を嘆きながら色んな話をしていた。ある学生は満洲に知人が居るので其処に逃げて行くつもりだと言った。もう一人は支那に知人が居るので其処に逃げて行くと言っていた。その時の満洲は中国の一部でなかった。日本は満洲に侵入して満洲国を建て、千九百三十二年に國際連盟に壓力を加えて、それが獨立國家だと言う承認を受けていた。あの有名な「最後の皇帝(LAST　EMPEROR)」と言う人が傀儡満洲皇帝になっていた。やく三十年前に僕は満洲に行く機会があったので、其処の宮殿と云う所に行って見たが、それは威厳は少しもない、古い木製二階の建物で、部屋も小さいのが二十位しかない簡素な建物だった。庭園もない小さい庭も惨めなものだった。

とにかく満洲とか支那に一緒に逃げて行こうと言う人は一人も居ないので気分が悪かった。それから一緒に逃げて行くようにして呉れと云う人も一人もいなかった。僕としては一緒に行こうとも言わないのにそうして呉れよと云う事も言えなかった。人間は自尊心は捨てられないらしい。

校庭で

日本の學生数名が僕らの方に來た。同級生達だ。それで話題が自然變って行った。日本の学生達は女の話を多くする。あれこれ話して居る時その一人が言った。

「早婚も問題だね。何も知らない時に結婚をさせて、ミンメヌリのような悲劇が多く起こるよ。」

彼は朝鮮のミンメヌリ制度を知っていた。それは朝鮮で二十世紀初期にもごく少し行われていたが、　将来嫁にするために幼い娘の子を他の家庭から貰う習慣だった。ある朝鮮学生一人が、

「それは否定する事が出来ないが、今はそれは殆ど無い。又近頃男女の平均結婚年齢が上がって居るよ。男は二十二前後だし女は二十位だろう。それより少し上かも知らんが。」

と言うと、もう一人の朝鮮學生が言う。

「僕は何時も考えて居るが、内地人が結婚を遅くする理由は徴兵関係じゃないかと思う。

朝鮮も徴兵を始めると早婚が減るだろう。結婚後三、四年も独りでほっとくのも可哀そうじゃない？ 又戦争が有ると未亡人になる可能性も多いし。」

僕も又言った。

「それもそうだね。徴兵がないと僕も二十三才ぐらいで結婚するだろう。早婚は多くないよ。」

又朝鮮学生一人が言う。

「内地には未亡人も多いしお嬢さんも多いそうだから、卒業して独り採れよ。」

すると日本学生一人が言う。

「僕もいつ呼び出されるか知らないから、良い日を見たいんだ。僕も人間だから国家とか民族とか言って騒いでも、人間は人間だからね。」

その時日本人の非公式圧迫のため、彼らと話す時には彼らを日本人と言わず「内地人」と呼び、僕らを「半島人」と呼んだ。僕らは僕らを「朝鮮人」とか「鮮人」とは言わなかった。それは日本人が十世紀以上も僕らを貶して使って来た言葉であるからだった。今もそうだろうと思う。インドには歴史的に今も「カスト(caste)」と言う世襲的階級制度があって、最低層のスドラ(sudra)人達はアンタッチャブルズ(untouchables-不可觸民)と云って総人口の二割もの人達を軽視し接触を忌避して来た。「朝鮮」とか「鮮人」と云う言葉は此れを想起させるところがある。又日本の最近まで有った「えた」と云う階級をも思わせる。とにかく「朝鮮人」とか「鮮人」と云う言葉は、僕らが日本を「倭國」とか、日本人を「倭の奴」と言うのと同じである。この文字「倭」は中国の古書に始めて現れたのだが、ちびを意味する文字「(矮)」に似て居るのでそう使って来たそうである。今の日本の食物は少し西洋化したので、彼らの若者は背が少し高いと言う。とに角僕等はこういう用語を捨てにゃならん。言葉と言うのはそう云うもので、人間の歴史とか社会を背景にして作られたのが多いのである。第二次大戦後大韓半島の北半の国号に「朝鮮」と言う語彙が有るので、韓国(南鮮)では此れはよく使われないが、日本も此れに對する間接的責任があり、僕らの言葉にも大きい影響を及ぼしたが南北統一後こう云うのが社會問題の一つになるだろう。僕が云った。

「それじゃ一人紹介してやろうか?」

その忠義心が強いと言う此の日本学生が次のように言う事を聞いて驚いた。

「そうしてくれでもいいが、要は僕自身も個人的に幸福を願う。一度死んだらそれ迄だからね。」

彼は背が僕より少し低く、顔が丸く、目尻に嫌味の多い者だが、なぜそんな事を言うのか理解出来なかった。それで僕はその真意を掘ってみたかったので言った。

「然し君のような愛国者がそう云う事を言うから、日本軍隊も困ったもんだね。」

「そう、それでもやると云う意思だけあれば良い。」

「そう云う意思が有る筈がないじゃないか。個人の幸福を願うものが、自分を犠牲する意思があるもんか? そう云う軍隊が長続きする筈がないじゃないか!」

「だから君のような優秀な人を探して居るのよ。そう云うのを賢明な廣原君が良く分かっているから志願しなさいよ!」

僕は反対に責められたような気がして慌てた。日帝の「創氏令」のため変えた僕の姓は「廣原」だった。然し僕は悠然として言った。

「徴集でないのになぜ志願するの?」

すると「アメリカン、インデイアン(American Indian)」と言うあだ名をもって居る顔が黒っぽい日本の学生が言った。

「僕らは死に対してよく考えないのに、君らはどうして死をそんなに多く考えるの?」

此れは一人が言うように小さく言ったけれども、耳の早い僕は此れを聞き取って不愉快なので言った。

「そう? 僕は志願問題に直面して僕個人の生命と幸福を考えるんだが、何よりも命がなくては何にもならんだろう? 幸福は永く生きながら求めにゃならんと思う。意味のない死はしたくない。そうじゃない?」

僕がこう言ったら雰囲気が少し悪くなった。学生達は一人、二人立って行った。僕が黙って居ると日本学生一人が言った。

「僕らは出征して死ぬから君らは幸福に暮らせよ。卒業後就職もよくして家も買って一生楽しく暮らせよ。僕らはとにかく出征する運命を負って居るから仕様がない。内地の処女達も哀れである。心を一旦与えた男が帰って来るのを三、四年も待たにゃならんから。その間戦死する人も居るし。とにかく内地人全部が悲運に包まれて居る。勝っでも個人的に見ればそう云う人が多い。」

「悪いね。問題はこの戦争じゃない?」

「そう、それを僕らもどう仕様もない。」

こう感傷的に言いながら溜息をつく。少し考えると彼が言うのも一理があった。勝戦しでも現代戦の惨害は戦勝者にも莫大である。それは誰もが知って居るだろう。然し個人を蔑視せよと言う日本人の口から、そう云うのを聞いて僕は少し驚いだし、個人性を無視する日本帝国の敗退の弊害を彼から聞くような気がした。

この日本の学生が自分も生命と幸福のため徴集が問題だと云い、

「君達は卒業して楽しい生活をしなさい。」

と言う羨望的で咎めるような事を言うのを聞いて、どう言えば良いか分からなかった。僕は唯白雲台を眺めでいた。それはこの日にも青い秋の空を背景に清らかに見えていた。僕は、

「あ、今日は白雲台がもっと近く見える。白雲台ももっと精気をみせたらいいな!」

と独り言みたいに言いながら話題を変えて立った。表面的に非愛国者みたいな事を言うこの学生の言葉は彼一人の感想でなく、日本大衆の告白とも聞こえた。然しそれが本音だと日本の終わりも遠くない。神秘的だけれども人間の心の回るのは大きな何かの支配を受けて居るようだった。それだから彼らが自分個人の悲運を訴えて悲しむ時には、日本帝国の末も遠くなく、彼らが予知して居る悲運が回って来るのは遠くないと思った。

「ローマ帝国は冷水で興こり、温水で滅んだ。」

と言う格言もあるから、それも又人心の回るのを言って居るのではないか? 今専門教育を受けて国家の必要性を十分知って居る筈の日本学生達が、そう云う正反対な事を言って居るから、彼らの将来に希望があると言えようか? それでは大東亜戦争が終わっでも日本の将来は暗澹である。日本軍が一致団結して全力を尽くして戦っでも、とでも勝利は出来ないようである。僕のみか僕ら全部がその時の日本は唯南洋と東アジアの一部の臨時支配が可能であるだけで、イギリスとアメリカを撃破する力は到底ないのは火を見るようだと考えていた。ローマとか、中国のユアン(元)とか、他の諸大国はあまりにも膨張したため崩壊したのに、日本のように小さい国がどうして拡張する力があるだろうか! イギリスとアメリカが戦争を回避し、譲歩してこそ、日本は南洋と東南アジアの一部を或いは臨時支配出来るかも知れない。それも日本が最善をしでも困難であるだろうと思えるのに、一般市民の心理と覚悟がそう云う状態だからそれも到底出来ないであろう。この時には連合軍が譲歩ところか戦争準備をして居るので、日本が押し出されるのは明らかな様だった。日本の同盟国ドイツも日本と同じ立場にあったので、どんなに太平洋に来て同盟国日本を助ける事が出来ようか? 日本は落とし穴に落ちた虎のようなものだった。こんな事を考えながら学生会館の二階に上がって行った。囲碁と将棋をさして居る日本学生が七、八名いたし、それを横から見て居る学生が十余名いた。彼らは皆タバコを一杯吸うので部屋はタバコの煙で満ちていた。僕は囲碁をさしたくもあったが、朝鮮の学生が居ないので講堂の横から下りて、国旗掲揚台の横に行った。其処には朝鮮の学生も幾人かい

た。彼らと話して居るのに、学友一人が言った。
「僕らの内に志願した人が三人あるそうだが、もっとないの?」
「未だない。誰が志願するもんか? 一学年の玉田(全)は先見の明があるのだ。健康なのに朝鮮学兵の話が出ると、直ぐ肺門淋巴腺炎と云う診断書を出して何の事もないから利口な奴じゃ!」
「僕らは何でもノロノロじゃからな。神経を少し使わにゃならんね。」
「おい、君は神経衰弱に迄なって、どうしてそんなに鈍くなったの? は、は。」
「それもそうだが、どうした?　もう皆帰ったの?　僕も学校をやめて家に歸って、心行く迄食べだり遊んだりするよ。」
「今日来でないのが何人居るが、僕も直ぐ家に帰らにゃ。」
「それがいい、学校が学校みたいじゃないから。良い教授を皆追い出し、三流の教授だけ連れて来て、もう学校みたいじゃないから学校に来るのも面白くない。」
話題をあれこれ変えながら話していた。今もその時が懐かしい。

日本人でなければ首を切る

朝十時に式を始めると言ってたが、十時半になっでも何の消息もなかった。十一時近くなって、川端教練教官が校庭に出て來て、
「朝鮮学兵該當者は皆二階の一学年の教室に行け!」
と叫んだ。その時京城高等商業学校は三年制で一年に学生を百二十名しか受けなかった。その内の二十名ぐらいが朝鮮の学生だった。それで朝鮮学生は全校に六十名位しかいなかったが、既に志願した学生、登校してない学生、それから来年徴集される学生を除くと、僅か二十名位しか居なかった。川端が言ったのに対して誰かが言った。
「奴ら、何を企んで居るのか?」
「言う迄もなく、志願せよと言うのだろう。」
「配属将校が今迄何も云ってないから、彼氏が何か云うだろう。」
僕らはその教室に上がって行った。僕らは何が起こるのかも知らず、唯お互いの顔を見つめているだけだった。寒いので皆南側の日光のさして居る窓

の横に座っていた。まもなく川端少尉が入って来て、前の方に移れと言うので、暖かい席を立って前の冷い席に移って行った。直ぐ黒石大佐と工藤少尉が入って来た。工藤少尉は手に何か書類を持って何も言わんで、学生の机の上に一つずつ置いて行った。よく見ると「特別志願兵志願書」と云うのだった。それから墨と筆と印肉を廻した。それを見て僕は目が暗くなるような氣がした。ようやく、來るのが來たなと覺悟をすると同時に、どうしたら此れから逃れる事が出来るかと考えもしてみたが、別に良い策略がなかった。出來るならこの將校達を處理してしまいたいと云うつまらない考えもしていた。左右を見回したけれども。皆目が丸くなったり、溜息をついたり、天井を見つめたりしながら失心した人のように黙って座っていた。この学校では学生達を高等教育を受けている学生だと看做して、教練中を除いては無作法な話し方は使わなかったが、今日はそう云う語法が一連した。川端が先に叫んで云った。「皇国臣民だったら志願しろ!」内心、僕は、「勿論そうでない、皇国臣民が何か? 馬鹿たれ!」と貶した。川端は続けて叫んだ。

「お前達は日本人だと思ったら志願せ! そう思わない者は志願する必要ない。志願しない者は日本人じゃない!　お前達の前にある志願書に必要事項を記入して印を押せ!」

勿論僕達は日本人でないのは彼も知って居り、黒石と工藤も知って居る事実である。僕らが必要な時には僕らを日本人だと言うのだから何と云う詭弁か!　ところが僕らはそれを挑戦する猛勇はなかった。僕らは衝撃を受けて何も言えず、お互いの顔だけを見つめていた。僕らが唯黙って居るので、配属将校と川端は僕らを脅かすような顔付きをした。学生一人が遂に手を上げて大きな声で言った。

「此れは深刻な問題だし、僕ら個人が決定すべき事でもなく、僕らの親達と相談せにゃならない問題です。そうさせて下さい。」

もう一人の学生が同じ事を言ったら、川端が憤然として、

「僕らが欲するのはお前達の意思表示であり、お前達の父母の意思を聞いて居るのではない! だから日本人と思ったら志願書を書け!」

と叫びながら譴責した。それでももう一人の学生が敢えて手を上げて言った。

「それでも此処で志願したら変える事も出来ない事だし、あまり唐突な事だから両親の意見も全然度外視する事も出来ないじゃないですか?」

すると、黒石大佐が叫んだ。

「お前達の意思だけ表示せよと云ったじゃないか!　お前達の意思だけで志

願書を書けば良い!」
もう一人の学生が言った。
「家に電話がありますから、それで連略しでもいいですか?」
「いや、此処で決定せ! 皇国臣民として志願しなければ成らんじゃないか!」
彼は續いて叫んだ。
「日本人と思ったら署名し、日本人と思わない人は署名しないでも良い。そう云う人はほっておけない!」
再度云うが、彼も僕らが日本人でないと云うのは火を見るように知って居た。然し誰もそう云う事を敢えて言えなかった。それでも僕らは黙ってお互いの顔だけを見つめていた。僕らが又黙って居ると、両将校の目付きがもっと険しくなった。仕方がないので学生一人が手を上げて言った。
「印章がありません。」
歐米では書類に署名だけすれば良いが、東洋では文書には印章が必要である。川端がもっと怒った。
「印章はなくでもいい。指印でもいい。」
工藤は回りながら筆をとってやった。彼は性格が温順な人で、圧迫的態度を一切とらなかった。それでも僕らが黙って居ると、川端が突然壇上にあがって、ピカピカする日本刀を引き出して振り回し出した。僕らは気絶して気を尖らした。背が高くもなく胴体が太く顔が黒っぽく粗い四十歳に近いこの人は支那事変で功を立てたため、来るのが難しい僕らの学校に教練教官として赴任して、黒石大佐を補佐していた。彼が壇上で日本刀を振るいながら叫んだ。
「志願しないのは日本人でないから、此処で首を切ってしまう!　そう云うのは放っておけない! 皆殺しっちゃう。」
僕らは勿論此れは予期も出来なかったし、俄然として息と心が一層急迫し、彼が無罰で一人二人傷つける事は出来るのであると思った。又一人、二人殺しても罰を受けなかっただろう。
工藤が回りながら筆を取って遣りだした。僕は工藤を待って居る間、あれこれ考えながら窓の外を見ながら溜息だけついていた。工藤少尉が僕の所にも来たが僕はそれも知らないように本館前の廣場だけを見下ろしていた。其処では来年徴兵されて行く学生達が何が起こって居るのかと二階を見上げていた。青い芝の上では数名の日本学生が横になって僕らの方を眺めていた。彼らも関心があるのは分明である。彼らは僕らが引っ張って行かれるのを非常に嬉しがっていながらも、優越性を感じて居るのは確かだった。それで、

「醜いやつ達!」と考えながら、僕はさらに青い秋の空を哀れな気分でじっと眺めていた。次に僕は松林の下にある奉安展を見た。奉安展は神様だと云う日本王の写真を置いた所である。彼が現人神だったら、どうしてこの俗世の闘争を皆円満に解決出来なく、永久の平和を齎しないで、残忍な殺戮を敢行し、僕らを奴隷化し様として居るのか? 神でなくて唯の人間ではないか? 矛盾と誤りに満ちて居る日本がそう云う土台の上に建てられたのだから、どうして安全であろうか? 彼らは、「武力的征服は永続せず、理念的征服が永久に勝利する。」と叫んで居るが、彼らが此れを実践出来ないで、自分の国の将来を約束出来るだろうか? 率直に美濃部博士が主張した天皇機関説を捧げ、天皇を日本民族の結合機関と認めるのが欺瞞と矛盾を解消し、民生向上を純理的に実践する事が出来るじゃないか? そうしたら日本人皆が心の底から奉安展に敬礼をする事だろう。彼らの伝統がそうさせる筈である。人間は未知の神格よりも、よく知り尊敬する人格にもっとよく服従するのは明らかである。「現人神」と呼ぶより天皇に対して高い人格を与え、それに服従するのが却って日本の基礎を合理的に作るのだ。とにかく僕らは彼のためこんな窮状に追われて居るのだと考えながら、それを眺めて居る時、「おい、なぜ書かんか? 書け!」と川端が太い声で叫ぶのに驚いで、僕は現実に帰ってしぶしぶ筆を執った。筆をとっても線を引く勇気もなかった。筆を取って無心に用紙を見て居ると、「どうして書かんか?」と叫びながら川端が又怒った。そうすると工藤が後ろから来て、「字体はどうでもいいから、落ちついで書きなさい!」とおとなしい声で言ってくれた。僕は知らない振りをして周圍を回り見ると、用紙に記入した學生達は殆ど皆腕を組んで目を瞑っていた。結局僕は書かにゃならんと思って、筆に墨を一杯つけて紙と戦うように太く描き始めた。それは書くより目を瞑って描くような気分だった。指先がブルブル振るえ、筆が線のないレコード盤の上を滑って行くようになるのを抑えて書いた。書いたのは小学生が書いたものより醜かった。僕は親指に印肉をたっぷり付けて、僕の名の下に犬の足跡みたいに大きな拇印を押して、川端に押し付けた。その時の僕らの暗澹たる心情を言葉では到底表現出来ない。進んで志願した同窓生幾人も心の中では、僕らの窮境と屈辱的立場を同感すると信じた。なぜ若い僕らが尊い命を無意味に捨てるかと云う心情は皆同じだったと思う。生きて帰る人が居るだろうが、僕らは戦死の確率を考えた。

皆書いだようだ。遂に配属将校の顔色が温和になり、川端は自分の望み通りになったので満足らしく、僕らの心理も推測せず、笑い顔をして立っていた。僕らはその様がひどく侮辱的なので敬礼もしないで外に出てしまった。

僕らは恰も検牛所に連れて行かれて屠殺に決定され屠殺される牛の様だった。

学友達との最後の話

廣場に下りて行くと日本學生が先に來て聞いた。
「なんだ?　どう云う事だった?」
「あの気違いみたいな事だ!」
と僕が答えだ。
「志願問題?」
「そうだ。」
「黒石大佐が何を言った?」
「なんでもない。どうせ引っ張って行かれる運命だから仕様がない。弱小民族の運命は逼迫と屈辱だ。」
すると又一人の日本學生が言う。
「僕らだって引っ張って行かれるじゃないか?」
それで一人の朝鮮學生が言う。
「君らは違う。僕らの様に圧迫されて居る人達が引っ張られるのじゃ。」
「僕らだってそうだ。」と日本学生一人が言う。
「そう? 然し君らは圧迫されて居る植民地の百姓じゃないじゃないか!」 この様に僕は躊躇しないで心にあるのを率直に言ってやった。警察に引っ張って行かれるのが増しだとも思った。すると日本学生一人が言った。
「君、そうしないで大きな見地から見ようじゃないか。」
「大東亜共栄圏の事? 個性と自由意志を滅視するのに和合があると思うのか?」
こうぶっつけて何も言わない日本學生達を離れて朝鮮學友達の方に行った。彼らは既に二階で起こった事を聞いていたので、僕を慰めようとし、又一緒に悲しんでもくれた。その一人が、
「君、僕らは来年行くよ。先に行って居れよ。僕が後から行って 君の当番になって褌でもよく洗ってやるから。」
と云うと、他の学生がそんなつまらない事は言わないのが良いと云う風に言った。

「いい、いい!」
それで僕が言った。
「僕は徴兵年齢が過ぎたので、君達の妻子が哀れだとからかったのに、却って僕が先に行くようになった。世界の事がこう云うのだったら言葉も用心せにゃならんねえ。」
母だけの一人息子が言う。
「ほんに、大変な事になった。僕のお母さんが分かったら横になって亡くなられる様になるから大変だ。」　*
「そう云う事情は同情するだろう。どんなに強制でもそう云うのは考慮するだろう。」
他の学生達が介入する。
「それじゃ、僕は長男だからいいだろう。」
「僕も伯父と僕の家の間に男の子が一人だから。」
「あ、此れは駄目だ。それじゃ皆良い理由があるから。それじゃ事情はどうであろうと皆引っ張って行かれるから。大変だ、大変だ。」
「それもそうだ。今朝鮮は経済的に見ても家庭的に見ても僕らが行って死んで支障がない家は無いだろう。」
「支障がない? 息子を戦場に送って?　死んだらもっとだ。」
「それは支障がなくでも、父母と兄弟の心が良い筈がない。」
「えい、君達。今日拇印を押したけれども、以後僕らが逃げる方法が幾らでもあるじゃないか。徴兵でもなく、どこ迄も志願制だから、殺しゃしないだろう。」
「それもそうだ。とにかく最後迄戦ってみよう!」

半島学生達が皆志願して愉快だ!

僕らが話して居るのに式が始まると云う通知があった。眞っ晝間になったので、初冬の天氣だけれども暖かい日光がたっぷりさして居た。僕は講堂に入って後ろの隅の方に座っていた。家に歸ろうかとも思ったが、学友と離れると云う事を思うと去る事も出來なかった。開式後教授一人が壇に上って、
「今日この学校の半島学生達が一斉に特別志願兵を志願したので非常に有

難く、又この式を有意義に挙行するようになってごく愉快であります。」
　と云う時、僕はその被せ付けるような文句と「有難い」とか「愉快だ」とか言うのが聞き憎かった。特に「愉快だ」と云う言葉は此処ではちょっと変な表現で僕の耳に障った。彼も興奮したのか? 彼らの国民性はそうだと言っでも、そう云う言葉を時と場所に構わず使うので、その言句の価値が減るのみならず、逆効果を齎す時が多い。言語と礼儀は謙遜にせにゃならんがそれを乱用する時が多い。僕らが二階で直面した経緯を考えると、憤怒よりもそう云うのを言う人達をみなその場で処置してしまいたかった。
　式後、僕達は秋の良いお天気の中で、城東駅迄半時間ぐらい歩いて行きながら、心行く迄胸の底に有るのを全部話した。然し何も新しいのはなかった。僕らの目前の課題は勿論勉強でもなく、研究でもなく、どうしたら僕らの首を縊って居る学兵志願を避けるかが唯一の課題であった。結局僕らは殆ど皆が引っ張って行かれて、皆帰って来たが、帰って来なかった人も何人居ると云う事だった。僕は帰って来た学友を皆合いたいけれども彼らを見られないと云う予感は現実化した。彼らの消息もよく聞けない。僕が解放後京城には居らなかったし、又、千九百四十八年の夏米国留学の道に登り、その後米国に定住して居るので、僕は今迄彼らを殆ど合う事が出来なかったし消息も聞けない。京城高商の学友の殆ど皆を最後見たのがその時だった。その後僕はアメリカに住んでいるので寂しい気がする時が多い。

裸体の羞恥心

　学校で日本刀を振り回す教練教官との対決に負けて、数日後僕らは京城の龍山にある日本部隊に行って身体検査を受けねばならなかった。此れに関して電話で連絡の出来る学生達は、お互いに頭を絞ってみたけれども別に奇特な術はなかった。僕はあれこれ考えて、唯一つだけ試みる決心をした。決心と云うのは大袈裟な話かも知らんが、それがばれたらどう云う苦境に処されるか知らぬからである。僕は誰にも言わんで、胸の心臓のある部分に鉛筆の粉を少し薄く塗っておいたのである。その部隊の建物の中に入ると傲慢な表情をして居る日本兵士何名が彼方此方立っていた。僕らは日本軍の兵隊の指揮を受け始めた。その時には「兵士」とは言わんで普通「兵隊」と云って居た。

皆着物を抜いてX-レイをとって直ぐ軍医の部屋に行けと云う号令があった。僕の記憶では僕がごく幼い時以外には、裸体で人の前に立った経験がないので恥ずかしくて当惑したけれども仕様がなかったが服従しなければならなかった。最初、衛生兵があれこれ簡単に検査して胸部のX-レイをとった。僕はそれが終わる迄、胸に鉛筆粉をうすく塗っておいたのを見當てるかと思ってぎこちなかった。幸いに被検者が多いので、衛生兵達が短時間内に僕らを皆詳しく検査する事は出来なかった。僕はX-レイを取るや、胸の鉛筆粉を手で消してしまった。軍医官に行く前になんか奇蹟でもあって、軍医官が僕を免除させないかと云う馬鹿げた考えも頭を擦って行った。然しそう云う奇蹟は僕を疎外した。その軍医が上下を見回し、彼方此方触れて見てから、笑いながら僕に、「君は此れを多く使ってみたな!」と言いながらからかった。僕は、ほんに、鼠の穴でもあったら。」

と言う俚言を考えながら　僕は慌てて其処から走って出た。それで僕が考えていた奇蹟は空中楼閣だった。そして京城高商の日本学生の事を思い出した。彼らは機会があったら女に関する歌を歌っていた。僕らはそれを嫌悪していた。朝鮮学生はそうでないのに、なぜ日本学生はそうなのか、今迄も社会学的説明を得られない。

丙一種

数日後僕は身体検査結果の通知を受けた。丙一種だとの事だった。その時迄も甲種と乙種だけが入隊する事になっていたので、僕のその時の喜びと安堵感は表現が出来ない。父母にも電話で知らして上げたら勿論非常に喜ばれた。「非常に」と言うよりその何倍だっただろう。胸に鉛筆粉をうすく塗って身体検査を受けた事は敢えて申し上げなかった。もしそれが洩れて行ったら大変な事になるから今迄誰にも言った事がない。

然しこの喜びと勝利感は数週も行かなかった。新しい法律か指令かは知らんが、学兵は丙一種迄徴集すると言う通知を受けた。その時の僕の落胆と悲観は表現がし難しく、そんなに喜びの絶頂にいた家族が突然葬式のようなのに包まれてしまった。瞬時に極樂から地獄に落ちたような感じであったから、僕がどうして運命を悲観せず日本体制を呪わないだろうか? こう云う事がどうして僕に起こるのか理解が出來なかった。僕が身体検事の時悪い事をしたから、天から罰を受けるのではないかと云う考え迄するようになった。僕が分かるところでは、身体檢査を騙した人はなく皆甲種或いは乙種で合格していた。

それだから誰も僕が極樂の絶頂から地獄の底に落ちる様な經驗をした人は一人もないだろう。この様に僕の奇怪な運命は繼續して行った。今考えでも此れは非常におかしい運命の悪戯だった。

平壤に行く汽車の中で

僕は数日前、平安南道の温泉で有名な陽徳市に建築事業のため行かれた両親の膝下に行く事にした。其処は僕らが居留届も出さなかったので僕が其処に行っても警察は知らんだろうと思っていた。其処に行って学兵志願期日十一月二十日迄隠れて居る計画だった。

ソウルを発つ直ぐ前の日、田舎から三寸(親等)の伯父さんが急にソウルに来られた。伯父さんは僕の学兵問題を心配して居られた。然し彼は万事を簡単に考えるで、僕と次のような話をされた。

「学兵問題はどうするつもりか? 君には大変な事だと思う。事実僕らもそう思う。」

「私の生命の問題です。然し仰る通り家族の問題でもあるのは勿論分かっています。」

「だが仕様がないね。君が志願すると大変な事は大変だが、しないでも良い状況でもないししないと家族が皆迫害を受けるからどうするの?　戦争に行って帰って来たらそんなに良い事もないだろう。」

伯父は伯父の家族も僕の家族と看做して居られた。

「現代戦は鉄鋼戦だから帰って来るのが難しいでしょう。」

「それは大変だね。なぜ一年休学したのか? 健康なものが何処が悪いとか、何処が痛いとか言って時を失ってこんな惨めな事になったじゃないか!」

「仕方がなかったじゃないですか?」

「お前が卒業のクラスに残っていたら、こんな事はないだろう?」

「はい、学兵令によればそうだそうです。」

「お前が一年休学をしてなかったら直ぐ卒業じゃないか?」
「はい。」と僕は同意せざるをえなかった。
「今の若者達は言う事を聞かんから仕様がない。」
果然それが事実だった。上でも述べたが、事情があって肺門淋巴腺炎と云う嘘の診断書を貰って一年休学をした事がある。瞬息間の機敏な心理状態、そしてそのため簡単に決定した事が、こんなに人の将来を左右するのか? 人間の運命は瞬息間の心理が決定するようだ。僕は、「将来のために現在を正しく歩け。」と言う金言を骨に沁みるように感じた。「石の橋も叩いて渡れ!」と言う俚言もあるじゃないか! 勿論僕はそうして居ると思ったのに、僕がどうしてこう云う事態を予見する事が出來ただろうか?
翌日僕は伯父さんと平壤行の急行を乗った。僕は陽徳市に行き、伯父さんは黄海道の谷山に行って用事を見て、陽徳市に来られる予定だった。急行なので車内は満員で座る座席がなかった。
汽車が沙里院に着いた時、お客が多く降りたのでやっと座る事が出来だ。僕らの前に温和な老人と梨花女子専門学校の女学生一人が制服を着て座って居り、その横に農夫が座っていた。
少し経って伯父は降りた。僕は収穫後の田畑を眺めて秋の自然を楽しみながら、何時の間にか眠りだした。暫くして人の声を聞いて目がさめた。前に座って居る老人が言う。
「よく眠って居るのを起こしてすみません。平壤が遠くないんですが、何処に行かれますか?」
「有難うございます。平壤を経て陽徳市に行きます。」
外を見ると烏の群れが飛んでいた。烏は悪い消息を持って来ると言ってそれを嫌う地方が多い。僕は学兵より悪いニュースがあるものかと心中で考えながら溜息をついた。その老人が言った。
「学生のように見えますが。家に帰るんですか?」
「いいえ、家じゃありません。」
「それじゃどこに?　聞いて濟みませんが。」
「前にも言いましたが陽徳市に行きます。」
「其処が故郷ですか?」
「いいや、故郷は江原道です。」
「陽徳市はその方向じゃないですが。」
「は、其処でお父さんが建築事業を一つ受けて、それをしておられます。其処に両親を見に行く途中です。」

「學校は通わないですか?」
「はい、少し事情があるので。」
「學校はどこ?」
「京城高等商業です。」
「良い學校だそうですが。」
「どういたしまして、不便な点も多いです。」
「今頃はそうでしょう。僕らの時とは時局が違うから。特に近頃は学兵に該当しない人もいろんな事を聞いて、落ちついて勉強が出来ないでしょう。」
「はい、こう云う時は官立学校がもっと悪いようです。」
「お、私立学校も大変です。此れが僕の娘で、昨年梨花女専に入学したが、英文科が日本国文
科になり、今は何になったとか?」
と言いながら横に座って居る女学生を指した。十八歳ぐらいに見える容貌が闊達な娘だ。僕が云った。
「は、そうですか? その学校は良い学校ですが、元来注目を受けて居る学校だから、性格の強い人は少し苦しいでしょう。」
と言って僕はその娘を見た。その女学生は躊躇いなく言う。
「はい、非常に酷いです。近頃は彼らがあまりするので閉校みたいに成りました。」
「閉校とは?」
「今迄講義して来た課目は皆なくして女子青年訓練所の教員を養成するとか言って。だからその教育期間も短いし、教えるのが多い筈がありません。それで大部分の学生は退校して家に帰ってしまいました。」
「え? 家に帰ったら徴用にかかりませんか?」
「それが問題だけど、殆ど皆が女先生を志願します。私も今退校届けを出して家に帰る途中ですが、家に帰っても遊べないんです。ところが小学校の先生は不足だそうですから訓導でもしようと思っています。訓導達は大概徴用に掛からんそうですから。」
「よう考えました。然し女子訓練所教員の教育を受けて農村に行って無知な若い女子達をよく指導するのがどうでしょうか。日本人丈に任せないで。」
「はい、そう云う考えで学校に残って居る友達も多いです。然しそう云う教育を受けようが受けまいが同じで、地方に行って教員になってもそう云う責任も果たすようになるでしょう。それに一年、二年、勉強らしい勉強も出来ず、時日を消費する事も出来ないから一日でも速く帰って仕事をしてみよ

うという学生も多いです。」
「それもそうですね。」
こんな話をして居る間、朝刊新聞を見ていた老人が僕をじっと眺めて、
「京城高商の朝鮮学生が皆学兵を志願したそうだ。明治節を契機に。」
と言いながら、その新聞を僕に見せた。其処には彼らがよくする虚偽宣伝が大きく載っていた。僕らの父母の同意を得て決定すると云って居たのに、この様に公然と新聞に出すとは、僕は目先が暗くなって来た。此れが何の恥ずかしい様か? 僕らが団体志願をしたとあるから、この記事を持って各学校で朝鮮学生達を強圧するのは火を見るようだから、僕らはどんなに社会にお詫びをせにゃならんか? 軽挙妄動だと責めるだろう。僕はその老人の顔を見るのが困難だった。特に横の女學生が目を大きくして、その快活な顔が暗い表情をして僕を見る時、僕はもっと顔を擧げる事が難しかった。頭を少し下げて足先を見て居る僕に老人は言った。
「あんたも志願しましたか?」
「まあ、言ったらそうです。」
「言ったらとは?」
「彼らが強制したのです。」
「強制?」
「はい、それでもそれをそんなに新聞に大きく載せるとは思いませんでした。」
僕はこの汽車の中に移動警察が居るかも知らないと思っていた。然しその時はそう云うのは眼中にもなかった。それで躊躇いなく明治節式前に僕らの学校で起こった事を詳しく話してやった。その老人と女学生、それからその横に座って居る中年農夫も興味があるのか、懸念する目つきで僕をじっと見つめながら僕の話をよく聞いていた。僕の話が終わったら、三人はなんとも言わず僕を見つめるだけだった。暫くして農夫が遂に云った。
「だから、猫の前の鼠で、どう仕様も無かったでしょう?」
それから彼らは静かだったが、その老人が言った。
「どう言ったら良いか分かりません。」
「どういたしまして、僕らは皆が宿命だと考えています。然しどうしだら此れを有利に打開して行けるか苦悩中です。情勢は既に決まったようです。僕らが逃げると云っでも個人の問題です。全部が逃げる事も出来ないし、出来でもその後の問題がもっと難いでしょう。」
遂に女学生が言う。
「逃げる所が何処にあるでしょうか? 日本の警察網は世界でも有名ですから。」

「そう、それで情勢は既に決まっています。みな各自最善の道を選らばにゃなりません。」
老人が尋ねる。
「学生は、それじゃ、どうする積もりですか?」
「それが大変です。両親が数日前陽徳市に行かれましたから、其処に行って相談しようと思っています。それから谷山から来られる伯父さんとも皆一緒になって相談するつもりです。」
「そうしなきゃ。」
「平壌に数日泊まって、着物を着替えて陽徳市に行って隠れて居る積もりです。其処の警察に居留届も出さないで今月の二十日迄隠れていたら良いですから。その後には他所に行って隠れるつもりです。家に住所を通知しないで。そうしだら徴用令が来る筈もないし、捕まれたら殺しはしないでしょう。両親だけ害がなかったら良いのですから。小磯総督は「朝鮮政策を改正し向上する」とは言って居るが、どれ位するでしょうか?」
「逮捕されたらどうしますか?」
「殺しはしないでしょう。両親に影響がないようにしなければ成らんでしょう。」
僕は此れを静かに言った。老人は頭を動かすだけだった。女学生は窓の外だけ見ていたが、
「女学生もあれや此れやで心が落ち着かないのに、男の学生は勿論それ以上でしょう。非常に煩わしいと思います。然し心を大きく持って、悠悠と処理しなさい。弱小民族と云っても苦しく滅びると云う事はないでしょう。お神様がそれをそうさせる筈がないし、そんなに不公平にする筈がないでしょう。」
「クリスチャンですか?」
「いいや、教授達からバイブルに関して少し聞きました。誰が敢えて偉大なる宇宙の意思を否定出来ますか? 私はキリストのお話は宇宙の偉大な真理と意思の表現だと思います。」
「僕もそう云う解釈をして居ますが、面前に火急な事があると、自然心が苛ら立ってそう云う事を考える余裕がありません。勿論修養不足だろうけれども。」
「そう云う筈はないでしょう。然し考えを大きくして鬱憤を正しく整理しなければ。」
僕はこの女学生の口弁と、闊達な性格と修養も積んだような容貌に驚いた。老人は又新聞を読んでいだ。僕は一つの駅で林檎弁当を買って分けて食

べた。その煮た林檎が非常に美味しかった。

汽車は大同江に至った。始めてみる大同江、鉄橋、工場地帯など、そのすべてに驚いた。その偉大な自然、大同江を中心に發展した多くの工場、数十個の煙突から出て來る煙、などが皆驚異の對象であった。人工と自然が合って居る光景、等、この皆が一篇の詩のように感じた。然し僕は心理の葛藤を感じざるを得なかった。僕らの物でない日本の工場が朝鮮の土地に發展して居るのを見て氣分が良くなかった。古來有名な大同江、ロマンスで歴史の一篇を作った所、　又数千年の大韓半島の歴史を共にして來た大同江、それが今は日本人が立てた工場の煙に蔽われて居るの見て、僕は悲觀的になってしまった。こう云う悲觀はソウルに近い永登浦と仁川の工場地帯を見學した時にも大きかったけれども、此處ではそれをもっと深く感じて悲しくなった。それは僕だけの事でないだろう。その女學生もそう感じて居るのか、大同江とその周圍の工場を長い間見つめていた。

僕はその女学生を見ながら考えた。朝鮮の文化に多く貢献して来た梨花女専も今は没落の運命を迎えて居るのではないか? 文化は唯男が担当する問題ではなく、ある点では女子が最も大きな自覚と認識を持ってその向上に努力せにゃならん。梨花女専は朝鮮では唯一な存在として有名で、その使命を果たして居た。知識層の女性を多く養成し、その卒業生はインテリ女性としてその使命を果たして居た。

然し今はそれを知って居る日本官憲は色んな奸策でそれを阻止して居る。彼らは朝鮮文化より日本文化の朝鮮移植を宣揚し、朝鮮文化の向上を恐れていた。

ところが平時には学園迄直接手を付ける事は出来なかった。又総督が文化人だったら敢えて敢行する政策ではなかった。今は露骨な帝国主義を捧げた石頭の様なのを持って居る武官が総督になったから、その政府は可否を考える文化機関でもない。そう云う人が学園に迄手を出し武断政治を断行する様になった。然しその一策として朝鮮文化の向上を阻止する方便を企図して日本文化を輸入し、僕らを皇国臣民に作る事が出来ると自負していたら、それは世紀的過誤だと僕は断定して居た。圧迫を反撥する意思、欺瞞政策から離脱する覚悟、血の混合を嫌悪する純潔心、こう云う徳目は歴史的に多くの弱小民族に見られるが、僕らの胸中には特に強く感じられた。此の女学生を見る時彼女は圧迫のため没落して居る僕ら白衣民族、特にインテリのシンボルのようだった。彼女も僕をそう見たのだろう。

「白衣民族」は朝鮮民族を言う言葉で、それは朝鮮では歴史的に葬式の時白い着物を着たからである。昔から朝鮮の人の大部分が部落生活をして居たし、平均寿命が四十くらいで、同じ村で死ぬ人が多いので白い着物を着る日々が余りにも多くなったので朝鮮民族を彼ら自身が「白衣民族」と言い出したのである。それ以外には何の意味もない。

汽車は平壌駅の乗降場に進入した。僕はトランク一つを取り上げて席から立って告別の挨拶をした。

僕は永い間知ってる人達と別れるような気がした。老人は、

「それじゃ無事に。唯その事をよく解決するのを願います。」

と言った。そして女学生が言う。

「話だけしながら住所姓名も貰わんで。知ったらお手紙でも上げるんですが。」僕は、

「どういたしまして。却って私が失礼しました。然し私は一定した所に居る者でもないし、住所姓名を分かっでも無用でしょう。私があんたの住所でも知ったら、後か

らお手紙をあげるべきですが、私の事情が事情ですから。それはだめでしょう。」と言った勿論僕はその時女を考える立場でもなかったし、女に頭を使う余裕がないのは言う迄もなかった。

僕は帽子をぬいて挨拶をして汽車から降りた。彼らは僕の生涯中道で擦り通る人達と違わなかった。ところが平壌は僕に不慣れの所なので彼らが横にいれば良いだろうと言う考え迄もした。彼らのトランクについて居る「安東商店」と「新京旅館」と言う商標が頭から消えなかった。彼らが滿州に住んで居るのだったら「隱してください」と願う事も出來ただろうが、　内氣の僕はそう云う勇氣が出てこなかった。又彼らはそう云うのに關しては一言もなかった。

平壤で

平壤駅は想像以上に簡素だった。木造建物で待合室も小さく、清掃もよく出来でない非模範的駅だった。陽徳市行汽車の時間表を見て居ると、

「旅館に行かれるでしょう。荷物をこちに下さい。」

と言う声に驚いて振り返ると、ぼろを着た小さい男の子が立っていた。僕

はその瞬間、

「そうだ、此処で二、三日過ごす計画もしていた。」

と言う考えがして、その少年にトランクを手渡した。

駅前風景も中部地方と違っていた。訛りも聞こえるし、京城では多く見られない餅売り、林檎売り、キャンデー売り、栗売り、その他いろんな行商の女達が街道に列を作っていた。その時平壌は「軍事都市」と呼ばれていたが、そのせいか馬を乗った日本憲兵達が行ったり來たりしていた。若い見習士官が引率する一個小隊も市街を行進していた。それを見ながら僕は燒栗を買ってその少年について行った。

平壌で二日を過ごしながら良い見物をした。一日は悠々と大同江と牡丹峯を見物し、翌日には箕子陵と市街を見物した。大同江と、牡丹峯と、箕子陵は美しかったが、市内は南鮮と日本の都市を多く見た僕には大した事なかった。箕子陵を參拜した時の僕の心境は複雑だった。再び見られないと言う感じがすると同時に、中國王子の箕子が三千年前其處に亡命して來たと言う歴史を知って居るのだが、箕子が僕の祖先だと云う氣が別にしなかった。僕は僕の血の中には滿洲人と蒙古人の血が多いし、中國人の血は非常に薄いと信じていた。一方、彼が僕らの祖先だったらどうして僕らをよく見守ってくれないのかと云う、當てにもならぬ考えもするのだった。然し參拜をしない理由もないから參拜をして其處を去った。その陵はごく簡素だった。台地も大きくなく建物の中には物が少なかったけれども清掃はよく出来でいた。地方人が清掃をしておくのだろうと考えると気分が良かった。朝鮮総督がそれを大きく改築するとか広告する筈がないと考えたが、それが事実であろう。繰り返して言うが、どうしてか知らないが、此れらを再び見られないと言う予感が強かった。勿論僕はその後北鮮を訪れる事が出来ない。

陽徳市に行く

平壌から陽徳市に行く汽車に乗った。旅客の殆どが垢が抜けでなく、平元線周辺の生活相を見せて呉れるようだった。敏感な僕はそれを感知し、陽徳市の警察もあんなに純朴だったら良いなあと考え、又僕もあんな着物を着て外に出にゃいかんとも思った。然し「田舎から師匠が出る。」と言うのも想い出した。平元線は平壌と元山市を連結する汽車線であるが、開通して永くないせいか二十年前の汽車を想起させた。速度も遅く、機関車も旧式で、客車も何間なかった。陽徳市駅には電燈がない所には、日本の時代劇で見られる灯火のようなのが設備してあった。僕はほんに平元線の開通を祝うと同時に、その沿線の低級な農村に文化文明の息を豊富に移入する事を祈った。その時朝鮮は世界の一流国家に比べると百年も後れて居ると見る人が多かった。僕は日本の朝鮮経済支配に関しては商業学校時代から関心を持っていたので、日本の専制的支配と搾取に関して一般の人より反感と憎悪をもっと感じていた。資本主義とか、修正資本主義とか、産業合理化とか、商工並行とか、騒わいで居るが、僕は此れらは皆日本人だけで自分達のために作り出した奸計であって、朝鮮同邦は現代的農奴に過ぎないと云う批評をしていた。人達は他の国を悪く評する時が多いが、朝鮮はその時日本人とか米国人が見下げる程ではない。

ある常識のない日本人は、日韓合邦は朝鮮の啓明と発展をさせる為にしたのであり、それが僕らを大いに開放し発展させたと勝手に暴言を発して居る。誰がそうしてくれよと、日本に頼んだ事があるか? 彼らは此れを良く考えて自省すべきである。日本の侵略と搾取がなかったら、朝鮮は日本がして呉れたと言う発展の数百倍以上にもっと良く、急速に発展したと言うのは言う迄もない。韓国は今大韓半島の南部しか占有してないが、千九百五十五年韓国政府が発表した次の韓国に関する統計を見でも良く分かる。この統計は一年を基準にして居る。その後の発展はもっと飛躍的で世界の耳目を引いて居る。

項　　目	四0年代	九0年代	増加率
平均寿命	四三	七一	一六五%
総生産額	一四億弗	三、二九0億弗	二三、五00%
失職者率	一一、三%	二、四%	0、四七0%
幼稚園	一、一一一	八、九一0	八二四%
中高等学校	四一九	0、四六0	一、0六四%
大学	三二	六二六	一、九五六%
定期刊行物	二四八	六九九五	二八二0%
官公立図書館	二一	二七五	一、三0九%
ラジオのある家庭	七%	一00%	一、四二八%

項　目	四0年代	九0年代	増加率
電話のある家庭	四四、000	一六百萬	三六、三六四%
輸出	七二億弗	四、六00億弗	六一、九四四%
自動車生産	0、0%	二、五百萬	二、五百萬%
自動車所有者	·一四、七00	五、六百萬	三八0、九五三%
セメント生産	一一、000トン	四七百萬トン	四二七、二七二%
工場	五、二四九	七二、二一三	三七六%
造船	八、000トン	三、四百萬トン	四二五、000%
鋼鉄生産	八00トン	三三百萬トン	四、二五、000%
電力	四七九百萬k	一四四、四四三百萬k	三、0一五%

此れは大韓半島で行われたあの熾烈な三年の現代戦を考慮すると、人類歴史上の最高記録の一つだと云う。これは五十二年前の記録だが今は此れよりもっと良いだろう。2007年の New York Times Almanac は韓国の二00五年の輸出が二八八。二億ドルに成ってある。こんな発展を日本が韓国で計画をする筈もないし、又それを許しもしなかったのは確かである。日本は大韓半島両断の間接的責任があると同時に、三十六年間の植民地統治を通じて白衣民族の発展を阻止した大きな責任もある。上の表の千九百四十年代の大学の数には二年制女子教員養成所も含めたようである。僕の記憶では正規専門と大学の数は到底三十二に達しない。然し開放前僕は次のような希望と抱負を持っていた。朝鮮は封建的被搾取状態に処して居るが、経済的向上の道がないのでもない。大資本家が続出はしないだろうが、僕らは殆ど皆が覚醒の段階に処して居る。だから皆が努力したら生活水準がある程度向上するだろう。それを奨励しなければならない。そう云うところから僕らの社会改善の道を打開するしかない。そうしながら朝鮮文化を鼓吹し一般の文化水準を向上させるしかない。文化を中心にする時、僕らの覚醒と精神的発展がある。僕らはそれを信仰化して精神的に団結せにゃならん。

勿論此れは抽象的であり僕にはあまりにも難しい事だった。それで僕は京城高商卒業後に米国留学をしようと計画していた。然し此れも学兵関係で水泡に帰してしまった。此れは僕が又千九百四十八年の夏ににアメリカに来たから三年も遅れるようになった。

田舎の汽車は平壤を出發して約二時間後陽徳に到着した。小さいバラックのような駅で複雑な顔をして居る父に会った。よく慣れでない所で息子を迎える喜びのような表情も窺がえた。僕は挨拶をして何も言わないで居たら、父も何も言われなかったが、

「よう来た。家を未だ見付けでないから、陽徳旅館に行け。」

と言われた。僕は聞いた。

「そうですか　お父さんは何處に留まっておられますか?」

「同じ旅館だ。其処に行って待って居れ。」

「はい、お母さんも其処に居られますか?」

「いや、母は二、三日後から来る。」

「私が此処に来るのを知って居られますか?」

「そうだ。僕は今用事があるから夕べに合おう。」

それで僕は荷物を持ってその旅館に行った。その晩にも父子間に學兵に關しては何の話もなかった。

僕はその問題のため父を悩ますのが嫌だったし、父は自分の意見を言うのが嫌なようだった。唯すべてを僕に任せるように見えた。その晩學兵問題に関しては話さなかった。二日後母が来られて、小さな家に移った。母も学兵問題は觸れなかった。両親と僕の沈黙中の計画は明らかだった。即ち、この馴染みのない所で学兵の期日である十一月二十日迄隠れて見ようと云うのだった。その期日が過ぎたら退学をしようが刑務所に行こうが構わないし、学校で署名した志願書は無視すると決心したのだった。

父の下で仕事をしていた木工達は皆軽率な人のようでもなかったし、又僕が卒業をしたと思っていた。僕は学生服を脱いで朝鮮式の着物を着ていたので、誰も僕が学兵志願を忌避して居るのを知らないだろうと思った。母は僕と将来の話をするのを嫌い、その日その日、僕と対話をするのが楽しい様に見えだ。晩にも僕と長い間話をして、僕が寝るのを見て父の部屋に行かれた。僕はする事がないので毎日バスで温泉に行って来て市内を一回りするのが日課だった。其処にも書店が幾つかあって僕は其処に度々行った。僕はスタンダ-ルの「緑の獵師」上、下卷を買って暇があったら讀んだ。「ロシア三人集」、「クオバデイス」、「懺悔録」などは京城で既に買って少し読んだけれども、持って来なかったので又買った。そんな田舎の町にこんな本があるので驚いだけれども、其処は温泉で有名なので都市の人達が多く来るから、そう云う本を買う人が有るだろうと思った。その時には大きな都市にしか図書館がないので不便であり又図書館でも本をよく貸してくれないので、学生達は本を多く買って家に積んでおいで読んでいた。それから学校の図書館には専

門図書が多いので、僕らは自然本屋を頻繁に訪ね回った。僕が入隊する時左傾の本もあったから日本の警察を恐れて、数百巻の本を箱に入れて家の後の山に隠しておいたが、日本から帰家した時には、それらが何処に行ったのか一つも見えなかった。

僕の両親は学校がない時に育ったので、家で諺文(朝鮮の仮名)を習ってそれで書いた本はよく読まれた。ある日母は本を耽読して居る僕の様子を見て話し出した。今もそれを懐かしく思っている。

「もう止めなさい。日本の勉強をそんなにして何するの。うんざりしないの? 勉強がそんなに好きだったが、反って悪くなったじゃないか?」

「お母さんも。」

「お前が上の学校に行きたいと非常に欲したのでそうしてやったが、こんなに惨めになったね?」

「さあ、考え方によるでしょう。」

「学校が何の所用があるか? もう心行く迄遊びなさい。」

「は、今勉強して居るのでありません。此れは日本語で書いてるけれども内容は西洋のものです。」

「でも、もう止めなさい。お前があんまり勉強を好んで逆に悪くなったじゃない?」

「はい、此れは学校の勉強の本でなく、お母さんがよく読まれる物語の本のようなもんです。」

日本語をよく知らない母にこう云った。僕は母が横に居られる時も本を読むのが好きだった。僕は大きくなってそういう時が別になかった。母も僕が本を読む時横で僕を見るのがお好きだった。僕はこんなに可愛がられた時がないような気がした。

それから暇があれば温泉に行った。父と温泉に行かない時には母と行き、又三人で行く事も有った。母と行く時には勿論男の浴室を使った。日本には男女が一緒に浸る浴場があり、又全家族が一緒に入る浴場があるそうだが、朝鮮では話にもならない事だ。

僕は陽徳市の後ろの重なって居る山を回って行く約五分の一里程の良い道が、はじめには二里にもなるような気がしたが、繰り返して行くにつれて次第に近くなる様な気がした。僕はその道を母と、或いは父と話しながら歩くのが好きだった。勿論一人で行く時はさびしかった。

数日後、谷山に行った伯父が陽徳市に来られた。その晩ある程度予期していた波紋が起こった。伯父さんが言われた。

「志願しない者は苦しめて滅びるようにすると云うから駄目じゃないか。どうせ、せにゃならんから、するのがよかろうね。」
「でも、私は二十日迄此処に隠れて居る積もりですが。」
「到底出来ないのを、どうしてし様とするのか? お前はなぜそんなに頑固なのか?」
「出来るでしょう。誰も知らないように隠れて居れば良いのですから。」
「それじゃ家族は生きでも死んでもいいと云うのか?」
「死にはせんでしょう。」
伯父さんは伯父さんの家族と僕の家族の區別がなかった。その時にはそう考える人達が多かった。
特に僕の伯父さんはそうだった。伯父は怒った様だった。
「それじゃどうして小磯総督が「家庭に迄影響があるから志願せよ」と云っているのか?」
「彼がそんな事を言ったかは知りませんが、私もそれは考えています。でも、私は家庭に迄影響があるとは思いません。期日だけ濟んだら良いのですから。」
伯父はもっと怒ったようだ。
「それじゃ警察が"そうですか?」と言って放って置くと思うのか?」
「まさか殺しはしないでしょう。刑務所に入れでも良いし、殴ったら殴られでも良いです。家庭に迄は手を出さんでしょう。」
「期日前に大変な事があるだろう。お前が此処に来たのは故郷か元山市の警察が良く知ってる筈だし、それどころか、僕迄苦しめたらどうするか?」
「家族迄は手を出さんでしょう。皆殺す事も出来ないでしょう。」
こんなに言いながら僕は固い雰囲気を少し鎮めようとした。勿論僕は此の時、日本が朝鮮の知識人全部を秘密裏に千九百四十五年八月十八日に殺戮すると言う計画は知る筈がなかった。
「お前はあまりにも愚直だ。あの気違いのような日本警察がどう云う事をするか分か　るもんか? 彼らがお前を裏に連れて行って殺すかも知らん。」
「そうですか?　徴用したら行き、拷問をしたら耐えます。然し殺しはしないでしょう。」
「期日内に何か酷い事があるぞ。」
「唯家族に手を出さないのを望むだけです。」
「又故郷か元山市の警察が此処の警察にお前が此処に来たのを連絡してるぞ。」
「此処に来るのは誰にも言ってないんですが。」

「既に知っとるだろう。警察をお前もよく知ってるじゃないか。」
僕は聞かざるをえなかった。
「既にですか? そんなに連絡が早いですか?」
「それは言う迄もない。それのみか彼らは僕も逮捕に来るだろう。そうしたらどうするか?」
僕は言う事がなかった。結局伯父さんはそれが言いたかったのだ。近い親族の将来を心配し、僕が犠牲になるのを欲されるのに、何も答える余地がなかった。すると父が初めて言われた。
「僕は死んでも印を押しません。殺しゃせんでしょう。それでも志願制だから仕様がない時、囲うか殴るかするでしょう。」
「お前はまだ池の中の蛙だ。各地方で大騒ぎだ。父母達を捕まえで殺すとか言って居るそうだ。殺しだら死ぬほか何のすべもないじゃないか?」
「では僕も一人殺します。彼らの下でこんなに生きるのは死んだのと同じ事でしょう。」
「それは簡單ではないと思うな。特に日本人がするのでもなく、朝鮮の警察がもっと悪いそうだ。だから殺すとしでも朝鮮の人を殺すのじゃないか?」
「そう云う奴らはもっと殺さにゃ。」
「知らん。そう云う事になったら人を殺すのもそんなに簡単でないだろう。又志願しても死ぬわけでもないし、生きて帰ったらそれ以上良い事ないじゃないか。行くと云って皆死ぬか? 男としてそんな所に行くのも良い経験だし。大きく考えて志願しろ。」
僕は話題を變える爲「はい」と言った。それから三寸(親等)伯父の言葉に衝撃を受けて、外に出て彼方此方歩き回った。星の多い初秋の晩は冷たかった。伯父は今迄僕を自分の子のように持て成し、物心兩面で後援してくれた。そう言われるのも人間的に當然のようにも考え、僕は過去のすべての恩惠を感謝する一方、親愛感を持っていた。然しどうしでも僕の父母に對するようなのとは同じでなかった。
その翌日伯父さんと溫泉に行く道を歩いで居た。僕が云った。
「陽徳市に孫氏が多いと聞いたんですが、多くないようですが。」
「旧邑が向こうに離れて居るからそうだろう。陽徳孫氏は前からこの地方の有力な氏族なので、向こう側に定着しておる。楊口郡の孫氏より有名な人物が多いし、相手に成る人が多いそうだ。僕らは連絡がないが、宗家達は互いに連絡が有るだろう。」
暫くして伯父は又言われた。

「この山の筋が有名だそうだ。その山があの山を回りそれが又あっちの山を回り、お互いを包んで居るようじゃないか? それで、旧学者達が此れを優秀な山勢と看做して居る。」

学問のない伯父だけれども記憶力がよく、若い時に多く放浪したので、世俗的常識は豊富だった。

それで伯父は処世を良くして来たので失敗が少なく、自他の信任が大きかった。何処に行っでも風流を楽しみ話も面白く多くしてくれた。僕は現代式勉強だけをしたので、伯父の豊富な旧式の常識に驚いた。其処は温泉地帯なので谷から流れて来る水も褐色で、流れの下にある石も澱も赤黒かった。左には旅館が多く、日本人の旅館は小さい橋の向こう側にあった。薬水場では彼らはよう見えなかったが温泉に行くと必ず彼らがいた。僕らが温泉に着いて浴場に入った時、伯父さんが言われた。

「兵隊に行ったら良いのを食べる事も出来ないし、こんなに良い温泉を見ることも出来ないだろうから一杯食べて、よく浴びて行け。体が強くないと最後迄堪えて帰って来る事が出来ないだろう。お前は表面は良いようだが、右の胸部が痛いとか、神経衰弱とか言いながら学校をよう休んだが、どうも安心が出来ない。」

僕は「はい。」と云って、浴槽に入って目を瞑り、僕の運命を更に考えようとした。伯父は僕が既に志願すると思って居られた。とにかく僕は僕が歩んで来た道をはっきり覚えて批判をする事も出来るが、迫って来る将来に関しては唯漠然だった。まず戦場に引っ張って行かれるような気がして、生か死かと尋ねた。偶然生もあるけれども、どうも偶然死が近いような氣がした。それでも生死中、生を選ぶのは言う迄もなかった。勿論、「生死超越理想之境」と言う理想論もあるけれども、僕はどうしでも生を選ぶのだった。修養不足のせいだろう。然し前途が洋々たる青年として、胸に潜んで居る青年の熱情と精力を強く感じていたので、僕はそれに忠実でなければ成らんと思うようになった。

丁度この時婦人二人の話し声が聞こえで来た。僕が考えて居るのと関連があるので、自然僕の耳がそのほうに傾いた。

「子を産めない婦人が 男の浴場で浴したら子を産むそうです。それで沐浴時間が過ぎた後に女達が来て沐浴させるように頼むそうです。」

「それじゃ男女共用の浴場を造れば良いんじゃないですか?」

「日本にはそう云う風俗があるが、此処ではどうも。」

「は、は、それもそうだ。然しそんなに迄して子供が生みたいのかしらん。」

「そうよ、人間はなんと云っても殆ど皆が子供のために生活してるのじゃない? 子供のために仕事もするし。」

「それもそうですね。そうですよ。」

僕は又続いて考えた。僕は未だ子供がないから実感するのが難しかったが、その会話が何か知らんが僕の胸を刺すような気がした。そうだ、僕も当然生を選らばにゃならん。僕も両親の子供だ。弟は何処か遠い処に行っているので家には僕のほかには妹が一人おるだけで、僕が戦場に行ったら両親はどうなるのか? 僕は最後迄戦わにゃならん。だから生を選んで兩親と一緒に居らなければならん。結局こう云う結論に達した。然し僕は又考えた。もし僕のような人が多くて小磯總督の言うように白衣民族に想像以上の苦痛が來たら如何するか? その責は當然僕らに來るであろう。僕の犠牲が白衣民族の幸運の契機になる日がないだろうか? そうだったら僕は當然戰場に行かにゃならん。では兩親はどうする? 此處で又解決出來ないジレムマに陷った。

沐浴を終えて伯父さんと山の道を通って帰路についた。少し行って一つの旅館の前で高商の先輩に会った。僕に自分の部屋に行こうと誘ったので伯父さんと一緒に入って話をし出した。話題は自然学兵に移って行った。その先輩が言った。

「それは悔しいでしょう。然しそれが弱小民族の運命だから、行かないと駄目でしょう。」

「それじゃ僕が日本のために死んでも良いと言うのですか?」

「仕様がない時は生死を天に任せて出て行きなさい。人命は在天と言うから、唯インテリとして最後迄朝鮮の人だと云う自覚を忘れないで行動しだら良いでしょう。」

「はい。先輩さんには詳しく説明しないでも分かると思いますが、私は家族と民族の間に立ってどう解決すべきかと苦悩しています。」

「それは僕らの民族の共通の悲しみです。二つを折衷する事が出来れば何の問題もなく幸いでしょう。僕らはそうでない運命に処していますからその二つの中で良いのを選ばにゃ。」

「それがそんなに容易くありません。」

「はい、それでも少し考えなきゃ。たとえば僕は東洋拓殖と云う農民の利害とは正反対な日本政策の先端を行く会社の社員ですが、僕は朝鮮農民の負担が少ないように努力しています。それで日本の社員と衝突が多いです。茂山地帯に農民を移住させるのに関してもその会社が広告を多くして、南鮮の農民をこの北端地帯に追い入れます。其処に行ってみると涙ぐましい事が多いです。牛や豚より悪い待遇を受ける時も多いです。然し僕らは努力して、論争迄しながら彼らの待遇を改良して居ます。」

「あ、そうですか? それは聞いた事がありません。」

「だから僕は学兵を志願せろとか、するなとかと云う資格はありません。要は志願してもしなくでも、朝鮮の人だと云う自覚だけあれば良いと思います。生命に汲々する利己主義者は民族的に有害無益な存在でしょう。」

「さあ、それは知ってますが、生死の問題ですからね。」

「孫さんはそんなに生命の事だけを考えていますか?」

「どうしでも、無意味な死はしたくありません。」

「僕は二千名の朝鮮学兵が日本軍に編入されるのが絶対に無意味だとは思いません。犠牲が生じでもそれは貴重な犠牲だと思います。」

「それです。そう云う結果が予見出来だら良いんですが。到底そうは考えられません。」

「考え方によりますよ。僕らの運命の過半は彼らが支配するのですから、僕らは唯最善をするしかありません。」

「勿論そうです。ところで休養に来られましたか?」

伯父さんは何も言われなかった。僕は結局この先輩の言うのも抽象論に過ぎず、僕が直面して居る現實と苦惱を体得出來ない以上、僕の立場を本當に理解するのも難しい事だろうと思った。それで話題を變えた。それから彼は親日派のような印象も呉れた。少し後、その旅館から出たが、僕は又憂鬱な考えに浸った。勿論僕に關する問題は僕が解決すると云うのは當たり前だった。その先輩も他人の事だから抽象的な話ばかりしていた。

「韓」と云う同期生も初めは忠誠とか最高の光榮とか言って志願すると云っていたが、卒業後就職した人は志願しなくでも良いと云うのを知ってから、家庭の事情を口實に志願を止めたと云う事を聞いたのだった。彼の矛盾で表裏不同な言行は許されぬ非人格的な事だと見る丈だったが、彼も自分の事だからそうしたのだった。後から知ったけれども彼も結局引っ張って行かれたと後から聞いた。僕らはその家を出て歩き出しだ。松と楓が隙なく兩方に並んでいて、その間を黃色く黑い溫泉の水が流れて居て、僕の氣分をもっと憂鬱にした。

結局伯父さんが僕が此処に来て学兵志願を忌避しているのを警察に密告したのは確かだった。彼は彼自身だけを考えていたのだ。警察が僕が此処に来ているのを知る筈が無かった。彼は所謂 {家族} の為そうしたのだった。然し日本では伯父は個人の家族に入れない様である。

印を又押しますか?

「この家の学生居りますか?」
と言いながら誰かが外で尋ねて居る声が聞こえた。
「誰の事ですか?」
と家の主人の婦人が聞いた。
「数日前に来た学生です。」
「何処からですか?」
「京城からです。」
聲が庭の左の方から聞こえた。僕はこう云う事が有ろうとは考えでも出来なかったので驚いだ。僕はすぐ警察だろうと予感した。
「おい、巡査が来たようだよ。」
とお母さんが本を読んで居る僕に言われた。僕は目が丸くなった。巡査が又聞いた。
「京城の学生、今居りますか?」
母と僕は來るのが來たと思いながら、部屋の中で默って次の聲を待ったいた。
「はい、居るでしょう。」
「何処ですか?」
「あの部屋です。」
と主人の婦人が言うと、彼は僕の部屋の直ぐ前に来たようだった。
「学生、居りますか?」
部屋の直ぐ外に來て話すので、僕は仕様がなく門を開けで出て行った。私服刑事一人と巡査一人が立っていた。二人とも朝鮮系だった。僕は彼らを見て気分が非常に悪かったが何もする事が出来なかった。
「何の用事ですか?」
「尋ねる事がありますから署迄来て下さい。」
「何か知らんけれども此処でして下さい。」
「いいや、警部が合いたいそうです。」
「そう、それじゃ後から行きます。」
「それじゃ直ぐ来て下さい。」
僕は部屋に帰って又本を読み出した。僕は母に心配を掛けたくないのでそうしていたが、いろんな考えが僕の頭に浮かんで來た。

「おまえ、行かんでもいいの?」
母は心配そうだった。一時間後巡査一人が又来で催促するので、仕方なしに警察に行く事にした。母は一緒に来られようとしたが僕が止めた。僕は「陽徳警察署」の看板がついた黒っぽい建物に入った。其処に入るや或る婦人の叫ぶ声が聞こえて来た。
「僕は死んでも息子は送れません。僕はその子無しには生けません。それが行ったら僕は死にます。死んでも彼は送れません。お父さんがなくなったのも酷いのに、彼が行ったら僕は死
にます。死んでも息子は出せません。」
と言いながらドスンズシンと床を踏みつける音が聞こえた。
「どうしてそれが分かりませんか? 何回も言ったのに。」
僕もその夫人の苦衷を推測出来だ。聞く所によると陽徳市に学兵該当者が僕のほか二人が居た。一人りは其処の木材所の主人の息子だが京城の専門学校の一つに通っていたが、彼の父が彼にお金を何万円かやって、何処にでも行って隠れて居れと言ったので、何処かに行ってしまったそうである。その時下宿費が月三十円程度だったからそれは大きなお金だった。僕は彼が何処に行ったか知らんが彼が羨ましかった。警察が僕を追跡する前に僕はなぜそんな考えはしなかったのか。反面、父はそんなお金はなかった。勿論借りることは出来ただろう。又僕が何處にでも逃げる事が出來だだろうが、滿洲に逃げない以上、日警に捕まられるのは明らかだった。滿洲に行っでも捕まられた事だろう。
それから今日警察に来て騒いで居る婦人の息子は、東京の或る大学に通っていたが、彼の父が死んでから何ヶ月にもならないそうた。息子と幼い妹だけがある可哀そうな婦人で、その學生が出征すると彼の家の支柱を失うようなものだった。又静かな男の聲が聞こえた。
「少し静まって良く考えなさい。」
又大きな声と床を踏みつける音が聞こえた。
「なぜ三度も四度も呼び出して印を押せと言うのですか? よく分かるように僕の家は彼が行ったら滅びるのに、どうしてそう強制的ですか? 絶対に印は押せません。志願制であるのに如
何してこんなに人を苦しめますか? おお、この馬鹿な運命!」
事務室に入ってみると婦人一人が溜息をつきながら床に座って涙を流していた。子供を負った五十位に見える婦人だった。その婦人が又叫ぶ。
「なぜ三度も四度も呼び出して印を押せと言うのですか?」

その前の警官みたいな人が言う。
「それが僕らの仕事です。仕様がないです。」
「僕らは彼無しには生きられません。如何してそれが分かりませんか?」
警官達が小さい声で相談する。朝鮮警官達がひそひそする様を見て僕は心中もっと怒った。その一人が他の人に言う。
「精神無しにしゃべって居るから今日は此れで歸えしましょう。学生を又呼んで話してみましょう。学生が応じたらそれで良いじゃないですか?」
こう同意して警部に告げたのか、数分後その婦人を家に歸らせた。その婦人は亂した着物と髮を整えもしないで、外に出ながら、「僕は印は押しません。此れが何の運命か?」と言い乍らその婦人がか弱くおろおろ正門を出るのを眺めて、僕は又怒りを感じた。巡査も同族なのにどうしてあんなにする事が出來るだろうかと思っだけれども、他の事のように僕はその婦人を助けてやる事が何も出來なかった。期日迄その息子とその婦人が印を押さないように祈った。數日後僕は陽德を發ったが、その時迄その學生がどうなったか知らなかった。今もどうなったのか知らないが、知りたい。
その婦人を送って巡査一人が僕の身元を確かめて日本警部に廻した。彼らはその学生の母を苦しめながら、どうして僕の場合は僕を追窮するのか変な気がした。その学生が協力をしないから、彼の母をいじめるのだろうと思った。その警部は日本語で僕に聞いた。
「京城高商の廣原さんでしょう?」
「そうですが。」
「如何して故郷に行かんで此処に来ましたか?」
「此処に両親がこられたので。」
「その方達が如何して此処に来たですか?」
その理由を既に知って居るだろうが、僕は答えざるをえなかった。
「既に知っておられるでしょうが、最近此処に建築事業を一つ引き受けられました。」
「あんたの故郷から連絡が有ったので、あんたを呼びました。」
「僕の故郷の警察ですか?」
「はい。」
「どうしてですか?」
「とにかくあんたは学兵を志願したですか、しませんでしたか?」
「いいや、でも学校で仮署名のようなのをしました。」
僕はなんと言ったら良いのか知らなかったので、「仮署名」と云う句を思い出した。
「この書類を又書いで、此処に印を押すのがどうですか?」
僕は彼らが僕を追跡して志願を確認し様とするのだと思ったけれども、知らん振りをして言った。
「両親と相談せにゃ。」
「それは必要ありません。」
「何故ですか?」
「あんたの意思表現だけが必要です。」
「東洋人が如何してそんな事が言えますか?」
「両親の意思は僕らが後から確認しますから、そう思いなさい。」
「それは少しおかしいですね。両親は世界の事情がどう回って居るのかもよく知らんし、皆僕に任していますから。」
「学兵の事も?」
「既に僕を送らない決心をされていますから。率直に言ったら僕の両親は学兵問題がお嫌いです。僕が戦場に行って死ぬのを願いませんから。」
「死ぬ?」
「常にそう云う可能性があるじゃないですか?」
「はい、然しその確率は非常に小さいです。」
「とにかく僕らはそれを考えざるを得ません。」
僕は兩親と相談すると言いながら、両親は既に僕を出さないと決心したと矛盾する事を言ったが、彼らはそれには神經を使わなかった。
「それじゃ、あんたの意思は?」
「それは両親と相談せにゃなりません。両親がどんなに僕の意見を尊重すると云っても、両親と相談しなければならんでしょう。そうじゃないですか?」
「まあ。」
「あんたが僕の立場だったらそうするでしょう。」
「とにかくあんたはこの学兵問題を支持しますか、しませんか?」
「支持するのが義務ですか?」
「それが何の意味ですか?」
「どんな事があっても支持せよと言うのじゃないですか?」
「いいや、義務的に賛成せよと云うのでなく、国民としてどう考えるかと云ううのです。
天皇陛下の意思だから支持しなければ。天皇陛下の臣民としてどう考えるのですか?」

彼はとうとう「天皇陛下」を引き出した。僕は言った。
「可も否もないでしょう。新聞に出た通りでないですか?」
「それじゃ大賛成でしょう。賛成だったら志願しなければ健康状態とか家庭を超越して。」
「どうしてそうせにゃ成らんすか?」
「あなたの民族を見守る日本のために志願するのだから。」
「それは良く理解出来ません。」
「小磯総督がそうすると云ったですから。」
「何も無視して志願せよと云うのでしょう? 唯志願書を書けと云うのでしょう?」
「僕らが欲するのはそれです。家庭に欲するのも同じです。だから用紙に印を押しなさい。考える余地もないし、時間もありません。」
「そうは行けません。自分自身が進んで印を押さなかったら、それが何の志願ですか? 何と云ってもこんなに重要な事を形式的に決めると云うのは僕は出来ません。」
「じゃ如何する積もりですか?」
「未だ一週間も残って居るのに急ぐ必要ないでしょう。僕は逃げもしないし、隠れもしないですから、時間の余裕を下さい。」
「時間がどれぐらい必要ですか?」
「二、三日は必要じゃないですか?」
「では二日を上げますから、その後答えをはっきり呉れますか?」
「そうしましょう。」
こう云う対決をして僕は家に帰って来た。この対決は予期したように激しくはなかった。母は門外で他の婦人達と話をして居られたが、僕が来るのを見て走って来て尋ねた。
「何だった? 何と云ってた?」
「志願問題です。二日後答えをやると言いました。」
と云って部屋に入ったら、母が茶菓をもって来られた。そして紙を一つ下さった。
「こんな電報が来たよ。」
それを見たら、
「学兵志願を通告せ。」
と書いていた。母は待つ事も出来ないで尋ねた。
「何に関する電報か?」

「何でもないです。」
「何でもないのに電報が来るの?」
「はい、唯成績に関するのです。」
「可笑しいね、お前。そのため電報を送って来る?」
「何か間違いがあったそうです。」
この時僕は嘘を言わざるを得なかった。他の事に関しては嘘を付かなかっただろうけれども事情が
事情だけに、事をもっと悪化したくなかった。その電報は京城高商の兼安校長が送ったのだった。その電報は僕を追跡して居ると云うのに過ぎないと思って、答えも送らなかった。又警察が學校と連絡が有る筈だった。僕はそれを一つの本の中にさし入れで他の本を讀み出した。暫くして僕は外に出て、僕の立場を又愼重に考えながら市街を一回りして歸って来た。然し僕の難しい緊急な問題に關する確答は出て来なかった。勿論僕の苦悩は酷かった。岐路に立ってどっちを選ぶかが難しかった。二日後には答えをやらにゃ成らんのに確答が出て来なかった。志願書を又書かないと云う決心は出來で居るが、色んな他の与件を又繰り返して考えざるを得なかった。志願書を又書けと云うのは僕を追跡して居ると同時に、僕が両親と相談したと看做そうとするのには間違いなかった。彼らは僕の両親と争うのを避けようとする策略だとは知っていたが、如何する事も出来なかった。事実彼らは終わり迄僕の両親を接触もしなかった。その晩父と相談した。
「如何したら良いでしょうか?」
「さあ、どうかな? 僕は絶対に印を押したくない。然し大勢が志願のほうに傾いているから如何するかね?」
「では志願しろと仰るのですか?」
「僕も知らん。唯商業学校だけ卒業して上の学校に行くなと行ったのに、お前が言う事を聞かないで、僕をこんなに悩ますじゃないか。」
「済みません。こう云う事になるとは知りませんでした。」
父は怒りを僕に吐くのだった。然し高商に行くなと言われた事はなかった。黙っていた母が言う。
「それもそうだね。皆行くのにお前だけ行かなくてもいいの? 皆考えが有るからそうするのだろう。」
世情を良く知らぬ母は、他の人がしたら僕もせにゃならんと考える。それが母の処生観の殆ど全部だった。そう云う理念で僕を育て、教育してこられた。他の人が金を払うと遅れないように払い、他の子が洋服を着ると僕も洋

服を着、他の学兄とか父母が学校を訪ると母も必ず行かれた。僕もそう言う処世観を重視するようになり、それが当然な事だと考えて来た。群集心理ではないけれども、僕は学生過半数の動向を無視する事は出来ないと思った。彼らは朝鮮のために志願するのではないか? 崔某氏、李某氏、呂某氏のような過去日本と酷く争っていた先輩達が、

「白衣民族のために志願せよ!」

と勧めて居るんじゃないか。勿論彼らの本意は色々と解釈する事が出来るが、大きく二つに分ける事が出来だ。一つは、小磯総督の言うように学兵志願者が少ないと僕らの民族が将来莫大な苦痛をを経て末路を行く事だから、全民族を救うために志願せよとの事だった。僕は呂氏はこの立場を支持するのだと思った。彼が京城日報に出した記事を一回読んでそんなに分類し、志願に関してはその解釈が正しいと考えていた。僕は日政が僕らの民生を計画的に向上させるとは信じなかった。

第二の意見は、日本が勝ったら朝鮮民族の待遇が少し良くなると云うのだった。即ち、この戦争に物心両面から協力すると、我等の立場を政治的に向上させ、僕らの生命を日本帝国主義に符合させて発展させると云う積極的な解釈だった。事実小磯総督もそう言っていたと言う事だった。その時唯一な朝鮮歴史家と看做されていた崔某氏とか、優れた愛国作家として全民族の尊敬を受けていた李某氏は第二の意見を主張していた。僕はこの意見は支持する事が出来なかった。

勿論、この第一と第二の意見に似たのが又あっだけれども、僕らはそれらをこの二つに分類していた。それで僕は多くの学生達が志願しないのが良いと考える一方、僕らが志願したら僕らの民族の民生を計画的に向上させるとは思わなかった。其の後大部分の学生が志願したが、皆第一の立場を支持し、第二の意見で志願した人は少ないと思った。僕らが志願しないと白衣民族の将来が暗澹であると云う意見が支配的であった。

僕は第一の意見を支持するので苦悩に包まれていた。再び言うと、日本が僕らの民生の向上のために僕らの志願を強要して居るとは納得がいかなかった。僕らの立場を唯天と地が同情するだろうと考えるしか術がなかった。

その翌日僕は一日中瞑想と空想に陥っていた。結局僕は白衣民族の民生の向上よりも、僕らの民族の生命維持のために志願するのが一理があると思った。ところが僕の個人主義も弱くなく、僕と僕の家庭を先に考えるのが合理性があると考えて抵抗をしてみる事にした。僕は満洲国と支那に知人が無いので、其処に行って隠れる立場でもなかった。国内の他の所に逃げようと云

う考えもしたが、外国に行かない以上所用がないと云う結論に達して居た。
僕は二日後約束通り警察を尋ねた。案内を受けて一つの部屋に入って少し待って居ると平服刑事二人が入って来た。はっきりはしないが一人は朝鮮系で一人は日本系であるようだった。僕はきつい対決を期待したが、初めから終わり迄二人は言行を礼儀的にして、温順な声で対してくれたので有難かった。
対話の内容は前と同じで、簡単に言ったら京城の学校の教練教官達が言ったのと同じだった。父母の意見は彼らが後から質疑するから、先ず僕の意見を表示せよと云う事だった。僕は其処で彼らの全国的策略を見るような感を禁ずる事が出来なかった。それからそう云う策略の前で如何に僕が無力であるかと思わざるを得なかった。
僕が京城で既に志願書を出しだと云っても所用がなかった。僕は彼らも点数を取るためそうすると言う解釈もしていた。彼らは結局僕の両親との連絡は無かったが、そんな事を言っていた。それは彼らが全国的に学兵該当者の両親を接触してみたが多く失敗したので、それを放棄したのだろうと解釈した。それで学生に再度烙印させる事によって、それに代置する計画だと僕としての解釈をしていた。少し彼れ此れ話しながら時間を引いだけれども所用がなかった。結局降伏して志願書に入隊する意思を表明して重い心で署を出た。京城と此処で志願書を書いた時の悲惨な心情を理解出来る人が幾人おるだろうか? 然しその時僕の胸の一隈では、僕が絶対に死なんで帰家すると云う予感があって、それを消す事が出来なかった。此れ以上陽徳市に留まって、両親の悩むのを見るのも苦しいので遠いけれども江原道の伯父の所に行った。今も忘られないのはその時の母だった。母は僕が女との交際も知らんで、未婚男性として入隊して死ぬかと思って、密かに女を紹介してくれようと努力して居られた。僕は結婚もしてない者が両親の鼻の下で女と関係するのも駄目だと思って断った。とにかくそう云う両親の配慮を今も感謝して止まない。

廣原という姓

我等江原道楊口孫氏の日本式姓が「廣原」だと云う話が出たから、僕らがそれをどう云う風に得たかの話をせにゃならん。「廣原」と云う姓を呼ぶ時僕は恥ずかしさを感じざるを得ない。入隊数年前、日本政府は僕らの姓を日本の名に変えろと云う創氏令を発布した。それは創氏令よりも創姓令と言うのが良いだろう。彼らは僕らの父母が作ってくれた名前に関しては別に神経を使わないで、僕らの姓を変えるのを強要した。然し日本式の姓と両親がくれた名前とがよく調和がしないので、二つとも変えた人が多かった。僕らのような庶民は創氏令に反対する力はなかったが、少数の有力な朝鮮の人達は改名しなくて耐えた。その中には親日派が居ったが、おそらく墓中で怒って動いて居る祖先の事を考えたに違いないと信する。勿論賄賂を多く遣った事だろう。

とにかく、三千五百万の人口が姓を変えると云う事が人類歴史上あったか知らん。アイルランド人が名を英国化する時にもこうではなかったと言う。日本は自分らが征服した大韓半島の三千五百万の名前を武力で自分らの名に変えようとし、又変えたのであった。僕はこう云う事は人類歴史上なかったと思うが、酷く極端な事であった。今の若者達は僕らがこの時経験した苦衷を感ずるのが難しいだろうが、この歴史的事実を忘れてはならない。その時僕は元山商業に在學中だった。創氏は大人達がする事だと思って別に神經を使っていなかった。故郷にある宗家でこんな事は處理すると思っていた。ところが或る日父が僕を呼んで深刻な語調で言われた。

「お前は創氏を考えで見ろ。」

「どう云う意味ですか?」

「創氏令が出たから僕らも作らにゃ。」

「故郷の宗家では如何するんですか?」

「お前の従兄が東京師範学校に通って居るが、なぜかお前に考えてみろと云うんだ。」

「そうですか? 私にやって見ろと言われるんですか?」

「そう、宗家が如何してお前にして見ろと言うのか知らんが。勿論僕は創氏が嫌いだが、お前に任せるからそれだけは誇らしい。」

「それで私がやらんといかんのですか?」

「じゃ、どうする? 日本帝国と争う事も出来ないじゃないか?」

「それもそうですね、それじゃ私がして見ます。」

「折角するのだから良い姓を作ってみよ。」

「はい、してみます。」

僕の六寸(親等)の従兄は柔道をよくするので東京師範学校に無試験で入学していた。とにかくそれで僕は僕としての苦悩に直面した。僕らが日本の名を持つと云うのは、民族の血に反し、僕の皮膚に合うように考えられず、抵抗したい衝動も感じた。然し僕らは日本帝国に反抗する力はなかった。勿論日本の官憲に創氏を避けるためにやる巨額の賄賂のお金も僕らには無かった。数日熟考の後する事に決定しだけれども、どうしでも僕の性格に合わなかった。僕は又苦悩し始めた。

前にも言ったように僕の体の中を回って居る血がそうさせだのだろう。それのみか僕の祖先が墓の中で回り寝はしなくでも創氏を好まないと思い、それだったら如何して僕らにこう云う試練をくれるのかと怨望もした。こう考えでも何の助けにもならない。僕らと日本人は数千年間、血が違い、歴史が違い、生活も違い、衣裳も違い、食物も違い、そのほかの風習も違うのが多い。僕らが日本の名を持つのは僕らの社會と白衣民族全体に合わないと思った。日本人は僕らが日本を征服して彼らの名をみんな朝鮮式に變えろと命じたらどう考えるかを熟考する必要がある。ところが、日本の一般人はこんなのには何の関心も無いだろう。

色々考えた上、仕方なしに日本姓氏辞典を一つ買って研究しだした。結局僕は日本の姓でないのを選ぶ決心をして、そう云う姓を考案しだした。ところがそれが思ったより容易くなかった。数日後その本の中に「廣原」と云う名がないのを発見して父と相談した。父も僕の趣旨と考案した姓が好きで、それを採択する事にした。父が江原道の楊口郡にある宗家に連絡をして僕ら百三十家庭の楊口孫氏の家族が皆この姓を採択した。可笑しい事には「廣原」は二次大戦前の日本姓氏辞典にはないが、戦後の辞典には出て来る。僕の親族中に度々日本に旅行した人も居るし留学した人も居るので、その名が色んな書類に残って居るのは明らかだ。勿論僕の名も残って居る筈だ。

こうして僕が商業学校在学時、楊口郡の蜜陽系孫氏の皆の親族の日本の姓でない姓を作ったのを誇ったが、創氏自体が僕らに異質的だと思って恥辱的だったが、どう仕様もなかった。弱小民族の運命を甘受するのでなく、苦受と言うか、仕方なく耐えるしかなかった。こんな恥辱が何処にあり、此れを強要する民族の代表者は、余りにも低劣で野卑な者でしかないと思わない同胞が無かっただろう。この時の白衣民族の悲哀は普遍的で、例外は多く見る事が出来なかった。

僕は此れは正常的な事でもなく、純理的でもないと思った。今も忘れられないのは、その時著名な僕らが尊敬していた朝鮮の人達が創氏を奨励した事である。勿論日本機関の圧力に耐えられなかったかも知らんが、一般の人達の気に合わなかった。僕らが漢字の姓を持って居るのは中国の強要のためでなく、僕らの祖先が自発的に採択したのである。僕は蜜陽系孫氏四十三代だが、僕の最初の祖先は新羅時代の将軍の一人で、彼が功を立てで王から「孫」と云う姓を受けで、南部の密陽の地域を貰ったのだった。それで蜜陽孫氏が朝鮮の孫氏の大部分を占めて居る。僕はこの氏族の血を持って江原道の僻村に生まれて、僕の親族らと住んでいたのだから、どうして僕が日本人に成り、日本の姓を持つ事が出来るだろうか? 此れは愛国心でもなく、普通の人間としての自然的反応だと思う。

日本の爲政者とその傀儡達が「内鮮一体」を叫び、僕らは同じ文化圏に居ると云って僕等の民生の向上のため僕らにそれを信じろと云ったが、大部分の人々はそれを信じなかった。前にも言った様に僕らは違うのが余りにも多い。然し抵抗も出来ないのでそれを黙過して服従するしかなかった。そう云ったら中国も同じ文化圏に居るじゃないか? ところが僕らが見ると朝鮮と日本はあまりにも違っていた。反面、著名な人達が創氏を奨励して居るのを見て一般人は鼻であしらった。そう云う人が知識人で民族指導者とは! 半世紀以上が過ぎた今考えてみでもそう云う事は出来ないと思う。学兵の支持も同じだった。その時著名で僕らが尊敬していた実業家達、小説家達、そのほか有名で僕らが尊敬していた指導者達が、率先して創氏もし学兵も志願しろとメデイアを通じて勧めるのを国民全部が嘆き恨んだ。その所謂指導者達は今殆ど故人に成ったが、今でも許せないと僕は思って居る。此れは言い過ぎかも知らないが、彼らは僕の同窓生と同邦を拷問し殺した朝鮮系刑事と警官と違うところが多くないと思った。あの有名な小説家李某氏がそう云う罪を犯した自責のため自分で逃げ回って居たが、結局北鮮に行って苦しんで醜く死んだそうだが、今は知らんが解放直後にはそう云う人達に對する感情が強く、僕も自然そうだった。僕らは光明を失い、暗黒の中でさ迷う各国中世期の農奴に過ぎなく、抱負と将来の無い「ロボット」のような烏合の衆に過ぎなかった。それからその日その日を生きて行く動物に転換したのではないか! 特に彼らは、「民族は類似した文化の色を持った氏族の総称だ。」と定義し、僕らが数千年間も持って来た生活様式を変えようとして、色んな凶策を作り、特に僕らの根の一つである言語迄無くしようとして居るから、中世期の農奴が羨ましい程度であった。僕らは名前迄変えねば成らなかったじゃないか! 此処で再び言わざるをえない。僕らが日本を僕等の植民地に作り、彼らの名前を全部朝鮮式に変えろと言ったら、日本人はどう考えるだろうか?

かわい普通学校(小学校)の学生達がして呉れた歓送

僕は夏休みになると漢江の上流に有る江原道の田舎で醸造場を経営して居る伯父の所に行って、助ける事があれば助けながら時間を費やした。北漢江の静かで小さい村に位置して居る伯父は経済的に余裕はあったが息子がなくて妾を二人も持っていた。娘は三人あっだけれども息子がないので、僕が皆の寵愛を受けていた。遂に伯父は妾の一人から息子を見たが、彼が生まれた後でも皆が僕を王子のように対してくれた。その従弟が頭が少し悪くて學校の成績が悪かったが、僕の成績は良いので、もっと愛を受けていた。勿論僕は秀才でもなかったのにそう云う待遇を受けた。それで僕の入隊前に其處に行って何週かを過ごしたかった。勿論両親もその後其處に來られた。

入隊が近くなったので、伯父さんの村の人達が小さい酒宴を開いて、父と僕を招待してくれた。僕の伯父は酒も飲まないし、　村で年も一番多いので招かなかった。村の大人達が多く來て、若い人達も数人來た。皆静かに話して僕の生命を氣にするようだった。僕は多くの人が呉れる酒を受けたが、皆飲む事は出來ないので、テ-ブルの下に準備してある容器に空けた。皆それを責めなかった。遂に一人が父に、僕に酒を一杯やれと勸めた。父も僕も期待した事でなかったが、それが最後かも知らんと云うので父が一杯下さった。今は知らんけれども、その時には父のすぐ面前で酒を飲むのはタブ-(禁忌)だった。それで僕は身を回してその酒を飲んだが、その時の氣分はぎこちなかった。

出発の日、千九百四十四年正月十九日が迫って来た。入隊する所は京城の龍山で、入隊する日はその翌日二十日だった。正月なので非常に寒く、風も少し吹く日で、起きたくもなく、暖かい部屋から出て行くのも嫌な日だった。然し運命の日は無慈悲だった。僕の運命をどう云う計略で変え、何の力で反抗出來ようか! 仏は僕より遠いのみか、僕を見てくれる存在のように感じなかった。それで僕の運は唯良く知らぬ天に任すしかないと思った。然し天が僕に微笑を投げてくれるか、苦しめるかは知る道理がなかった。だから屠刹場に引っ張って行かれる牛と違うところがなかった。こんなつまらない事を考えながら部屋でサラサラ出発の準備をしていた。

母は既に起きて朝ご飯の準備をして居られた。それも僕が戦死したら母が炊いで呉れる最後の食事だと思うと、又胸の底から涙が出た。母が自ら炊いてくれる食事を最後に食べるとは考えも出來ない事だった。僕を産み、育て、毎日飯を良く炊いてくれたのに、その食事を最後にすると云う事を考えると、胸が裂けるような氣がした。それが容易く咽喉を越える筈もなく、消化が良く出來る筈もなかった。母を見て強いて少し食べ、話もよう出來ないのをやっとあれこれ少し話しながら、伯父の家族と僕の家族が食事を一緒にした。兩親は僕がソウルの龍山から釜山に行く列車が發つ迄僕の横に居られだけれども、家を發ってからは旅館に居られたから、それが母が炊いてくれた最後の食事だった。母は此れを誰よりも良く知っておられただろうが、息子の前で涙は流さなかった。然し後ろに行って一人で涙を流した事であろう。そんな母が脳溢血で突然亡くなられたのだが、僕はアメリカに居るため臨終を看取る事も出來なかったので、僕の一生の嘆きになってしまった。僕は今もこの事を度々思うが、何時も非常に悲しくなる。

朝御飯後、出発準備をして居ると外が騒がしくなった。家の外に出てみると数十名の普通学生が日章旗を手にして並んでいた。彼らは僕を見るや、「天に代わりて不義を打つ…」と日本の軍歌を歌いだした。その子供達がその寒い朝、約一里も遠い道を歩いて来たのだった。僕は自然心中済まなかったが、感謝の感懐に包まれた。率直に云って僕は日本に忠誠をするとかしないとかが問題でなかった。僕は周圍の家族、親族、親友達の平安と幸福の外には何の願望とか計劃は全然なかった。事實僕は今もそうである。國家と云う觀念は薄く、僕の血に對する執念と愛が強い人だと信ずる。それが愛國心だと云う人も居たが、そう言う愛國心は僕は非常に強い。

子供数名が激励の挨拶をしてくれた。僕が知ってる子供は一人もなかったが非常に有難かった。彼らは僕に日本軍に行って最善をするように言っだけれども、彼らが一番願うのは、僕が死なずに帰って来る事だと言うのは言う迄もない。誰が僕が日本の爲に死ぬのを願おうか? 僕はその小さい子供達を見ながら考えた。この子供のうち誰でも率直に言えといえば、僕が日本のために死んでも良いと思う子供は一人もないのは明らかだ。彼らは白衣同胞と言う言葉を知らんだろうが、そう考えるのは僕らが唯同じ血を持って居るからである。僕も誰からもそう云う教育を受けてないが、自然そうなったのだった。僕らの血の中には勿論多くの民族の血が混ざった居るが、それは数千年も大韓半島で淨化されて一つの民族の血になったのである。それがどうして今僕らの血に對する執念は間違いだと言えるだろうか。勿論僕達は極端的國粹主義者になってはいけないが、僕らの血を守って誇りを持つと言うのは當然であり眞理でもある。僕は何か一語言えと云うので容易い朝鮮語で言った。

「私は貴方達がこの寒い朝一里以上も歩いて来られて有難うございます。私は今日本軍に引っ張って行かれるけれども、何をしでも朝鮮の人として恥ずかしくない様に仕事をして帰ります。僕は無事に生きて帰って来ます。あんた達も健康で幸福に生きて下さい。」

この短い送別式も終わって、僕の家族と伯父の家族は金城邑に向かって歩き出した。子供達は軍歌二、三を僕らが遠く行く迄歌ってくれた。僕は二年近くも日本の軍隊で苦労する時、此れを度々思い出して慰安を受けた。勿論僕はその軍歌を言うのではない。その時のその小さい普通学生達の可愛い顔付きである。

その時は自動車もない時だったし、又北漢江の僻村に位置して居る村にはバスも来ない時だった。それで仕方なしに多くの人達と歩き出した。約一時間後一つの峠に至った。其処で急に伯父の馬の事を思い出した。ある冬休みに伯父の家に行って、用事が有って馬に乗って次の面(郡の一部)に行く時この峠に至って、山を降りだした。近道を下りだしたが雪が多く氷が全面に付いて居るので、僕は馬から下りて手綱をしっかり捕まえて傾斜を下りはじめた。然し馬は彼方此方滑りながら良く下りて行く事が出來なかった。回って上って行こうとしたがそれはもっと難しかった。それで継続下りて行くしか術がなかった。その間僕が感嘆したのはその馬はその急な斜面で一度も倒れず、又彼方此方滑りながらも僕の足を一度も踏まなかった。僕は馬のこう云う利巧性を目撃しながら驚かざるを得なかった。こんなにその峠を越えたが、それは今北鮮に属するので其処に再びいくことが出来ない。一度は又見たい峠であるが其処は今北鮮にあるので行き難い。

家族と共に歩いてこの峠を越えて、約二時間後金鋼電鉄の停留所の一つに着いて、電鉄をとって金城邑に至った。前に其処の警察署に出頭するようにとの指示があったので其処に行ったら、学兵二人が待っていた。周囲の人達は皆朝鮮の人で、彼らは僕らの入隊を祝うと言うより心配するような目つきで、仕方なく僕らを励げますようで、喜びは彼らの顔に見る事が出来なかった。又僕はそれが当然だろうと考えた。普通学校の学生が朝より多く出て来て、日章旗を振りながら軍歌を歌っていた。朝考えていたのを又繰り返した。僕の生涯はこの様だけれども、この子供達の将来はどうだろうかと考えると、僕の心は明らかでなかった。僕は一線で死ぬかも知らんが、この子供達は一生を良く生きにゃならんと言うのが僕の考えの全部だった。僕が運命の前でどんなに無力であるかと言う事を考えると、もっと悩ましいだけだった。歓送式と言うより一つの手続きのような簡単な式が終わるや、僕らは家族と一緒に電鉄に乗った。鉄原で京元線に乗り換えて京城に到着した。汽車の中に外の学兵が居るのかと見回したが、寂しい事に一人も居らなかった。

入隊の日

遂に入隊の日千九百四十四年正月二十日になった。旅館の部屋で早く目がさめ、横になって色々考えて居たが、別に新しいのもなく、今迄数千遍したのを繰り返すのみだった。繰り返したくなかっだけれども所用がなく、繰り返しでも特別に良い事も無く、唯継続して頭に浮かぶのは、

「僕は如何云う事が有っても生きて帰らにゃならん。僕は死ぬにはあまりにも若いし、死ぬと言うのは痛恨の至極である。如何考えでも僕がそう死ぬために生まれたのではない。僕はどうしでも生きて帰らにゃならん。両親の事も考えにゃならん!」

と言う簡単で必然的な命題で、此れを繰り返して居た。

準備をして外に出ると正月の天氣で、非常に寒かったが日が耀やいで頭が輕くなるような天氣だった。

京城のその時の冬は今よりずっと寒かった。その時の京城には高層建物も少なく、人口も今の半分、約八十万に過ぎなかったので、今よりもずっと寒いような氣がした。とにかくその日には遠い山には雪が多く降っていて、道には氷が固く凍っていた。その日の朝、龍山駅の前に集合せよとの事前指示があったので其処に行くと、数百名の朝鮮学兵と他の人達が雲集していた。学兵の父母、兄弟、姉妹達の鳴き声が彼方此方聞こえ、又憂鬱な対話の声も聞こえて来た。そう云う光景は見るのが苦しかった。僕は勿論そう云うのを見るのは初めで、幸いにもそれが最後だった。

僕の父は唯黙然だったし、母は黙って涙を流しながら僕の顔だけ見て居られた。僕は前にも言ったように、何故か知らんが、戦死しないできっと生きて帰って来るような予感が強かったが、その朝にはもっと強かったので、両親に云った。

「僕が一線で絶対に死にません。生きて帰って来ますから、心配しないで

待ってください。」

後で知ったが、母もそんな予感があったそうだ。唯人間と人生は不可思議で超自然的だと云うのを感じざるを得なかった。

約三十分後僕らは日本将校と下士官の指揮を受け始めた。この騒ぎも約一時間後終わって、僕らは龍山駅の中に引っ張って行かれた。その時僕は両親、弟、妹、それから京城から出て來た親族に手を振りながら告別の挨拶をした。その時僕は自然に流れる涙を止める事が出來なかった。龍山驛とその周邊、それから遠く小さく見える兩親、兄弟、親戚の姿に僕は手を振りながら当分間最後の別れの挨拶を彼らに送った時の気分、此れが非常に悲しく、胸を裂くような気がした。遂に僕らの乘った汽車は半島南端の港釜山に向って發った。汽車に乘った學兵達は暫く憂鬱に座っていたが、お互いに靜かに挨拶をして、予見も出來ない將來を靜かに話し出した。

便器の使い方も知らぬ朝鮮学兵達

僕らは釜山で日本軍需船を乗った。日本の中佐一人が僕らを指揮していた。僕らを統率する日本将校達と彼らを補佐する兵士達は、ちょっとすると大きな声で叫び、親近感ところか冷や冷やとして、そう云うのを始めで経験する僕達は彼等が丁度動物のようだと言う印象を受けた。人情が少しもなく、そう云う人が人間かと思わざるを得なかった。数時間後、僕らは船倉のようなところで食事をしていた時、司令官が壇上に上がって叫びだした。それを要約したら二つだった。

「お前達は規律もなく道徳性も未熟だ。貴様達は専門、大学生と言うが便器の使い方も知らぬ非文明的な人間達だ!」

勿論僕等は驚き憤慨した。その時には日本の家庭にも朝鮮の家庭にも自動便器がない時だった。然し汽車とか汽船にはそれがあり、僕らはそれで旅行を多くしたので便器の用法に慣れていた。僕らはその時迄日本人達に多く會っていだけれども、僕等をこんなに直接、酷く侮辱する人はなかった。僕のみか皆が激墳したがどう仕様もなかった。其處の便所に厚い用紙しかなかったしトイレットシ-トが汚かったのだ。誰が非文明だったのか? そう云う人達の軍隊に引っ張って行かれるのを考えると前が暗澹だった。僕は心中、「僕を殺すか、殺すようにしないでくれ。他の事は何でも耐える。」と念仏みたいに繰り返すほか術がなかった。僕は今クリスチャンだが、その時には一年に一度も寺に行かないで、何か急な事が有ったら仏教徒のように振舞う時だった。それで僕はその時仏教徒のように、無事歸国を仏に祈っていた。僕は今「大韓海峡」と呼ばれる海峡を元山商業学校在学時、日本に修学旅行に行った時渡った事がある。僕はその時船酔いを酷くしたので、この海峡を再び越えないと決心したが、又渡って居るとは! この時にも船酔いをし3て、少しも起きる事が出来ず、横に成っていた。

僕らはその時迄も僕らを何處に引っ張って行くのかを知る事が出來なかった。僕らは日本に行く學兵の數があまりも多いので、僕らを日本で訓練して南洋或いは東南亜の様な所に送るのだろうと推測していた。然し今考えるとその時の日本は既に南洋と東南亜を放棄し始め、日本を防護せにゃ成らんから、僕らが日本に行くのであって、僕らを考えて其処に連れて行く筈はなかった。

八零六一部隊、峯松連隊、第三大隊 第十三中隊

船が日本に殆ど着くごろ、僕は世界屈指の八幡製鉄所を保護する北九州の小倉地区にある八零六一防空部隊に派遣されて居るのを知った。商業学校での教練は主に歩兵に関するのだったので、数学と科学を良く勉強しなかった僕には少し心配で強圧感を受けた。然し南洋とかその付近に行かないのは幸いだと思った。下關で下船後、八零六一部隊に行く人達は小倉迄行って三、四名ずつになって、各地に行く事になった。僕は第三大隊第十三中隊に配属された。その中隊は小倉で小さい湾を越えて、若松市の北の方に少し離れて居る所にあった。僕らの部隊は照空隊で僕が志願した兵科でもなかった。事実、僕がどの兵科を好むかと云う質疑もなかった。照空隊は晩に敵の飛行機が来ればそれを射光で追跡し捕捉して、それを継続照空燈で照らして、高射砲隊が射撃出来るようにしてやる部隊であった。それで数学と電気学を少し知らねばならないが、それらは僕が軽視して来た科目なので心配が少なくな

かった。軍では「照空燈」を「射光機」と言うのでこの言葉を自由に使うのにも時間がかかった。

僕らの部隊は「峰松」部隊と云ったが、その部隊には三十一名の朝鮮学兵が割り当てられた。非常に難しい事であろうが、僕らはなんか事件があったら互いに連絡をしよと約束して、各大隊と中隊に分かれて行った。中隊に行ったら僕ともう一人の朝鮮学兵がいた。非常に可笑しい気分だった。京城から下關迄は周圍に居る人は殆ど皆朝鮮の学生だったが、次第にその人達の数が減って行くのだった。そして中隊に着いた時には僕の他に一人しかなかった。彼と僕は内務班も違っていたから、僕は一生初めて全的日本人の社會に投入された。それも民間人でもなく森嚴な日本軍人の集團だった。勿論挺身隊の心情はもっと惡かったであろう。

「僕は此処で如何云う事が有っでも生き残らにゃならん。それ以外に僕の本当の任務はない。然し僕も一人の人間として卑屈になったらいけない。非人間的卑屈は命を失っでも甘受する事は到底出来ない。」

こんな覚悟を自然する様になり、此れは前の、どんな事があっでも命だけ有れば耐えられると云う覚悟とは少し違って、条件付に変わってしまった。人間の心は度々少しずつ変わると言うのを経験した。こう云う状況の中で僕の日本軍での生活は始まった。僕は好奇心を持って周囲も見回った。一月で寒いのに北九州の畑には野菜が育っていた。後に知った話だが、九州は朝鮮よりずっと南にあるので、そんな時にも畑に野菜が出来ると云う事だった。僕は嫉妬心が出ない筈がなかった。僕は、

「朝鮮でも一年中野菜が栽培出来だらどんなに良い事だろうか? そしたら僕らの野栽農夫達も一年に二度位収穫が出来るから、どんなに良いだろうか? 日本が搾取して行っても、残るのが比較的に多いだろう。」

と考えざるを得なかった。其処に居る時そういう事を度々考えた。韓國には今ビニルハウスが多いけれども、その時にはそんなのはなく、農業機械化は考えも出來ない時だった。僕が育つ時には一般農夫は殆ど皆いつも貧しかった。幸いにも今韓國の個人の一年所得がアメリカの半分以上の二万千ドルに達して居るそうだから、何と良く誇らしい事か? しかし今北鮮では個人の年所得が千七百ドルにも達しないそうだから嘆かざるを得ない。僕と僕の妻はアメリカに来て好い仕事をしていたので、いま二人が年金を毎年九万ドル以上受けでいるから、実に幸いでいつも有り難く思っている。お神様が僕らを非常に幸せにさせで下さった。

初めての内務班

僕の兵舎には内務班が二つあった。日本軍は兵士達が起居する大きな部屋のようなのを内務班と呼んだ。韓国軍でも内務班と呼ぶそうだが、日本で兵舎と云うのは幕舎と呼ぶそうだ。韓国軍も国防警備隊の創設時には兵舎と云ったが、日本軍の用語から脱皮すると言う理由で幕舎と言う中国軍の用語を採択したそうだ。韓国軍は日本軍の用語を皆粛清しようとしたが、それを完成出来なかったから、言語的にも日本は僕らに影響を多く及ぼした。特に建築業の資材と技術用語には日本の用語が非常に多く残って居るのをある韓国の建築士が僕に言ってくれた。

僕は二つの内務班のうち西側にあるのに編入された。内務班の両側には長い木造の寝台の床が窓の

下にあり、その間に低い粘土の通路が有った。その通路の中に簡素な長い食卓が置いてあった。其処に居る日本軍人は朝鮮の青年より背が少し低く、小さい事に頭をあまり使い、心が多少狭く、度量の大きな人は少ないと云う印象を初めから受けた。勿論例外も少なくないが、その話は後から次第に出て来る。

その内務班には約四十名がいたが古兵がその半分位だった。そして古兵一人に新兵一人ずつが配当された。その新兵は古兵の雑事を殆ど完璧にしてやらねば成らなかった。毎日の早朝寝台を整理し、銃剣と軍靴を磨いてやらねば成らなかった。又食事後皿洗いと他の清掃をしてやった。そして洗濯も一切受けてやらざるを得なかった。即ち、新兵は古兵の召使だった。その代価として古兵は自分の新兵を色々助けてやらにゃならんが、後から見るように僕はその恵みを多く受けなかった。此れは日本の新兵達も同じだった。こんなに結ばれた人達はお互いに「戦友」と呼んでいたが、用語だけでその関係は「主従」に過ぎなかった。新兵は早朝から晩十時迄非常に忙しく、食事も早くして色んな仕事を速くして、訓練を受け、教範を暗記せにゃならなかった。晩の十時に点呼があったが、新兵はそれを一番恐れていた。教範は重要なのが三つあって毎日割り当てた部分を暗記出来ないか、その他新兵が何でも間違ったのが有ったとか、或いは自分の心に合わない事があると、古兵が点呼の時新兵に気合を入れた。軍人勅諭も教範の一つだったがその一部を最初覚えにゃならなかった。どころがそれが少し長く難しいので此れをよく覚えられんで、気合を受ける新兵が多かった。気合は色々有った。頬を平手で打たれるのは最も軽い罰で、拳で顔と顎を酷く殴られる事が多かった。拳で五回

位殴られると大概倒れるが、倒れないように、「構え!」と命ずる。此れは「準備せよ!」と云う言葉だが、此処では殴られる準備をせよと云うのであった。すると新兵は足を廣げて、手を腰に當てで、毆られる準備をして、突っ張って立たなければ成らなかった。そして頬か顎を固い拳で力一杯毆るのだから、數回毆られると倒れざるを得なかった。すると又「立て!」と號令して「構え」をさせて、又拳で力一杯殴る。それを繰り返す時が多いからそれは大變な事だった。僕は入隊前にはそんなのを見た事がないので驚かざるを得なかった。學校でも日本の上級生が朝鮮の下級生に氣合を入れる時にもそんな「構え」はなかった。此れが善い兵士に造るとは考えられなかったし、却って悪い結果がある事は明らかだった。また氣合を入れる時には上着とシャツを脱がして革帯で毆る事も多かった。勿論こんな氣合は非人間的で何の利も無く、却って害が多いのは火を見るようだった。

僕は下士官が上官から毆られるのは見た事が無く、古兵も殴られなかった。哀れなのは新兵で、その中でも年が四十程度の第二補充兵だった。年のせいで行動と教範を覚えるのが遅くてもっと多く殴られていた。日本軍はその創立時プロイセン(Prussia)軍の制度を模倣したそうだが、果然プロイセン軍で新兵達をそんなに毆ったかは知らんが、それを合理化したのだったら、それは詭弁に過ぎないと考えた。そんな矛盾的で非人間的制度を導入した日本も、元来残忍な民族でないかと考えるようになり、またそれを模倣した韓国も同じだと考えるようになった。然し韓国軍は長い前に此れを捨てたと云う。

僕は日本軍に居る時何も悪いことをしたことも無いのに何ヶ月間ひどく殴られた。僕はそれで日本軍を許せない。二十名位の兵士達に袋叩きまで受けたので、日本の軍とかそれに関係の有るその他の人達に迄好意がもてないのは自然であろう。

お前は神風特攻隊を志願せ!

僕の中隊の特務曹長は「前田」と云う沖縄出身だった。この人は日本人としては背も少し高く、容貌も良かったが、　顔色が少し黑っぽかった。彼は性格が良かったので中隊内で人氣が良かった。この人が或る日の朝、僕が内務班に偶然独りで居る時に来て話しかけた。彼は普通良い人だし、僕も金二等兵も良く取り扱ってくれるので、安心して話す事が出来だ。ところが彼は少し話して居る内に、晴天霹靂のような話を引き出した。

「おまえ、神風特攻隊が何か知ってるか?」

「はい、少しは、、、」

「その特攻隊で人が必要だそうだ。君、それ志願せんか?」

「志願しないといかんですか?」

「志願するのが良いだろう。」

「どうしてですか?」

「国のためにもっと大きな貢献も出来るし、また待遇も非常に良いそうだ。」

日本語には「自願」と云う言葉はないようだ。何時も「志願」と言った。神風特攻隊は特別な飛行軍団で、その隊員は飛行術の初歩だけを習った後、飛行機に爆弾を一杯載せて米軍艦にぶっつかって沈没させる自殺戦術隊だった。彼らは主に米軍艦の煙突に向かって自殺的突入を敢行したが、それは勿論犬死に見たいなのだった。そい言う飛行機が二千位あったが、米艦船三十四隻が沈没し三百六十八隻が損傷を受けた。その二割位は人命の損傷が多かったそうだった。ところが神風機の大部分は米軍艦の砲火で追撃されてしまった。この貴重な損失は皆気が狂ったような日本の軍国主義者達のために発した犠牲だった。こう云うように死んだ気違いのような人達もいたが、此れを避ける日本の青年も多かったそうである。僕はこのような気違いみたいな部隊は歴史上初めで終わりであるように望んだが、今中東事情を見るとそうでもないので嘆くのである。

「神風」と言う言葉は迷信的原始活物論である「シャマン主義(Shamanism)」を組織化した日本の普遍的宗教である「神道」から出た言葉である。だから彼らが便利な時は風も神になると云う巫女の言うような信念である。事実、シャマンは「巫女」と言う言葉である。千二百七十四年と千二百八十一年に蒙古軍が日本の「傲慢な態度」を罰するため、多くの船舶と兵力を持って北九州に侵入しようとしたが、時たま吹く爆風のため二回とも上陸が出来ず失敗した。それで日本人は風が神になって日本を保護してくれたと信じたので、「神風」と云う言葉を使い出した。そして今も大部分の日本人がそれを信じて居る。彼らは第二次大戦の間、神風が日本を助けた事が無いのを度外視するようである。それでも「神風」を今も信じている日本人が非常に多いそうである。日本語で「神」の語原は「隠身」で、その反対は「現身」である。それで神と言う言葉は昔から次のようなのを言うのに使って居る。

一。自分らの王、

二。死んだ賢人、
三。死んだ愛国者、
四。超人間的人、
五。超自然的もの、
六。何でも非常に怖いもの。

僕が約二十年前日本の旧都京都を尋ねた時聞いた事であるが、その都市に有る神だけでも四、五万にもなると云う事だった。日本の人口は現在一億二千万ほどあるが、クリスチャンは約二百万しか居ないと言う。日本人のそう云う神の観念のため、クリスチャンでない大部分の人達はキリストの神も大した神ではないのである。その反面、朝鮮語の「ハナニム」或いは「ハヌニム」はキリスト教の神様のみを言うのであるが、日本語にはそう云う言葉がないので、キリストの神の事を言っても、大した神と思わないと言うそうである。此れが日本宣教の隘路の一つであろう。

また面白いのは、近頃韓國のキリスト教の勢力を減少する爲、或る僧侶達はキリストは佛の下の小佛の一つに過ぎないと可笑しい事を言って居る。それを信ずる佛教徒が多く居るそうだから嘆かざるを得ない。世界には唯自分の便宜によってなんでも作って信ずる人が多い。キリスト教で言うお神様が宇宙を創造された創造主であるのにそれを無視しているのである。

太平洋戰爭の時神風機の大部分が米海軍の砲火のため墜落した。沖繩作戰の時だけでも三百五十機の神風機が爆破された。不幸にも三十四隻の米艦船が破損された。両方とも死傷者が多かったが、それでも日本軍が大敗してしまった。神風は何処に行ったのか、一度も吹かなかった。これに関しては日本人は何も言わない。

そんな事を知って居ないと思うが、前にアメリカのある若者達が「KAMIKAZE」と書いた「T-シャツ」を着て歩き回って居るのを見た時がある。此れは勿論可笑しい事で世運がこんなに変わるのかと言う考えが切実である。此れは彼らが日本を賞賛するのでもなく、無識がさせるのであると考えるが、無識と云うのはこう云うのにも作用するのだから可笑しくて話にならない。「許して、忘れよ!」と言う金言も有るが、世界がこうなって行くのは耐え難い。僕がまた驚いたのは英国のブリタニカ辞典には「神風」と云う項目があるが、アメリカのカリオズ辞典にがそれがない。此れを見たらアメリカが神風機の被害を受けたのにも拘らず別に関心がないようである。日本軍の神風隊の或る若者達も多数家に休暇で帰ってから部隊に帰って来ないので、営倉に囲まれたと云う事だった。日本の若者がそうなのに朝鮮の若者が志願する筈がない。
然し僕は今前田特務曹長が前に立って、神風隊員になれ」と言って居るから非常に困ってしまった。それも直ぐ答えなければならないので悩ましかった。急に僕が身体検査をする時に使ったトリックを思い出した。またその時のようにトリックの様なのを使おうと云う考えが急に頭に浮かんで来たがこれを窮余之策と云うのであろうが、何のトリックも思い出せなかった。結局拒絶するしかないと思った。

「曹長殿、私が入隊した時に受けた身体検査の結果を知ってますか?」

「あ、それは知らんね。」

「じゃ、それを見られて話ましょう。」

「そう? じゃ、そうしよう。」

僕は難航を覚悟したが、此れで話を終えて、前田曹長は自分の事務室に帰って行った。僕は臨時だが安堵の息をついた。然しどう云う事になるか知らないので酷く不安であった。僕は僕の身体検査の結果を見て、前田曹長が何を言うだろうかと考えながら数日間悩んだ。だが一週間が過ぎでも何の消息もなかった。怖くて僕がその話を引き出す事も出来なかった。僕は学兵志願の時とは違って、今度は決死的に反対する決心をしていた。その後数週間が過ぎでも何の話もなかった。

八零六一部隊に朝鮮学兵が三十一名居たが、誰もそれを志願しなかったと言うのを後から分かった。それで少し安心した。僕がそれを志願しなかっただろうけれどもそれを最初から強く拒絶しなかったのを後悔した。それから前田曹長は日本内地の人でもなく、沖縄の人だと云うのをその後知るようになったし、また沖縄人は内地人とは違うと言う事も知った。違う特徴の一つは、彼らの日本に対する忠誠心が内地人と少し違うと言う点だった。だから彼らの立場も僕らのと良く似て居ると云うのを知ってからは、前田曹長に対して親近感を感ずるようになった。

沖縄は千八百七十九年迄日本と中国の二つの国に忠誠を誓っていたが、その年日本が圧力を加えて中国に対する忠誠の誓いを放棄するようにしだそうだ。ところが日韓合邦が千九百十年に成ったから沖縄が日帝下にあるのが朝鮮より三十一年しか長くなかった。だから彼らの日本に対する忠誠心が内地人より強くないのも無理がないだろう。こうして第一の危機だった學兵志願は免除されなかったが、第二の危機は無事に治まったので、心中どんなに感謝したか分からない。とにかく僕は神風特攻隊を志願した朝鮮学兵に会った事がない。

金正鎬学兵

僕の中隊には僕の他、金正鎬と言う朝鮮学兵が居った。此れは仮名だけれども本名に良く似て居る。彼は他の内務班にいて、背が少し高く、顔が丸く、温順な性格の人だった。しかし彼は予期しなかった苦境に處してしまった。彼は淋病に掛かって居ると云うのがばれた。その時は今と違ってペニシリンもない時だった。僕は彼が酷い氣合を受けると思ったが、殴られはしなかったけれども、人達が色眼鏡で彼を見て、沐浴も毎日中隊の將兵が皆した後にして浴場を清掃しなければ成らなかった。

僕は僕のほか一人しかない朝鮮學兵が苦勞をして居るので同情しだけれども、どう仕様もなかった。

僕は彼を不名譽除隊でもさせたらどんなに良い事だろうかと思ったけれども、そう云う幸運は彼に來なかった。彼がそう云う目的でその病を得たかも知らんが、僕にもそんな事は一言もなかった。

僕が基本訓練を彼と一緒に終えて、幹部候補生として約三ヶ月位訓練を受ける時には同じ中隊にいたが、僕が千葉の高射砲学校に発った後時々彼に関して考えるが、そう云う時には溜息をつかざるを得ない。韓国戦争の時中国の人波作戦のため連合軍が咸興から退却する時、平民も多く船で南に輸送したが、その時金氏も一緒に南鮮に来たかも知らぬ。そうでなかったら咸興は三十八度線から余りにも遠いので脱出するのが容易くなかっただろう。それでは奴隷生活をして居るか、或いは金日成に忠誠を誓って今は善い生活をしておるかも知らぬ。彼の現状を知りたいけれども知る道がない。一度逢って半世紀前の新兵生活を心行く迄話してみたい。

僕は千九百九十年頃中国を二度旅行して、その国の惨めな民生を目撃した。それから数年後その崩壊直前のソ連に旅行して其処の民生も少し見たが、其処の生活水準は中国よりもっと良くないと云うのを目撃して驚いだ。ところが北鮮の同胞はそれよりずっと悪いと言うからこんなに悲痛な事が何処に有るだろうか? 僕はモスクワで韓国の教授達と酒を一緒にして居る時、こう云う話をお互いにしながら、鬱憤に浸って涙を流してしまった。

「どうして北鮮の同胞はそう云う苦境を数十年も迷っていなければ成らないのか?」

僕は今米國で半世紀以上も住んで居るが、日本に行って見ると個人の収入は多いが民生が米國より下だと感じたのに、中國とソ連はそれよりも比較も出來ないほど悪く悲惨だと思った。ところが北鮮はそれよりもずっと悪いと言うじゃないか! 僕ら白衣民族の三割がそう云う悪い生活をして居るので溜息をつかざるを得ない。色んな事情で僕が一緒に親しく育った従兄弟達が皆北鮮に殘って居るそうである。僕は彼らと金氏がこう云う窮地に處して居ると思って、憂鬱と悲哀を感じざるを得なかった。僕はその親族達と逢って色んな話をして見たいがその道はなく、消息でも聞きたいがそれも出來ない。

インドの賢人「タゴア(Tagore)」は将来朝鮮が東洋の燈火に成ると長い間の前に予言しだけれども、今の大韓半島の事情とか白衣民族の気質を見ると東洋の燈火、即ち物心両面において東洋の模範になると云うのは不可能であるようである。また、近来或るアメリカの経済研究家は韓国が、二千十年頃には世界屈指の経済大国になると予言しだけれども、僕が見るところでは現在の半島の情勢とか一般人の姿勢を見ると、大韓半島が統一したら三流国に転落する事は明らかである。僕はこう云う事を考えで酒席で涙を流さぬをえなかった。僕が特別な人物だからそう云うのでなく、少し聴いたり見たりしたのがあり、又僕がアネリカに永い間居って感傷的な人間に成ったなのでそうだった。僕は極端分子を除いで半島が滅ぶとか、悪くなるのを欲する人を見た事がない。

皇國臣民か?

僕は韓国の中東部の江原道の楊口普通学校六年生の二学期の時元山第二普通学校に転学して行った。その学校の一千余の生徒は皆朝鮮の子供だった。日政時代には日本の子供だけが通う小学校は「尋常小学校」或いは唯「小学校」と言い、朝鮮の子供が通う学校は「普通学校」と言って区別と差別をしていた。「大学」「中学」があるから「小学校」と言うのは当然であろうが、朝鮮の子供が通う学校は「普通学校」と云う名前をつけたのを見でも日本の朝鮮での愚民政策は明らかだった。貧乏な家族の子供は普通学校にも行けなかった。

元山市に男子中等学校が二つあった。一つは元山中学校でありそのもう一つは元山商業学校だった。

前者は日本の若者の学校で一年に朝鮮の若者は親日派の子供二、三名だけを入学させた。それで僕のような庶民の子は其処に行くのは考えも出来なかった。日本人の若者は朝鮮では官立大學と官立専門學校に行ったが、そう云う學校では朝鮮の若者は非常に少數しか受けて吳れなかった。建築事業を小さくして居た父は僕を第二普通學校に入れて吳れた。僕は幼くでも其處に行って朝鮮の子達と勉强するのが當然だと思って嬉しかった。勿論元山中學校に行くと云うのは夢にも考えられなかった。元山第二普通学校は生徒数が千名以上だったが、先生は殆ど皆が日本人で、朝鮮の先生は二、三名に過ぎなかった。彼らは日本語をよく知らぬ一年生を教えで居た。一つのクラスに六0─七0名ずつの生徒がいたが、此れは米国では考えも出来ないほど多い。米国では小学校で一つのクラスに生徒数が二十五位を越えでも問題になるのである。

元山市の地方には日本人数千名が主に元山市の北の方に住んでいたが、朝鮮の人は元山市付近の安辺平野の周辺に数十万が住んでいた。それでも日本の中學生は七、八百名もいたが、朝鮮の子が行ける中等学校は商業学校だけで、その学校も総生徒数六百の半分が日本の子だった。その時朝鮮の子だけが行ける中等学校は皆私立で、それは「中学校」と言わないで「高等普通学校」と云っていた。咸鏡南道にはそれが一つしかなかったが、それは元山市から遠い北の咸興にあるので僕は其処に行く事は考えも出来なかった。此処で参考的に言うと、その時初等学校でも日本語中心で、一学年の時にも出来るなら日本語を使うようにさせた。

その時女子中等學校は元山女子中學校があったが、此れは日本の女の子だけガ通う學校だった。それから朝鮮の娘が通う學校は「ルシ(樓氏)女子中学校」があった。此れは「ルシ(LUCY)」と云う米国の宣教師が建てた私立学校だった。全国を通じて朝鮮の女の子だけが通う学校はみな私立で、名も「女子高等普通學校」と呼んでいたが、ルシ宣教師が立てた學校だけは「女子中學校」と呼ぶ様に許したようだった。

僕が轉學して行った第二普通學校は學生數が千名以上だったが、勿論皆朝鮮の子供達だった。毎日朝禮があって東方遥拝をしたが、そんなに喧しくはなかった。東方遥拝は日本の天皇陛下が居られる東方に向かって、身を八十度も曲げてする禮だった。よくは知らんけれども朝鮮の子供として眞の忠誠心を持って遥拝をする子は一人もなかったであろう。此れは民族意識よりも僕らが持って居る血の必然性だった。世界のどの氏族でも持って居る血を欺く事は根本的に出來ないのが當然である。

その普通学校の六年生は三クラスになっていた。僕が編入されたクラスの担任先生は田中と云う日本の先生だった。その学校では放課後中等学校入学試験準備の勉強をしていた。僕も数日してみたが田舎では成績がよかったが、この学校は田舎の学校よりずっと進んで居たので、僕は放課後する模擬試験で継続零点に近い点数を受けていた。それで僕は放課後の勉強を止めたが、両親の詰責が怖くて家に早く帰る事が出来なかった。校庭に行って一人で遊ぶしか仕様がなかった。僕は幼い時、田舎で子供達と一緒に他の人の畑に行って里芋を掘って焼いて食べて居るのが父に見付かって、父から少し殴られた事があった。父から酷い目に逢ったのは此れしかなかったが、再び両親の怒りを買いたくなかったので、暫く放課後家に早く帰る事が出来なかった。ある日僕が放課後校庭で遊んで居る時、田中先生が突然現れたので驚いだ。ところが、この先生は僕を恰も自分の子のように対しながら勧めるのだった。

「君はどうして放課後勉強をしないの?」

「私は此処に来てから、毎日試験に零点を受けています。」

「それでは如何する積り?」

僕は率直に言った。

「私も知りません。」

「君の両親は如何言われるだろうか?」

「責められるか殴られるでしょう。」

「では如何すれば良いの?」

「分かりません。」

「最善をせにゃ。継続してよく努力したら出来るよ。」

「出来そうでないですが。」

「しだら出来る。」

「本当ですか?」

「僕はそう考える。君はしだら出来る。放課後此処で遊んでばかりいたらどうするの? 君は出来るから勉強して見なさい。」

「難しいと思いますが、そう仰ったらやってみます。」

「そう、そう、やってみなさい。」

「有難うございます。」

結局僕はその先生の話を聞いて放課後の勉強を更に始め、家では毎晩一時、二時迄勉強をした。その後成績が少しずつ良くなって、卒業に近くなった頃には三学級の中で一、二位を争うようになった。然し日本人の学校の「中学校」に行く事は考えも出来なかった。入学試験に合格して元山商業学校に入った。咸鏡南道に中等学校は日本人の学校と朝鮮の子のための私立を合わせて五つ位しかなかったので、その学校に合格したのも幸いだと思った。心が狭いと云う日本人の中にも善い人が居ると云うのを幾度も経験したが、此れが最初でそうなのか、僕の記憶から消えないで何時も田中先生を思い出して有難く思って居る。この先生でなかったら僕は北鮮で奴隷のような生活をして居るかも知らぬ。二次大戦後この先生に合って感謝の言葉を上げようとしでも、その方の住所もないし、またその方の姓は分かって居るが、名を知らないので、彼を到底探し出す事が出来ない。そんなに親切で良い日本人を又学兵時期にも逢ったがその話は次第に出て来る。その時には、初等学校だけが男女共学で中等学校は勿論、専門学校と大学はそうでなかった。大學にはごく少数の女学性が居たそうだが僕はそれに関しては良く知らない。元山商業学校には約六百名の学生がいたが朝鮮の子はその半分位だった。ところが朝鮮学生の成績が良く体格が日本の学生より良かったので日本の先生達を喜ばせて、級長とか他の学生幹部に選ばれる朝鮮の学生が多かった。教練と云う軍事訓練でも僕は背も小さいし静かで、卒業の時迄朝鮮学生が多くする大隊長、中隊長、小隊長、分隊長のようなのも一度もした事がなかった。それでも僕はそれを少しも羨まず、一遍もそんなのをして見ようとしなかった。

商業学校で朝会とか教練をする時、学生は軍隊式に大隊、中隊、小隊、分隊に編成された。この学校では毎日朝会があったが、学生は脚絆をまくのが苦労だった。朝会の時には軍隊式に編成して並んで長い訓辞を聞かにゃならなかったし、それから東方遥拝と皇國臣民の宣誓があったが、此れをあまりにも重々しくするので大きな苦痛だった。その後分列式があった。列の後ろには数名の日本上級生が立つてから、式が終わると或る学生が何を良くしなかったとか、悪くしたとか咎めたてで、憎い下級生に氣合を殆ど毎日入れていた。その對象は全部が朝鮮の學生だった。それから毎月一回学校で朝礼が終わると全校の学生が元山神社の前の庭に行って参拝をしなければ成らなかった。そのため学生と先生の皆が列を作って半里にもなる道を歩いて其処に行かなければならなかった。僕らはその神社の中に何があるのかも知らず又誰も教えてくれなかったが、僕らは神社に向かって最敬禮をするのだった。時たまそれを良くしないと色んな氣合を受けた。日本先生か日本上級生が後ろに立って参拝もしないで監視するのだった。そう云う壓迫を感じながら、それを毎月形式的にしなければならなかった。今考えでもそれはごく單調で退屈な行事だった。

元山商業に山本と云う極端国粋主義者の校長がいたが、彼が周旋して奉安展を建て「裕仁」天皇の写真を置く事にした。それが到着する冬の寒い日に全校の約六百の学生が汽車の駅から学校迄の長い道に間隔をおいて並んで立って、二時間余も待たなければならなかった。それが到着した時にはそれが遠く見えるや否や、小銃か木銃を捧げてそれが僕らの前を通って遠く見えなくなる迄、瞬きも出来ない程緊張して立っていたので、その苦痛は想像以上だった。日本の学生は自分らの血を持って居る王だからそれを甘受したかも知らんが、朝鮮の學生達は皆が、「写真が一つ来るのに此れは何の騒動か?」と我慢も出来ない程だったが、如何する事も出来なかった。その日は寒かったので僕らの苦痛はもっと酷かった。勿論その写真を見た人は一人もなかっただろう。日本の人達の血には朝鮮の血が多く、其処にアイヌ族とか南方系の血が混じって居るそうだ。特に指導者がそうであると言う。然し僕らは日本人に親近感を感じなかった。アイヌ族は日本本州の本土人だが、その種族は世界の四箇所に散在して居る古代白人種の一つだそうだ。

日本の天皇陛下の写真は新聞でも見たのに、如何してこう騒ぐのかと皆が思って居た。大体何故そう云う写真をそんな小さい建物に恰も聖体のように祭るのか理解が行かなかった。その写真は太平洋戦争後恐らく誰かが破って捨てたであろう。山本校長と日本の先生達は僕らをこんなに色んな方法で訓練したら、僕らが精神的に「皇国臣民」になると信じていたようだった。勿論それは大きな誤算であった。彼らは僕らの皮膚と血に潜在して居る魂を知らないか理解仕様ともしなかった。高等商業では朝会もなく「皇国臣民の宣誓」のようなのがなくて少し気楽だったが、日本の学生が八割余居って、彼らが度々朝鮮の学生中いやな人を理由もなく気合を入れるのも見えた。僕らは気分が悪かっだけれども如何仕様もなかった。この様に「皇国臣民」の形式的訓練を多く受けた僕は、入隊したらそう云うのがもっと多くて、僕らを苦しめるだろうと覚悟を固くして入隊した。然しそう云う心配はなかった。日本の内地ではそう云う訓練が多く無かったような印象を受けた。中隊では時たま陣地に集合すると東方遥拝は簡單にしてしまって、それに關する敎訓とか訓示が少しもなく、唯「軍人勅諭」だけは初めから終わり迄暗記しなければならなかった。此れと他の訓練教範が三つあったが、その一部を暗誦しなければならなかった。暗誦は晩十時の点呼の時させるが、割り当てた部分を暗誦出来ないか不十分だったら、拳か革帯で殴られた。金二等兵と僕は高等教育を受ける時徵集されたので、又氣合が怖くて、よく暗誦して一度もそれで氣合を受けた事はなく、日本の兵士達を驚かせた。

日本軍ではいつも「一等兵」とか「二等兵」と呼んだが、韓國軍のように「一兵」とか「二兵」とは呼ばない。韓国語が日本語と違う点の一つはこのような略語が韓国語に多く、又そう云う略語を作る特性が強いと云うのを後から知るようになった。この爲でも外國人が韓國語を習う時困る事が多いと思う。

この時日本軍は兵力不足のため、予備兵のみか第二補充兵迄動員した。その中には年が四十位になった人も多かった。その人達は歳の関係上教範暗誦が良く出来ないので、殆ど毎晩拳か革帯で殴られていた。その中に毎日そう云う気合を受ける人が一人いた。彼は神戸の一区域の警察長をしていたが、日本帝国のため志願して入隊したと云う中年の愛国者だった。彼は毎晩拳と革帯で殴られるので僕らが可哀そうに思っていた。何故か知らんけれども彼と僕は度々話をした。ある日僕らはこう云う驚くべき対話をした。僕が尋ねた。

「日本帝国と天皇陛下のため志願して入隊したと言われましたが、それが本当ですか? 嘘じゃないでしょう?」

「いいや、嘘じゃありません」

「それじゃ今もそう云う精神で訓練を受けてますか?」

「いいや、天皇もｘｘもあるもんですか?」僕は驚いだ。僕を試して居るのではないのかと警戒したが、その後また話してみたらそれが彼の本心だと云うのを知った。彼は毎晩自分よりずっと若い者達から酷い肉体的氣合を受けて居るから、日本軍隊と政府に失望し、絶望の絶頂に達して居る様だった。そう云う態度は日がたつにつれて多くの兵士達にも見る事が出來た。

新義州の任二等兵

僕ら照空隊での基本訓練は歩兵のように肉身的にきつい事はなく頭と手の訓練だった。僕は學校に居る時は体が小さく運動も多くしなかったので、それは幸いだと思っていた。でもそのような安易な訓練も何ヶ月も行かなかった。基本訓練が終わる頃だった。新しく出来だ中隊の陣地構築を助けると云って、中隊の新兵達を三週間の間何里も離れて居る殺風景な野原に派遣した。僕らは違う青い野原に行くと言って喜んだが、固い土を掘って叩くと云うきつい仕事をしなければ成らなかった。僕のように体の小さい人が多いので、彼らも皆労働の苦労を心配していた。僕の中隊から金二等兵は性病の問題で派遣されなかったし、僕の分隊から数名が指名されて行ったのだから、此れも僕の宿命の一つだった。

数個中隊から何十名の兵士が派遣されたので、多くの朝鮮学兵を合う事が出来ると思って喜んだが、何名もなかった。朝鮮学兵達は違う内務班に編入されて、あまり忙しく、又見る目が多いので、会って話す機会が少なかった。時たま会うと、互いに懐かしく慰労と激励の言葉を遣り受けて非常に嬉しかったが長い間話す事も出来ないので悩ましかった。僕ら朝鮮学兵の内に「任」と云う二等兵がいた。彼は新義州出身で東京の或る専門学校に通っていたが、学兵に引っ張られて来た人だった。僕も背は低いが彼は僕より低かった。この任氏は性格が闊達だと云う印象を與える人だった。どう云うせいか彼と僕は直ぐ親しくなり、會ったら他の人よりもっと懐かしく嬉しい氣分で、色んな話をしながら互いに慰勞した。ところがある日この任二等兵が帯剣を握って、眼が殺気に帯びて何処かに走って行くのを丁度僕が見た。僕は驚いて、「任さん、何処に行くの?」と言いながら彼に追って行った。ところが彼は「あの奴、僕が行って殺してしまう!」と云った。勿論僕は事情を知らなかったが大いに驚いた。彼の怒りが余りにも過激で尋常でなかった。とにかく彼の怒気を少し静め、彼の幼稚な事を説得するしか仕様がなかった。

「誰の事?」

と聞きながら、彼に近く行って彼の腕を強く掴んだ。

「美濃伍長!」

「如何して?」

彼は僕が彼の腕を硬く掴んで深刻な語調で尋ねると、僕を振るって行く事が出来なかった。

「ああ、あの奴、朝鮮の人は皆汚いから殺さにゃならんと云うのだ!」

「どうしてそんな酷い事を言う?」

「あ、その奴が僕の銃剣が汚れて居ると云うのから始まった。」

「清掃を良くしたのに?」

「勿論!」

「それが如何して?」

「あの奴は朝鮮の人が非常に嫌いらしい。皆殺さにゃならんと言って居るじゃないか!」

「それで彼を殺したら如何する?」

「ああ、そう云う奴を生かしておく?」

「その奴を殺したら何の意味がある?」

「有ろうがなかろうが、そう云う奴は放っておけない。殺さにゃいかん!」

「彼を殺したら君はどうなる?」
「僕はどうせ死ぬのだから。」
「如何して死ぬ? 生きて家に帰らにゃ。」
「家に帰る?」
「勿論」
「何時?」
「何時か知らんが、彼らが追われて居るから、近い内に家に帰られるんじゃないか?」
この時日本軍は南方と中国で次第に敗戦をして、もっと守勢に置かれていた。フイリピンで大きな敗戦をしてサイパンを千九百四十四年六月に失い、東條内閣は総辞職して、朝鮮総督だった小磯が日本の総理大臣になったから何の発展があろうか! この頃米軍は又南洋にある多くの島を占領し、千九百四月にはマリアナ島を奪還した。その後北進しながらフイリピンと沖縄、硫黄島のような島の奪取を企画していだ。
「それが信じられない。とにかくあんな者は生かしたら駄目だ!」
「でも総督のような人を殺すのでもなく、犬死じゃないか?」
彼の憤怒が少し解けたようだった。
「僕はいつ死ぬかも知らんから。」
「そんな事考えないで希望を持てよ。僕らは此処におるから家に帰る確率が多いじゃないか?」
「それはそうだが。」
「故郷の両親と兄弟を考えでもそんな事をしじゃ駄目だ!」
ようやく彼は自分の精神に戻ったようだった。
「僕は何処でも死ぬのだが、、、」
「どうしだの、希望を少し持てよ。他の戦線でもないし、僕等は帰るのがずっと容易い筈だ。」
「それもそうだが。」
彼は正常な精神状態に帰るようだった。
「君の言うのがオーケー!」
それで僕は安心して、他の話を少し後別れた。僕が彼を説得出來たのが信じられなかったが、人は急な事があるとそれ以上の事も出來ると言うのを聞いて居るので、 そうかとも思ったが、自分がそんな事が
出來たので自賛も少ししたが、その後この事を時々思い出して忘れる事が出來ない。

漂着した死体とは?

僕は新陣地を構築する時唯一回公用で外に出た。それも市中に出るのでもなく、北の方の海岸地帯に行って、陣地構築の助けに成る流木とか小さい木材を求めて見よとの事だった。その方に行ったら森林地帯と海岸が有ると言った。僕ら数名がそう云う任務を受けて部隊を出たが、夕べ少し遲く歸っても良いし、又木が余り大きいと後から運搬すると云って居た。唯休暇を呉れる事が出來ないから、そう云う名目で僕らを部隊から一日出してくれるような目付きであった。僕等はこう云う公用は可笑しいけれども、部隊から出て苦しい仕事をしないと云う事が非常に嬉しく有難かった。然し遺憾な事にはこのグループには朝鮮の学兵は僕しかなかった。もう一人居たらどんなに樂しかっただろうか!

お天気も良かった。晩春の日で少し暑かったが湿気のためのようだった。然し明らかに晴れた空にには雲もない爽快な天気だった。日本は降雨量が朝鮮の二倍にもなると云うが、そのためか野原と樹木

は濃い青色で包まれていた。そう云う田舎の風景は風流的で非常に平和的であった。闘争と葛藤が何処にあるかと言うようで、部隊では経験も出来ない温かい心を醸す風景だった。僕らはそう云う天気と田園風景を満喫して、田舎の道を歩きながら所用もない雑談をしながら、木材も探索するような振りをした。約二時間後僕らは包んで持って来た弁当を食べた。そう云う田園の田舎の木の下で日本人とではあるけれども、幾人が弁当を食べながら自由時間を楽しむと云うのは非常に有難かった。軍隊式に規律を守りながら急いて陣地構築をする時、こう云う時間を樂しむと云うのがどんなに樂しく有り難いかと云うのは民間人は想像も出來ないだろうが、僕らはそんなに午後の時間を散策と休憩と田舎見物に使って、少し早いけれども持って来た夕飯を木の下で楽しく食べた。そろそろ夕べが近くなった。僕らは少し遲く部隊に帰っでも良いので海を探して見ようと言って北の方に行った。少し行ったら待っていた海が現れた。北の方に海が大きく僕らの目の前に展開した。それは対馬海峡で、僕らが入隊する時越えて来た海だが、入隊後初めで見るので、僕のみか朝鮮学兵の皆が一日でも早く渡って行くのを願って居る海だった。その海峡を渡ると對馬がある。その島は元來朝鮮の島だったが、任辰倭亂の時其處の住民の嘆願によって朝鮮の李朝の王の一人が許可をして日本に編入されたとの事だ。今は朝鮮語と日本語の関連性に関心がある日本の語学

者が偶に訪ねて行く島でもある。対馬を過ぎたら大韓海峡が出て来る。
「あの海を越えたら故国なのに! あれを渡るのがそんなに難しいか!」
然しあの海は何故僕らの事に無関心で静かであろうかと、無用な空想を抑える事が出来なかった。僕は死ぬ前にあの海をきっと越えて行くと又固く誓った。
海辺に行くと人々が群がっていた。僕等は好奇心を押さえられずその方に行った。行ってみると民間人約十名が何かを中にして回り立っていた。良く見ると軍服を着た人が俯いで倒れていた。それは動きもしなかった。僕はそう云う光景は見た事もなかった。彼らが兵士を一人殴り殺したのではないかと思ってその人達の行動を良く見てみた。果たしてそれは死んだ人だった。僕等はその人達に尋ねざるを得なかった。
「どうして彼は横たわっていますか?」
「横たわっていません。死んでます。」
「死んだ? この人が如何して此処で死んだですか?」
「此処で死んだのでなく、漂着しました。」
「漂着って?」
「あの海に浮かんで居るのを引き上げたんです。」
「何処から浮かんで来たんですか?」
「沈んだ船から漂流したんでしょう。」
「沈んだ船と言うのは?」
「船の一つが米軍の潜水艦の攻撃を受けたんでしょう。数ヶ月前からそんな事が時々あります。」
「その攻撃される船は軍用船ですか?」
「勿論、南洋の戦地に行く船でしょう。」
その人によるとアメリカの潜水艦がこの地方の海を自由自在に出没するそうだった。実に驚くべき事だった。此れは日本の戦況が考えたのよりも悪いと云うのを見せてくれるのであり、日本の最後の敗戦が近づいて居ると云うのを推測する事が出来だ。僕はこの死んだ人には悪いけれども、帰国が近いような気がして非常に嬉しかった。僕は心中、「神様、居られたら私をその時迄良く守って下さい!」
と云う祈祷でもない祈りを上げていた。僕は一年に一回位寺に行きながらこの時仏に祈りをあげて居るのだった。然しどうしてもそ遺骸が可笑しいので又聞いた。
「如何して軍人の遺骸が九州の北に迄浮かんで来ますか?」

「さあ、潮流のため南の方から漂流して来るのか、或いはこの地方から南に行く船があるかも知りませんが。博多のような所を出入する船が多いそうです。」

「そう云う船がアメリカの潜水艦に打たれると思いますか?」

と本田が尋ねると、彼が言った。

「そうでしょう。それが確かでしょう。」

博多は勿論その時は軍用船が多く出入りする所だった。アメリカの潜水艦が博多付近迄来て破壊作戦を敢行するとは! 戦争後知った事であるが、アメリカにおる日本の若者達がアメリカ軍に入隊して通翻訳家として活躍をしながら、貴重な情報を手に入れて米軍に提供したそうである。だから米軍は博多に関する情報は多く持っていた筈である。僕は米軍の勝利が僕を助けてくれるからそれが有難かった。

一面、日本系通翻訳家達は自分らの父母の祖国を背反したのではないかと思った。それは僕だけではないだろう。然し暫くの後、人間は自分の身を回って居る血よりか、自分の出生地、居住地、文化的背景と、特に信条がもっと重要だと云うのを知るようになった。此れは僕のような人には新しい認識であると同時に大きな衝撃でもあった。こう云う事は歴史上多くあったのだから、日本の二世とか三世を咎めるのが悪いと云うのを知るようになった。韓国戦争以後には此れを一切清算してしまった。韓国戦争は兄弟殺戮の戦争ではなかったか? 神様はわれ等を此れから救って下さらないといけない。僕はこの兄弟殺戮を見て憤怒が大きかったが、人類の歴史上こう云う戦争が多かったと云うのを知って少し心が静まるようになった。なせどうしで人間は古来他人を殺してきたのであろうか? 神様が人間を作るとき失敗されたのかと思う事も度々あった。

民間人は大丈夫だと考える!

僕等は三週間のきつい陣地構築の任務を終えて原隊に歸って來た。僕らの陣地は若松市から北の方に少し離れて居る所だが、その周圍には野菜を栽培して居る農民が多く住んでいた。そのうち僕らの陣地を近く通って行く人が多かった。これは元山商業在學時、咸興にある日本連隊に行って訓練を受ける時目撃した事とは違っていた。ある日僕らが元山商業から派遣されて咸興兵営の外に有る草原の練兵場で訓練をして居る時朝鮮の農婦の一人が僕らより遠い所で近道をして居るのに、日本軍の軍曹一人が走って行って手にしていた棒でその女を酷く殴るのだった。僕ら朝鮮の若者達は怒ったけれども默って居るだけだった。此れは僕の記憶に生々しく、日本に來てそんなのがないのを見て弱小民族の悲哀を改めて感ずるように成った。

僕らが少し休んで居る時、横を通っていた農民達は僕らに話をし掛けた。彼らは朝鮮の農民のように純眞で親切だった。或る日、横を行っていたおばさんが僕らの兵士と話し出した。

「ご苦労さんです。」

「いいや、きつくありません。」

「どの部隊ですか?」

「僕等は照空隊です。」

「あ、そうですか? それでも高射砲部隊でしょう?」

その女は僕らの部隊とその任務を知りながらも、若い者と話したくてそう云うように見えた。

「はい、そうです。」

「訓練を多くするそうですね。それでこの地方の人達は非常に頼ましく思っています。」

兵士達はこのおばさんとこう云う話をしていたが、勿論僕は唯聞いていた。高射砲隊がその地方を守っ

てくれて頼ましく考えて居るのが事実で、そう云う人が時々居た。此れは挨拶の言葉だとも思ったが、彼らの依頼心を破る大事件が暫くして起こった。

B-二九の　初めの日本空襲

基本訓練も濟む前の或る日の晩、實戰態勢の戰闘警報が鳴った。僕ら新兵は何が起こって居るのかも知らず慌てて陣地に走って上がった。古兵、下士官、將校達が陣地にある兵器と指揮塔に走って行って位置に着いた。彼らは訓練がよく出來て居て又陣地が近いので、分以内に指定の位置に走って行っ

て戦闘準備を終えていた。訓練がどんなに重要であるのかを目で見た。
僕等新兵は横に立って見学をせよと言った。三十分も過ぎない内に通信室から情報が来はじめ、それを射光機の操縦機に手で合わせて行った。遂にこの時、僕等は中國の重慶付近にある世界で一番大きいと云うアメリカのB-二九爆撃機が、北九州に向かって来て居ると言う情報を受けて、皆恐怖に包まれてしまった。その間僕らの部隊の戦闘員達は米爆撃機が来るのを追跡していた。約二十分後中隊長が「照空!」と叫びながら命令を下した。数個の照空小隊が殆ど同時に空に向かって照空をしたので、数個の比較的に明るい射光が暗い空に上がって行った。そして米爆撃機を探しながら空を掻き始めた。他の中隊も射光を上げた。その光景は戦闘ではあるが壮観だった。僕が日本のこの田舎に来てそんなのを見ると云うのは夢のようで、又僕の運が非常に奇異だと思った。
少しの後射光機の一つがB-二九を一つ掴んでそれを追跡しだした。不思議にも単の一つの飛行機が比較的に低く八幡製鉄所の上空に向かって飛んで行っていた。高射砲隊が射光機に掴まれたその爆撃機を射撃し始めた。高射砲弾は空に上がって信管に兵士達が設置した秒数に従って爆発するように成っていた。それが爆発する時は空を花火のように飾った。その時が初めなのでそうか、高射砲隊は爆撃機一つに多くの砲弾を注いで撃っていた。その光景は実戦でなければ見られないのであり、僕はその壮観に魅惑されていた。こんなに矛盾な人間が僕だったし、良心の呵責も少し感じた。大きな戦闘が開かれて、日本とは云っても人命とその他の社会の貴重な施設が微塵になって居るのに、そう云う光景に魅惑されて居るとは! その後他の人達とも話をしてみたが、多くの人がそう感じたと言う事だったので罪責感が少し減った。然しそのような爆撃が継続するにつれてこの矛盾的感想は継続した。それで僕の人間性にもこう言う奇異な一面があると云うのを否定する事が出来なかった。
それと同時に僕等はその爆撃機が射光機を追跡して照空隊の陣地を爆撃したらどうするかと恐れていたが、その爆撃機は製鉄所だけを爆撃して徐々に西の空に消えて行った。その多くの高射砲弾が一つも的中しなかったのは明らかだった。約十分たって又同じ戦闘が始まった。又一つのB-二九が上空に現れたのである。その爆撃機も僕らには何の被害も與えないで、八幡だけに大きな鳥が卵を産むように、多くの爆弾を投下して徐々に西の方に消えて行った。その時B-二九はどの軍用機よりも胴体が大きくて遅く行くようだったが、高速で行ったのは分明だろう。こう云う戦闘が約二時間ぐらい継続したが、それが二年もの長い年月のようだった。米爆撃機が約十分に一つずつ侵入して來たからそんなに長く繼續したのだった。

後に色んな事を直接、間接に噂で聞いたが、皆信憑性があるようである。僕は爆撃機は皆無事に帰って行ったと思ったが、その中の一つが被害を受けて帰る時飛行が正常でなく途中海上に墜落したかも知らんと言う事だった。又米爆撃機が皆一辺に来なくて約十分の間隙を置いて来たのは自分らの被害を少なくするためだと言う事だった。又それらは非常に高い高度を飛行して来てから爆撃をする時のみそれを正確にするため少し低く降りて爆弾を皆投下して、上空に上がって逃走したと言う事だった。考えてみたらそれもそうらしかった。日本の高射砲隊は横に成った双眼鏡のような高度測定器で、敵機の高度を測定する練習を常にしていたが、その日にはB−二九があまりにも大きく見えて兵士達が高度を故意に減らして読んだと云う事だった。それで高射砲弾が皆爆撃機の下の方で爆破したのである。その時日本軍には「タ号」と云う対爆撃機レーダーがあったが、完成してなかったので、「チ号」と云う低高度用のレーダーを使っていた。ところが此れも他の器具に電気で連結されでいないので、それらを皆手で操縦せにゃならなかった。

又高射砲隊は一つずつ来る爆撃機に砲弾を余り多く使ったので、戦闘後確実な消息通に依ると三ヶ月使う砲弾を一晩に皆使ったそうである。それで次の戦闘に使う砲弾が不足して大きな問題になったと言っていだ。それは僕が對空戦闘を初めから終わり迄目撃したので首肯が行く話だった。その反面そんなに多くの砲弾が上空で弾けたので、その戦闘の夜景は本当に稀に見る壮観だった。

訓練の良く出来だ高射砲部隊は敵機の二割を破壊するそうだが、今度は一つも破壊出来なかったので彼らの羞恥だと騒いでいた。照空隊はよくやったから彼らは失敗がないとか、高射砲隊の訓練がなってないとか、色んな話が回っていた。僕としては僕が生きて居るのが幸いで　その他の事は皆僕とは関係がないと云う考えをして居た。ある人達は米軍が九州防空部隊の訓練を良く受けた古兵達が休暇を貰って家に帰ったのを知って、襲って来たと言っていた。その他の噂も多かった。

神風機の自殺攻撃

数日後B－二九が二番目の八幡の攻撃に来た時、又奇異な光景を目撃するようになった。全世界でそう云うのを見た人が歴史上僕らの防空部隊とその地方の住民しか無いだろう。こう云うのはヨーロッパでも見られなかったと思う。今度も前のようにB－二九が晩に来た。中隊の将校と古兵達は警報がなると神速に陣地に上がって位置に着いた。僕等新兵は横で見て居ればよかった。約十分後射光機の射光にB－二九と大きな蝿の様な日本の飛行機が現れた。その小さい日本の飛行機が B－二九の方に飛んで行ってその大きなB－二九の胴体にぶっつかった。その蝿のような日本の飛行機はちりぢりになって暗い所に消えてしまった。そのB－二九はびくっともしないで爆撃を終えて帰って行った。その日本の飛行機は一人が操縦する神風特攻機であるのは確かだった。それは米軍が「阿呆」と云う別名をつけたのだが、それは艦船だけ攻撃し、飛行機にも突き当たるとは思わなかった。

暫くしてそう云う日本の飛行機が又一つ射光に現れた。今度はその小さい飛行機は故意か知らんが、B－二九の後ろにある方向舵にぶっつかった。そのB－二九は方向が取れなくて彼方此方揺れながら西方に消えて行った。この特攻隊は爆弾を堆積して主に米軍艦の煙突に突入して沈没させる任務を負って居る特別飛行団であるが、如何して爆弾も載せないてB－二九にぶっつかって行ったのか理解が行かなかった。唯貴重な生命を犬死のように奪って行って何の意味もないのだった。その飛行機が小い爆彈を一つでも載せていたら不發だったかも知らんが、その本當の話は知る道理がなかった。或いは爆彈は載せる事が出來なかったかも知らん。この気違いのような冒険も大きく失敗して、僕が知る所ではその後又と此れをしなかった。日本は島国なので、亜細亜の多くの国民達は日本の国民性を心が狭く、前を良く見ない人達だと見て居る。僕が見でも彼らが島国根性を持って居るのは確かである。僕等は書籍を通じて島国は古来、絶対君主体制か絶対独裁態勢を持っており、その君主と独裁者のための人的犠牲を躊躇しないと云う事を知ってるが、日本も此れから開放されで居るないかも知らん。僕等は日本の武士達が中世に庶民を理由無しにも任意に殺したと云うのを知って居る。僕等はそう云う場面をあの有名な「将軍」と云うアメリカの映画で見た。

又僕等は日本人の無慈悲な気質を封建時代の飢餓の解決策に見る事が出来る。食料が不足すると村の元老達が集まって、村のどの幼児を殺すかを決定して食糧問題を解決した。此れを「間引」と言っていた。ところが僕が知る所によれば、インドと中国のごく一部でそう云う事を少ししたが、食糧不足問題をこう云う風に解決した民族は別にない。朝鮮にはずっと前に高麗葬があって、食料不足の時、老人が進んで山に行って餓死するのだった。又インド人かエスキモ、その他の民族も老人達の自発的、或いは習慣的犠牲によってこの問題を解決した。日本の本質はそう云う島国気質と、封建時代に育成した第二の天性がその社会の精神的基盤であるので、いつでも現代の武士主義国家になる要素を帯びて居ると言うのを知る必要がある

信号をしたのは誰か?

噂によると米爆撃機が来る前の晩、民間人の一人が空に何かの信号をしたと言う事だった。それは畢竟自由主義者か、親米家が居ってしたと云う事だった。二十世紀初、關東大地震の時、朝鮮の人達が東京の建物と家に火を付けたと言う嘘の噂が廻って、数千名の同胞が日本人の手によって殺戮されたのだが、今この噂が間違って同胞が又犠牲になるのではないかと心中煩っていた。然しその後暫くしてその地方の或る自由主義者である日本人がこのため逮捕されたと言う噂を聞いて懸念が解けた。そうしてみると僕だけ生きれば良いと言う考えの他に、同胞が皆無事であれと言う考えも自然する時もあり、此れも人間的に当然持たにゃならない感情で、僕の血がそうさせると云うのを更に感じた。

又、日本人の中でも戦争中に反政府行動をする人が居ると云うのは考えも出来ない事だったし、僕としては驚くべき事だった。僕は日本人は皆「皇国臣民」だけを叫び、外国人は皆野蛮人だと考える熱狂的民族主義者だと考えていた。又民主主義者が居でも戦争中にそんなに勇敢な事をするとは考えも出来ない事だった。日本社会にもそう云う人が居ると言う事、又日本も良く見ると、弱い人と強い人が混じって住んで居る普通の人間社会であると云うのを更に認識するようになった。どの社会が立派な体制を持っており優秀な指導者を多く卓出するのかが問題である、と言うのを強く感ずる様になった。

この人が上空に挙げた信号が何とどんな関係があるかは知らないが、多く

の人達はそれが噂でないと信じていた。その理由は首肯出来る事が一つあったからである。その理由の一つは、そのB－二九が来た日には訓練を良く受けた高射砲隊の将兵が多く休暇を受けて外に出たので、部隊には初年兵が多く残っていて、彼らが主に戦闘をしたと云う事だった。それで米爆撃機の高度測定を初めて高射砲、そのほかの器具をよく操縦が出来なかったと云うのだった。この機会を利用してその人が信号をしたと言う噂だった。この信号をした人に関する話は唯噂のようでもあったし、又そのため逮捕された人が本当に居るのか知る事が出来なかった。それでもそれを信じて居る人が多いというのを知って人間の不足と、無知と偏見がどんなに恐ろしく、そのため多くの人が犠牲になると云うのを知るようになって、人間と人間社会の険悪で惨悪な一面を見るようで憂鬱になってしまった。更に言うけれども、僕は高等商業学校に通う時人間はギリシャ時代より精神的に進歩したのが一つもないと考えていたが、その後の世界歴史がそれを良く立証して居る。

その後米爆撃機の八幡攻撃は数回継續した。僕は高射砲弾が命中するのを一遍も見た事がないが、爆撃機の一つが搖れながら低空を飛んで行くのは見た。その時僕は親米家ではなかったが、日本の敗戰だけが朝鮮を救助出來ると思って、米爆撃機を見るのが嬉しいと同時に、搖れて行く米爆撃機を見て氣分がよくなかった。

その後師団長は酷い訓練を命じ、侵入したB－二九の二パ－セントとか三パ－セントを撃墜したと信じられない統計を発表した。僕は落ちる爆撃機を一つも見た事がないのでそれは作った数字だと思った。そのため彼らが或る分子が信号を上げたと噂を広げたと見る事も出来だ。然し訓練をよく受けた古兵達が多く休暇を受けて部隊から出て行った時に、B－二九が初めて来たのを見るとそう云う勇敢な人が居ると信じなければならんとも考えた。だがその後の戰果は同じだった。

あ、あんたは朝鮮の人だ!

日本部隊の公用と言うのに関しては上で説明した。勿論それは兵士達が出るのであって、自由時間があり、町の見物も出来、又地方の人達と話をする機会もあるので、皆公用で出るのを首を長くして待っていた。僕は原隊におる時継続する訓練のため公用は唯一度しか出る事が出来なかった。その時僕と日本の兵士一人が部隊から近い若松市に出て行った。用事が終わって時間があるので飲食店に行って簡単な食事をする事にした。事実、食事時間でもないので腹が減っていなかったが、民間の食堂に行ってみると言うのが非常に嬉しかった。

食堂の一つに入ったが、其処は少し小さいが綺麗で良かった。若い女給が一人居たが日本の女だと思って日本語だけで話をしていた。一緒に行った日本の兵士が便所に行った間、他のお客も無いので、女給と僕だけが話をしていた。その女給が言った。

「兵隊さん、何処から来たの?」

「故郷の話?」

「いや、部隊です。」

「第十三中隊です。」

「それが何処にある?」

「あ、それは山の後ろにある。」

「ああっ! あんたは朝鮮の人だ!」

僕は驚いた。然し知らん顔をして、

「いいや、僕は沖縄人だ。」

「嘘をついじゃ駄目です。」

「如何して嘘?」

「言ってあげましょうか? 日本人はね「山の後ろにある」 とは言わないんです。」

僕は驚いてぎくっとした。僕が普通学校から専門学校迄日本語で育つようにして来たのに、「山の後

ろにある」と言わないと言うのも知って居ないとは! 勿論それで彼女は朝鮮系だと云うのを分かった。

「それじゃ、どう云うの?」

「「山の向こう側にある」と云うんです。」

僕はこの時當惑もし、恥ずかしくもあった。僕が初めから計劃してついた嘘でもないので謝りはしなかった。僕はこの時外国語がどんなに難しいのかを又切実に感じた。一方僕は彼女が言ったのが正しいのか今まで確認もしでない。

後から聞いた話たが、あるソ連の大学生が日本語を専攻し、日本留学を数年して、日本の女と結婚をした。それから日本の一つの大学で数年間講義を

して、ソ連に帰って日本語を教えていた。彼はそう云う背景を持っていながらも「五十銭玉」と言う言葉を知らなかったと言う。僕も英語を殆ど一生習い、アメリカに永住しながら家から外に出たら何時も　英語を話して居るけれども、米国人が使う英語の非常に易い日常語の中で知らない言葉が稀にある。それも無理でないと言う事をその後知るようになった。

僕はその時そう云うのを知る道理もなく、その時の氣分は驚愕に近かった。今もその女給の話を時たま思い出す。僕の一生の職業が言語教育であるので、そう云う逸話は忘られない。僕が彼女に事実僕は朝鮮の人だと言うと、彼女もそう云う人に会うのは初めだと言って歓待してくれた。僕もその女に合って

嬉しかっだけれども、気分が悪いのが二つ位あった。その一つは彼女は朝鮮を全然知らないと言う事と、もう一つは彼女の姿勢と行動が丁度日本の女のようだと云う事だった。それは仕様がなかったかも知らんが、理解心が狭かった僕はその時そう考えたと云うのを今も思い出す。その後又公用に出てその娘に会っでもっと話し度かっだけれども、僕が十三中隊に居る間、公用の機会は又となかった。

幹部候補生

日本の学兵は僕らより約二ヶ月前に入隊して、僕らが入隊した時には基本訓練を殆ど終えていた。彼らは数週後、試験を受けて殆ど皆が幹部候補生になった。幹部候補生は甲種と乙種に分かれていて甲種は訓練後将校になり、乙種は訓練後下士官になった。日本学兵の半分位は甲種に成り他の半分は乙種になった。僕ら朝鮮学兵はそう云うのは考えもしないで、殴られないように訓練と他の仕事を熱心にしながら基本訓練後古兵になってゆっくりするのを待っていた。約二ヵ月後、朝鮮学兵も幹部候補生の試験を受けろと言う指令が出た。勿論志願制だった。僕等は如何したら良いのか知らんので数日間決断をおろす事が出来なかった。勿論分隊長と小隊長は僕が志願するように激励した。此れは日本学兵だけを幹部候補生に作るのはあまりにも差別的なので、朝鮮の学兵にも機会を与えようとするのだと思ったけれども、その真意を知る事は難しかった。又それに応ずるか否かは結断がよう出なかった。

結局八零六一部隊に居る朝鮮学兵達は機会を見て相談を始めた。中隊が彼方此方分散して居るので連絡が難しかったが、努力をしたら出来だ。中隊には皆通信班があってそれをどうにか利用する事が出来だ。僕の中隊では僕より年が少し上の金二等兵がこの連絡をしてくれた。約二週間の間に皆の意見を得る事が出來た。それを要約すると次のようである。

一。僕らが幹部候補生になるのは日本の政策を全的に支持するのでない。

二。将校とか下士官になると日常生活がきつくない。

三。現在の戦況を見たら僕等はいつ南洋に派遣されて死ぬかも知らぬ。

四。だからみな志願し、合格して兵士より楽な生活をしよう。

その時にしでも日本は南洋の多くの島を占領していた。それで僕らの部隊でも嫌な兵士を時たま二、三人ずつ其処に派遣した。此れは僕達だけでなく日本の兵士も恐れていた。米爆撃機が中国に待機して居る時なので、高射兵は其処に多くは派遣されなかった。それでも中隊で嫌われる人は南洋に時々派遣されると言うのを聞いて居た。それで僕等は皆幹部候補生の試験を受けた。だが三十一名のうち七名だけ合格出来なかった。いや合格よりも軍部が七名だけ選んだのだった。彼らは日本学兵は殆どみな候補生に選択され半分以上を甲種に選ばれだが、それに比べると大きな差別があるのは明白だったが、勿論どうする事も出来なかった。弱小民族の悲哀を感ずるのみだった。

結局僕等は日本人とは異質的存在であるのに、もっと多くを望むのは愚かだと云う結論に至った。

いや、望むと言うよりも比較して見たのだったと言うのが正しいだろう。金二等兵が選択されなかったのは性病があるから首肯が行くけれども、僕が選ばれたのは期待していなかった。それのみかその七名中僕一人が甲種に選ばれたから僕も驚き、金氏も驚き、中隊の大部分が驚いた。

僕は背も小さいし静かなので學校の教練成績も悪く商業學校在學時その多い学生の分隊長の役も一度もした事がなかった。僕はそれを羞恥とも考えず、勉強だけを熱心にしていた。僕が日本軍の幹部候補生になる? 話にも成らない事だった。それかと云って日本軍が敗退する時になったから、今弁明でもして居るように聞こえるかも知らんが、僕はそれが少しも誇らしくなかった。それが少しでも僕が帰国するのに助けになったらと云う考えしかなかった。又僕の部隊が僕の悪い學校教練の成績を見でないとは思わなかったが、それを知りながら甲種に選択したのは理解が出来なかった。それから僕の家をはじめて全親族が親日派に看做される理由も全然なかった。一方この部隊に来て殴られるのが怖くて熱心に走ったが、他の日本の学兵とか金二等兵より僕の成績が良いのは一つもなかった。他の朝鮮学兵達が少しも非難はしなかったが、彼らに僕が何か悪い事をしたような気もして、少し可笑しい気分も有った。然し僕が悪い事をしたと言う目つきで見る人がないので、僕の罪責感は長く続かなかった。

僕が甲種になった理由を僕は考えざるを得なかった。第一、この峯松連隊の幹部候補生試験委員長が僕らの大隊長だった。その大隊長は僕らの中隊に二、三週に一度ずつ来ていたが、そう云う時には毎度全中隊が並んで彼を迎えた。毎度どう云う訳か知らんが、彼は金二等兵と僕に話をかけて、親切な態度と姿勢を見せた。僕等は勿論それが非常に有難かった。それから彼は僕の中隊長と親しいようだった。僕らの中隊長は支那事變で功を立てたそうだが、彼は人種差別のない若い人で、金二等兵と僕を差別するような目付きは無く、何時も親切に對してくれた。勿論異質感があっただろうが、少しもそれを表さなかったので良かった。日本は千九百三十一年、満洲を侵攻し、可笑しい口実を作って宣戦布告をしないで、唯「支那事変」と言って、その時の支那に侵入して行った。僕らの中隊長は其処に行って来たのだった。日本は二百万の兵力を中国に派遣したが初めには蒋介石の中央政府軍と、後には毛沢東の共産軍と戦うため長い間窮地に追われていた。小隊長も京都にある同志社大学と云うクリスチャン大学出身で、僕らをごく親切に対してくれた。それから分隊長は京都大学で経済学を専攻した紳士だった。それで彼らが僕を良く推薦してくれたのであろう。僕の大隊長が元山市とか京城高商と何かの因縁があるかも知らんが、僕は彼が何故僕を甲種に選んだか理解が出来なかった。それでも彼がそんなにまで僕を考えてくれるのが非常に有り難かった。然し後で見るように、此の人の特別な配慮のため、僕は日本軍に行った大部分の朝鮮青年より、十二ヶ月乃至十五ヶ月間訓練をもっと受けながら苦しんだのだから、人間の事は僕らの力では推測も出来ない事だと再三思わざるをない。

貴様は実に生意気だ!

照空隊は晩にだけ戦闘みたいなのをする特別部隊だった。それから晩に空を飛んで来る飛行機を相手にするのだが、機具を電線で連結しているのが殆ど無いので、その時には兵器の殆ど全部を手で操縦しなければならなかったし、空に来る飛行機を目で対するしか術がなかった。射光機だけが離隔操縦機と言うリモ－トに電気で連結されていた。此のリモ－トもレ－ダ－に連結されでないので手で操縦しなければならなかった。それで僕等は訓練を晩に多くした。僕等は北斗七星とその周囲の数個の星の名と位置も習わにゃならなかった。だから新兵達は晩の点呼の時、殴られないように熱心にそれを覚えていた。

金二等兵と僕は朝鮮學兵と云う自尊心があって日本人に負けないよう熱心に習い、又高等教育を受けて居る時入隊したので、そう云うのは二回ぐらい聞いたら皆覚えた。ところが歳が四十位の第二補充兵達は僕らより約二ヶ月位後から入って來たが、覚えるのが遅くて毎晩点呼の時毆られていた。或る晩訓練をして少し休んで居る時、その補充兵達も休んでいた。僕等を訓練をしていた軍曹が暫時どこかに行った。皆知って居る仲間なので雜談をしていたが、彼らが星の名に對して尋ねたので彼らに星の名を二、三教えてやった。彼らが少しでも多く覺えて晩に毆られないのを欲してそうしたのだった。ところが丁度その時堤上等兵が横を歩いて行きながらそれを見たのである。晩点呼の時堤上等兵は僕を咎め始めた。

「お前が新兵と何を話していたか?」

「星に関する話だったです。」

「どうして新兵達に星を教えていたか?」

「教えたのでありません。」

「それじゃ如何して星を説明していたか?」

「説明でもありません。唯星の名前を二、三言って遣りました。」

「や? どうしてか?」

「彼らが聞きました。」

「そう云う時には古兵に聞けと言うべきじゃないか?」

「それは考えませんでした。」

「とにかく貴様はけしからん。構え!」

と言ったので「構え」をしたら毆り始めた。とにかく自分の気に入らんと言って毆るのにどう云う事も出来なかった。歯を硬くかんで突っ張って立っていたので、拳で顔を強く数回以上毆られたけれども倒れなかった。然しその後又数回毆られて倒れてしまった。彼は僕を引っ張り挙げて又拳で強く毆った。僕は又倒れた。彼は僕を又引っ張り上げて酷く毆った。彼は此れを何回も繰り返した。終わった時には顔が非常に痛く、僕は憤怒に包まれて居たけれども、如何する術もなかった。声を出して泣く事も出来ず、心中悲哀の涙を多く零すほか仕様がなかった。

貴様は本にけしからん!

幹部候補生に選択されると同時に僕等は伍長に昇級し、襟の横にある階級章の横に座金をつけた。候補生としての訓練を受ける前二週間位は同じ内務班に居た。

僕の戦友は多々良と言う伍長だった。候補生になっても僕が彼と同じ内務班における以上、彼のため前のように雑事をしてやらねばならなかった。同じ階級でも僕は座金を付けて居るのでそうするしか仕様がなかった。その時日本軍内では古兵達が任意に座金の階級は正常の階級でないと主張していた。それが軍隊か? 前のように戦友の用事をしてやるのは難しくなかったが、或る日期待も出来なかった酷い事が遂に起こった。こういう事は非常に稀なことだと言って居た。夕御飯を食べながら古兵達が酒を飲んでいたが、多々良伍長が過飲をして床に汚いのを吐いてしまった。此れを僕が清掃せにゃならんが僕はそんなのを見た事もなく、死んでもそれは出来なかった。他の人達がそれを拭いた。僕は酷い気合を受けると言うのを知っていたが到底その清掃は出来なかった。覚悟を強くして待って居た。晩十時に点呼が終わり皆藁布団に入った時、誰が僕に気合をくれるのかと考えて居たが、待つ必要もなかった。僕が一番嫌う堤上等兵が僕の所に来て起きろと言った。僕は何故この奴が今度も僕に気合を入れるのか知らなかったけれども、それが問題でなかった。起きて食卓の横に立つと、

「貴様は実にけしからん! 構え!」

と叫んだ。僕は脚をげて両手を腰にあてて突っ張って立った。堤は叫びながら僕の顔を力限り殴りだした。頭がボオットして、又多く殴られると倒れそうになった。僕は何の考えも無しに、彼を避けて内務班から出て行ったら彼が追って来た。陣地の上の小さな練兵場に上がって行ったら彼が付いて来た。この奴に前に多く酷く殴られたので、僕は憤怒に包まれて耐えられなかった。幸いに練兵場には僕ら二人丈がいた。僕は叫んだ、

「この気違いのやろう、候補生でも僕が貴様より階級が上だ!」

「座金をつけて高ぶるのか? そう云う階級は何でもない、この犬のようなやつ!」
「犬? 貴様が犬だ!」
「おまえ、今高ぶるのか?」
「高ぶるんじゃない!」
「座金は何でもない。この鼠の子!」
「なに? 鼠の子? 貴様が無識な鼠の子だ!」
「無識な鼠の子?」
彼は驚き非常に怒ったようだ。僕は續けで云った。
「この気違いのような奴、貴様のような奴が居るから日本軍が今負けて居るのだ!」
僕は此れを言って「あっ、しまった!」と思ったが、もう言ったのだから仕様もなく、怒りが頭にまで行っていたので、唯継続した。
「貴様のような奴は僕の拳の味を知らにゃならん!」
と言って彼を殴りだした。僕はその時僕としての体格が一番良い時だったし、堤の体格は僕より少し弱かった。それで互いに殴ったけれども僕が圧倒しだした。僕は入隊前から多く人間は運命の支配を受けるしかない存在だと切実に感じていた。ところがその時丁度通信壕から何かの情報を持って中隊の事務室に行く通信兵が通って行きながら、僕が堤を殴って居るのを見て、直ぐ内務班に走って行ってそれを

告げた。此れも運でなく何だろうか? 直ぐ内務班の古兵達が群がって上がって来た。そして、
「けしからん!、実にけしからん!」
「悪い奴!」
「生意気な奴!」
「貴様はほっておけない!」
「この奴を殺せ!」
と叫びながら皆僕を殴り始めた。僕は袋叩きをされた経験がないので、
「僕はもう半分死ぬんだな!」
と半分は死ぬ覚悟をして殴られていた。その間僕は驚くべき事を知った。多くの人が彼方此方殴るので酷い拳を多く感じなかった。構えをして殴られる時に比べるとそんなに大した事でなかった。勿論それが長く続くと違うだろうが、兵士が普通晩に殴られる時の時間ほど続いだので比較が可能だった。少しの後僕の戦友多々良伍長が上がって来て、殴るのを止めた。古兵達は皆内務班に下がって行った。多々良伍長が、「もうそうするな!」と言いな

がら僕を内務班に連れて行った。その時戦友の得を見たけれども、心中どうして彼が早く来て止めなかったかと怨んだ。又彼は堤が前に僕を殴るのを一度も止めなかった。彼が吐いたのを清掃しなかったから彼を多く怨む事も出来なかった。僕はその翌日中隊内で何があるかと心配をしたが分隊長も特務曹長も、小隊長も、中隊長もみな知らん振りをしていた。僕は彼らが僕を二等兵に降等させて南洋に転属させるのではないかと数日間不安だったが、何もなかったので安堵の息をついた。此れに関しでも長い間小隊長と中隊長の得をしたと思って感謝して居た。

幹部候補生の訓練

幹部候補生に選擇されて約二週間後、中隊に候補生の内務班を別に作って、僕らが予備士官學校或いは下士官學校に行く準備教育を受け始めた。此れは日本人の候補生と朝鮮の人の候補生を含んだ共同訓練だった。候補生の訓練は朝から晩迄きつかったが基本訓練の時のように殴られはしかった。下士官は殴らないと言う不成文律が有るようだった。又古兵が殴られる時が有ると言うが僕は見た事がなかった。然し新兵は殴っでも良いと云う成文律も見た事がない。

幹部候補生は座金を付けては居るが下士官だった。それでそうかも知らんが候補生訓練を始めた後僕等は一度も殴られなかった。その点では僕等は新兵よりは良かった。それも臨時で、暫くして候補生に選択されなかった人達は古兵になって毎日楽に生活していたが、僕等は其処で二ヶ月間訓練を受けながら苦労をした。その後乙種候補生は三ヶ月の訓練を受けて下士官になって生活が楽になったが、甲種候補生は千葉と浜松に有る高射砲学校に行って一年間酷い訓練を受けだから、結局甲種候補生は日本軍の訓練生中では最も永く酷い訓練を受けながら、苦労も一番多くするのだった。だから甲種候補生に選ばれた僕が部隊の朝鮮学兵中最も長く訓練を受けだから、大隊長と中隊長が僕を援助してくれたのが結果的に逆効果を齎したのだった。人間の運命は予測も出来ず、又測定する事も出来ないと又つくづく感ずるようになった。僕は今米国に来て居る。僕の家には他の家庭のように古いのを含めて自家用の自動車が三つある。或る日僕は自動車保険の関係上米国の女子職員と相談していたが、僕等は予期しなかった驚くべき対話をした。
彼女が先に言った。
「この世界は皆公正じゃありません。」
「本当ですか? どう云う意味ですか?」
「僕等は公正に仕様としてますが、僕らのお客さん達にそう出来ない時が多いです。」
僕は彼女の答えに驚いた。
「そう! 考えるより多いです。僕等はそれを減らそうと最善をしますが。」
「全然なくする事は出来ませんか?」
「冗談じゃない。それは不可能です。勿論その金額はごく小さいですが…」
勿論僕は驚いた。この若くて綺麗な米国の女職員がそんな事を言おうとは考えも出来なかったが、それが僕の一生を走馬灯のように省みるようにした。そして彼女の話が正しいと言うのを感じた。僕が甲種候補生になったのもそうだし、そのため僕が学兵中一番長く苦労するように成ったのも其のためだと見るしかない。総てが運命だが、総てが公平であるのではないし、与えられるのを甘受するしかないと言うのを、その時は勿論、今迄も時々感ずるように成った。とにかく中隊内での訓練はこのように約三ヶ月間忙しく続いて行った。

難しい數學

僕は直ぐ數學のため苦労をするようになった。候補生達は兵士と違って照空隊の幹部になるから、數學と電氣學をある程度知らないといかんと言って、それをよく教えもしないで知る様に要求した。特に甲種候補生はもっと良く知らないといけないと言った。他の人は知らんが、僕は困って落第してしまおうかとも思ったが自尊心がそれを許さなかった。僕は商業学校で数学を習いはしたが、一年生の時から佐野と言う日本の少尉が軍服を着て軍刀を腰に下げて、数学を教えるのが僕の気に合わなかった。そのため数学に趣味を失って試験の時だけそれを少し勉強した。成績はそんなに悪くはなかったが良くもなかった。事実僕は普通学校六年生の時にはその科目では三学級のうちで一、二等を争っていたが、商業学校ではそんなに成ってしまった。高等商業学校では高等数学と云う科目があったが、五年前からそれを軽視して来たので、其処でもそれをよく勉強しなかった。それで候補生教育においでも苦労をするようになった。その反面電気学は数学を多く使わなかったのでどうにか付いて行った。この時も僕は運がよかった。同じ候補生の内に「桂」と言う背の低い青年がいたが、彼は日本陸軍士官学校に入って勉強をしていたが、体が弱くて退学したと言う人だった。彼は数ヶ月前に徴集されて甲種候補生に選ばれていた。それでそうかも知らんが彼は数学を教官よりも良く知っていた。彼が僕の苦境を知って進んで僕に数学を教え始めた。彼はたやすい言葉で詳しく教えてくれるので色々早く習って、他の候補生にそう遅れないようになった。僕は今も彼を忘れられず、再び言うが反日感情と云うのは悪い政治体制か、悪い政治家か、悪い経済指導家か、或いは極端国粋主義者を対象にしなければならず、一般人に対する敵対感情はいけないと言うのをそろそろ体得するようになった。勿論日本にも良識の或る政治家とか経済家がないのではない。例を上げると、韓國の大きな財閥の一つの會長が、約八十年前自動車を　製造するた製造するため世界を回りながらその製造法を習おうとしたが皆拒絶したのに、日本の一つの財閥の會長がその技術移転を承認したそうである。それで、其の日本人は今も此の会社の利益の五パーセントを受けて居るそうである。こういう良い日本人が日本にも多いようである。然し僕は日本に居るとき苦労も酷い苦労をしたので日本人に対する感想がそう良くはない。

貴様は上官を打っても良い!

乙種候補生の内に金子と言う日本學兵がいた。大學も三流大學を通って居たが、徴集されて來た學兵だった。彼も僕より約二ヶ月位前に入隊して、先に幹部候補生になり、僕より階級が一つ上だった。彼は自分が日本人であるのに乙種になり、朝鮮の人の僕が甲種になったのを怨むようだった。勿論僕は知らん振りをして唯僕の仕事だけを良くして居るしかなかった。ところが或る日彼は点呼前の自由時間に、僕に事務室から遠ざかって居る通信壕に来いと言った。僕はどう云う理由かも知らず、階級が一つ上の人が来いと言うから行かざるを得なかった。通信壕に行くと彼独りがいた。彼は僕を見るや、

「貴様は生意気だ!」
と言いながら咎め出した。僕は彼が僕を殴るため其処に来いと言ったのを直ぐ分かった。
「僕をそう見たら済みません。」
「僕だけがそう見るんじゃない!」
「そうですか?　それは知りませんでした。」
「とにかく、貴様は生意気だ!」
「僕がそう見えたら済みません。」
「貴様は気合を受けにゃならん! 上着を脱げ! 貴様と僕と階級を無視して闘ってみよう。」
「それは出来ません。どう云う形式であろうが、上の人と闘うのは駄目じゃないですか?」
「僕がそうするのだから良い!」
「僕には良くありません。」
僕は困ってしまった。却って毆られるのが良いし、軍隊で階級が上の人と格闘するのはどう云う理由

でもいけない。此れは日本軍だけでなく、世界のどの軍隊でも許さないだろう。
この奴が僕を南洋に追放する爲の姦計を計らって居るのではないかとも考えて、困って怖かった。彼は上着をぬいて僕に近寄って来た。僕は毆られる姿勢をしたが、彼は毆らないで僕の階級章を剥げ始めた。ところが階級章が硬く付いて居るのか、或いは彼が余り興奮して居るのか、良く剥げないので、僕の上着を引張って剥げた。僕は其処から出ようとしたけれども、彼が門の後ろに立って居るので、其処から出る事が出来なかった。彼は僕を毆り始めた。
「毆れ!　いいから貴様も毆れ!」
「僕は上の人は毆れません。」
「いいと言ったじゃないか?」
「僕には良くありません。」
「善い、関係ない!」
と言いながら迫って来て又毆った。耐えられなくて僕は彼を後ろに押した。彼の体格は僕と同じ程度だったので、僕が急に強く押すと後ろに倒れてしまった。彼は怒って立ち上がって又毆り始めた。僕も仕様なく又彼を強く後ろに押した。彼は又倒れた。僕らは此れを数回繰り返した。僕は酷く毆ら

れ彼は数回倒れた。彼は遂に疲れ果てた。僕は言った。
「もう止めましょう。」
「貴様、もう高ぶったら放っておかないよ!」
「内務班に帰りましょう。」
「僕が言ったのを忘れるな!」
「僕が金子さんに悪くしたのが無いじゃないですか?」
「とにかく此れから注意せ!」
そして僕等は其處から出て來たが、僕は憤慨して嘆かわしかった。此れは全然予期も出來なかった事だし情けない事なので、僕の心情が非常に悪かった。僕は彼を唯強く押しただけで殴らなかったが、彼がどんな事を他の人に言うか分からんので、心配が大變だった。それは勿論彼の言う事に依って、僕が南洋に行くか、或いは營倉に行くかも知らんからだった。然し幸いに彼は誰にも僕らの対決に関して話してないようだった。此れを知るのか知らないのか、中隊内では何の話もなかった。金子が憎らしかったけれども、この事に関して誰にもあれこれ言わなかったのは、感心で有難かった。

御面!

金子は毎日僕を見たら憎らしく思うような顔付きをしていだ。なんの理由も無いようでもあるし朝鮮学兵が甲種候補生になったのを怨むようでもあった。僕は同じ内務班で一緒に訓練を受けながら、彼と口喧嘩を一回もした事がないので、彼を好きもしないし、嫌いもしなかったが、それが彼の気に掛かったかも知らん。彼は通信班での対決後、再びそう云う事を繰り返す様子がなかったので少し安心した。候補生達は週に二回ぐらい剣道の練習をしたが教官無しにする時もあった。そう云う時には少しした後止めた。面は「御面」とも言うが、それは日本刀の代わり使う竹刀から頭をを保護してくれるのだった。勿論剣道服を着て面を被ってした。僕は商業学校の時、体も小さいので柔道は怖いから剣道を選択してそれも熱心にしないで、横から見学する時が多かったが、如何にか落第しない点数は受けて居た。それでも五年間少しずつ練習したので、真の素人ではなかったらしい。入隊した時には金子候補生と対決出来る実力は有ったようだった。高等商業では武道の科目はなかった。

金子は或る日、教官無しに僕らが劒道練習をして居るのに、僕に一緒にしようと提案した。僕は彼としたくなかったけれども、怖い事もないので承諾した。練習をする内に、朝鮮の奴がやればどれ位やれるかと見下げて掛かって来るのが明らかだった。少し後、僕が少し出来るのを知って、焦れでもっと荒くなった。僕は急に足っ拂らいを強くした。彼は急にした爲か地に落ちてしまった。

彼が半分位立った時、僕は、「御面!」と叫んで竹刀で彼の頭の真ん中を力一杯打ちつけた。彼が又立とうとしてよろめく時僕は又「御面!」と叫びながら彼の頭を又酷く打ち付けた。彼は少し横になっていたが、後ろの方に少し這って行って、他所に行ってしまった。僕は彼の面を二度も力一杯殴ったので、怪我でもしたのでないかと思って心配だったが彼は何の怪我もしてないようだった。彼が被っていた面が彼の頭を相当保護してやったのだろう。僕はこの時元山商業学校五年生の時に起こった事を思い出した。剣道を択したが余りも見学を多くするので、或る日佐野少尉が僕に剣道服を着るように命じた。勿論「面」も被った。それから彼が僕の面を真っ直ぐ三、四回強く殴ったので、僕は精神がぼうとしてよろめいだ。その教官は驚いて心配になったのか、その後僕を苦しく対しなかった。それだから、今度それを復讐したようなものだが、相手がその少尉でなく金子候補生だった。金子候補生は此れに関しでも誰にも話さなかったようだった。前に彼にもほめるべき面があると思ったが、又そう云うように彼を見るようになった。その後彼は僕を苦しめなかったので、険しい峠を越えたようだった。前にも言ったように僕は商業学校在学時、剣道の練習を怠けて見学を多くして居た。後から知ったのだが剣道も朝鮮から日本に渡ったと言うのをある日本風俗辞典で読んだのだった。それを僕がずっと前に知っていたら僕の態度も違って居ただろう。それは愛国心よりも僕も人間としての良心がある。剣道が朝鮮の武道だと云うのを知って誇りがあったら、それに対する僕の態度が違っていただろう。人間の無識は必ずしも教科書をよく知らないと云う事に限らないようである。

「こう云う無識も人間の姿勢と行動をこんなにも支配するのか?」

と云う考えを多くするようになった。その後韓国のある大学の剣道チームが、僕が働いて居る米軍の外国語大学を尋ねて来た時も、どうしてこの学生達は日本の武道を練習しているのかと意に満たなかったが、後から剣道は元来朝鮮の武道だと云うのを知って非常に恥ずかしく考えて、僕の無識を自責した。日本人も此れを知らん人が多く、日本全国でそれが自分らの固有武術だと思って練習をして居る。此れは誰かが僕に教えてくれたのでもなく、その日本民俗辞典を見て分かるようになった。また日本固有の風俗と言って誇って居る御茶之湯も、李氏朝鮮時代に日本に渡って行ったと云うのをその本で読んで分かって又驚いだ。此れは僕らの言葉では「タト(茶道)」と言って居る。此れを読んで日本にも本当の事を言う人が居ると分かって驚きもした。今も香川では「茶」を「おたた」と云い、福岡では茶袋を「どだい」と言い、京都では茶かんを「とんび」と言っている。又今世界的に有名な鍼療法も、或る中国の古書には古代朝鮮で先に始めたと言って居るそうだ。それで此れも昔日本に渡って行ったのに、幾らの日本人が此れを知って居るだろうか。多くの他の事のように中国から来たと思って居る人が大部分であるだろう。又驚く事は 西紀七四0年と七五一年に版木印刷を朝鮮でして居るのに、外国の歴史家達は、それは欧州の「グテンバーグ聖書(Gutenberg Bible-一四五六)」より四世紀も前に、人類の歴史上初めて十一世紀に中国で初めたと言って居る。ところが朝鮮では八世紀にそれをし初ているのである。この歴史的誤謬の訂正のため韓国政府と韓国学会は努力をせにゃならんが、そう云う兆しは少しも見えない。

こう云うのを見ると、日本の大部分の学者とか大衆が、古来いろんな面で朝鮮の影響を受けて居ると云うのを、何故認めないのか理解が出来ない。それと同時にどうして大部分の日本人が優越感を持って、朝鮮と朝鮮文明を軽視し野蛮視するのか憤怒を感ずる時が多い。彼らは島国の人の特性を克服する事が出来ないようである。日本の新世代達は彼らの根を真実に研究し、歪曲された国粋主義の枠から開放されにゃ成らんと思う。そして人間的で世界的な百姓になるのを望むだけである。ところが今阿部首相が変なことを言い、それを支持する日本の人達が多いそうだからこう望むのも無理であろう。そういう人達は「原。日本人の謎」、「日本語の成立」、「枕詞のひみつ」、「悲しい日本人」、「韓国の悲劇」のような本を読むべきである。皆日本で出版されで居る。「韓国の悲劇」は表題は可笑しいが日韓関係を良く書いでいる。

徴集されて来た朝鮮の若者達

原隊を發って千葉高射砲學校に行く数週前、朝鮮の青年達が徴集されて入隊して來た。僕らの中隊にも十名位が入って來たが、皆大人らしく背が日本の軍人より少し高く、容貌も日本人に比べて良いように見えた。僕は此れは僕の偏見ではないと信ずる。然し心配なのは彼らの日本語の能力だった。殆どが普通学校程度の教育しかないようで訓練をどんなに受け、特に教範はどう読んで覚えるのか懸念が多かった。彼らが金一等兵と僕と違うのは、彼らは皆一つの内務班に居ると云う事だった。僕等はそれが羨ましかった。とにかくごく心配をしたが、約二週後中隊内に彼らに關する噂が回り始めた。その内容を知って僕は又驚かざるを得なかった。朝鮮の新兵達は訓練の成績も良いし、仕事を誠實にして、日本の新兵より多く毆られないと言う事だった。教範を覚えるのは彼らに强要は出來なかったようだ。とにかく日本語を良く分からないから、教範覺えるのを除いては、成績が良いそうだから嬉しいニュースだった。又韓民族が優秀だと云う所感をもっと持つように成った。

僕は彼らを掴んで心行く迄話をしたかったが、そう云う機会は回って来なかった。残念ながらお互いにごく忙しくそれは出来なかった。彼らと故国の話をを長くやって見たら気分が爽快だっただろう。

この遠い所に来て日本人の中で生活しながら、彼らを度々会えないので残念至極だった。唯彼らの健康と無事歸国を祈るしかなかった。彼らは十名もの同胞が同じ内務班で一緒に苦労を共にして居ると言うのが、どんなに幸いか知らなければならないだろう。

千葉高射砲学校

日本軍は照空隊と高射砲隊の将校達を養成するため、高射砲学校と云うのを二箇所に建てでいた。照空隊があっでも唯高射砲学校と云っていた。こうして高射砲隊と照空隊は二つに切れない存在だった。

一つは東京の近くの千葉に設け、もう一つは中部の太平洋側の浜松に建てでいた。僕等は入隊した中隊内で数ヶ月間訓練を受けた。乙種はその訓練を受けて下士官になって、甲種は千葉の高射砲学校に派遣されて、もう一年間きつい将校訓練を受けるようになった。僕は千九百四十四年の八月初旬、僕らの大隊の数名の学兵と千葉高射砲学校に派遣された。この学校は千葉市から離れて居る景色も大してよくもない野原の中に位置して居る「小仲台」と言う所にあった。学校は規模も比較的大きく、建物は皆煉瓦で作って居るので、外部は見掛けが良いが、内部は殺風景で簡単な内務班と武器庫もある訓練所に過ぎなかった。僕等は浜松分校に疎開して行く前、半年も千葉にいたが、親しみを感じないそんな学校だった。そんな小仲台で苦労をする時どうして僕の運命はこんなにも奇怪であり惨めなのかと又嘆く時が多かった。

僕は千葉に到着するや、昔の人のように僕の運命を繰り返して考えざるをえなかった。僕は北九の僻村に行って基本訓練と幹部候補生の訓練を合わせて七ヶ月位受けて、新しい陣地構築にも参与した。そして見る物もない殺風景な所に来て、又将校訓練を一年受けながら、度々僕の将来と運命を又多く考えてみた。然し将来の事は皆暗澹として明らかでなく仕様もない空想だった。其処の学生中朝鮮系は全校を通して指で数えられる程しか居なかった。始めには僕等は嬉しく挨拶をして、お互いの背景を披瀝し、機会が有ったら度々合って話をする事にした。ところが其処での訓練は朝から晩迄強行軍で余りにも忙しくて、朝鮮の学生に合って胸を開けて話をして慰労する機会が一年に四回位しか無かった。僕の内務班には朝鮮系は僕しかないので、時間が有る時には何時もさびしく、そう云うのを吐露してお互いに慰労をする人も居なかった。

小仲台は廣い野原に位置しており、高射砲学校は千葉市から遠くはなかったが、一度もその市の見物をする事が出来なかった。野外訓練は度々有ったけれども、何時も人家が別にない野原でしかやらなった。僕らの訓練はそんなに酷く休む時間が多くなかったので、一年間僕等は休暇を貰って外部に出て行った事が一度もなかった。僕はこんな訓練を受けで将校になったが二次大戦がすぐ終わったので、その特恵をあまり受けることが出来なかった。

人間は食う動物だ

小仲台に行って僕等は先ず一ヶ月位食事問題で苦労を多くしなければ成らなかった。原隊に居る時には食物の種類は多くなかったが分量は充分だった。然し千葉に來ると原隊の食事の半分位しか呉れなかった。それで學生全部が朝から晩迄腹がすいて喘ぐのだった。その量は一年中變わらなかった。

不平をしたけれども何の効果もなかった。学校の幹部達が僕らに割り当てた食糧を密かに外部に売ると言う話が有ったけれども、それを確認する事は出来なかった。その時日本人は、特に軍隊では正直と忠誠を何時も叫んでいたのでそれを信じられなかった。

この学校でも食事を一日に三回したが、毎度食事当番が炊事場に行って、大きな桶に食物を内務班に持って来て、食卓の上にある容器に分配した。食事時間に成ると、学生達はどの容器に食物が少しでも余計にあるかと右往左往していた。僕はそう云う事は見た事がないので、人間がこう云うものかと嘆かざるを得なかったが、僕らも動物であると言う結論に達するのみだった。此れは僕が初めて見る事で驚くべき事だった。幸いにもその後こういうのは見たことがない。ところが一ヶ月位して耐える事が出來るようになった。結局人間はこう云うものなのかと肉身的人間を考えざるを得なかった。後から聞いた所に依れば、越南戰争中米軍と共に戦って居る越南軍人は、何かの作戰をする爲遠い所に徒歩で移動する時には、食糧を少量携帯して少なく食べると言う事だった。此れを聽いて初めて僕は肉身を極度に動かす時には食物を比較的に少なく食べにゃ成らんと言うのを知るようになった。然し千葉では体を多く使わない時にも食物をごく少量呉れた。副食も二、三種しか呉れなかっし、その量も勿論小さかった。肉あるいは魚は四、五日に一回しか呉れなかったが、それも多くなかった。

食物不足を知らないで育った僕は、此処に来で始めて人間には食物がどんなに重要であるかを経験を通じて切実に知るようになった。人間は食物のため働き、それが人間の経済活動の動機になると言うのも認識するようになった。そして経済学者達が戦争の主動機は経済的葛藤であると言うのを知る様になった。

お前は忠誠心が無い！

千葉では拳気合はなかったが、気合として普通当番の仕事をもっとさせるのだった。然し又他の気合が一つあった。僕らは原隊でのように剣道練習を時々して居た。その時剣道を良くする教官達が学生に気合を入れるのだった。気合を入れる教官達は背が高く剣道をよくする人々だった。その人達は剣道の規則を違反はしなかったが、竹刀で彼方此方酷く打って罰を与えるのだった。そんな教官の一人が西本大尉だった。

ある日剣道練習をして居るのに僕を相手にすると云って彼が僕の前に来た。僕は何も悪い事をしなかったので、気合を受けようとは思って居なかった。ところが少し後居る内に彼が僕に気合を入れようとして居るのが分かったが、避ける事が出来なかった。竹刀を振るいながら対話を少しした。この少尉が訓戒をし出した。

「お前は今國のために仕事をする時ではないか?」

「そうですが?」

「お前は何でも誠意を持って全力をせにゃ成らんじゃないか?」

「私は最善をして来だと思ってますが。」

「や? 最善が何か! 「僕が長い間お前を見て来たが、お前は何でも熱心にしないで、最少をしており、誠意が不足だ。」

「そうですか? 私は力を入れてして居るんですが。」

「お前は朝鮮の人だけど、日本軍の将校に成るのじゃないか!」

「それは知っています。私はそうして居ると思うんですが。」

「そうやって居るって? 僕はそう考えない!」

「そう考えられたら済みません。」

「それでは又言うが、何をやってももっと熱心に誠意を注いでせにゃいかん。」

「はい、努力します。」

「僕が見て居るから、よくせよ!」

「はい、はい!」

劒道をしながらこんな對話をしていた。彼は僕を懲戒すると言う意味で竹刀で彼方此方滅茶苦茶に毆った。何回も倒れて起きる時も彼は僕を酷く毆った。僕は原隊で金子候補生と劒道をしながら彼を酷く毆った事を思い出した。「斗でやって、升で受ける。」と言う俚諺も思い出した。又元山商業学校で見学を余り多くするので、佐野少尉から「面」を酷く殴られて頭がボ-ットしていたのを又思い出した。僕は人を害した事がないのに如何してこう云う困窮に落ちるのかと嘆くのみだった。それで僕は又僕の運命を又悲観し出した。そうとか言ってそれを捨てで新たな運命を打開するのも不可能だったので、憂鬱で悲しいだけだった。此れは人間社会に普通ある事かも知らんけれども、悲しい感情を消す事が出来なかった。

僕が「はい、はい」と言った時、僕は商業学校卒業班の五年生の時起こった事がさっと頭に浮かんで来た。僕はこの「はい、はい」を横田と云う先生に言って酷い目に合った事があった。ある日脚絆がゆるいのでそれを堅くするため朝礼に少し遅くなったのを、この先生が廊下で見て、「早く、早く!」と言ったので僕は何の考えもせず、「はい、はい!」と答えたのだった。朝礼の時は軍隊式の分列式が有ったので脚絆を巻かにゃ成らなかった。それも良く巻かないと卒業班の学生達は上級生が居ないので教官に気合を受けだ。朝礼が終わると横田先生が僕に自分の教務室に来いと言った。それで先生達が使う教務室に入って行った。彼は顔が蛸のようだったので学生達が「蛸」と言う綽名を付けてやった。僕はこの人が何で僕をその教務室に来いと云うのか理由も知らんで、その部屋に入って行った。僕が入るや否や、彼は僕が、「はい、はい!」と言ったと言って、僕が生意気だとか、自分を尊敬しないとか、言いながら詰責を始めた。僕は謝って、余り忙しかったので良く考えないで先生が「早く、早く!」と言ったので僕も「はい、はい!」と言ったと弁明をした。それでも彼は満足せず他の先生達が居るのにも僕を無謀に殴り始めた。それのみか僕は卒業班の学生だった。先生達は卒業班の學生は考慮をして彼らに手を出さなかった。僕は入隊前に學校の先生から殴られたのは此れが初めで最後であった。僕は非常に恥ずかしかったけれどもどう仕様も無かった。僕は唯それが終わる時迄待っていた。彼は終わってから僕の担任先生である鈴木先生に行けと言ったので其の先生に行った。僕は担任先生も僕を殴るのかと思って怖かったが、彼は僕に生意気に振る舞わないで先生に対する態度を直せと言った。僕は勿論そんな事をどの先生からも聞いた事がないので、聞くのが嫌かったが、唯静かに黙っていた。

この事が僕の頭に浮かんだ時、僕は西本大尉も横田先生のように僕が「はい、はい!」と言ったのを問題にしたら如何仕様かと心配をしたが、彼はそれを問題視しなかった。同じ言葉も二人の人に同じく聞こえなかったのである。然し西本大尉の氣合を受けてから彼方此方痛い所が有った。僕は商業學校と高等商業學校在学時に教練とか、武道とか、体育の科目は嫌いなので、そんな科目の成績が良くなかった。そのため僕の総合成績が勿論最優秀ではなかった。十位以内には入っていたが、そう云う科目の成績が良よかったら総合成績がもっと良かったであろう。入隊後僕のそのような気質が変わる筈がなかった。千葉でも落第しなければ良いと思って訓練を受けていたが、西本大尉がそれを看破して僕の生ぬるい態度を治そうとしたのだった。その後僕は西本大尉が怖くて少し努力をしたが、僕の信念を直す事は出来なかった。その後彼は僕に気合を入れはしなかったが、彼がいつも監視して居るようで、彼を全然無視する事は出来なかった。彼は僕を諦念したのかも知らんとも思っていた。然し僕の心気が良い筈が無かった。僕はどうしでこういう罰を受けねばならないのか? 僕は又も僕の変な運命に関しで思わざるをえなかった。僕の運に関して度々考えるけれども、どうして此れを変えるかと色々考えで見たけれども何も良いことを思い出すことが出来なく、又悲観に浸るだけだった。

千葉平野の朝鮮の老婆

九州の原隊に居る時には主によく構築された陣地で訓練をしたが、千葉に来ると理論を良く知って、一線に行って機具に何でも故障が生ずると修理をよくしなければならないと言って、基礎的な機械学と電気学を教えていた。それは如何にか習んだが、身体的にきついのは野外訓練だった。射光機と他の機具を貨物車に堆積して野外に行って、短時間内に臨時陣地を構築して戦闘準備をするのだった。此れが僕には非常にきつい作業だった。武器と器具を持って行かないで模擬訓練をする時もあったけれどもこう云うのが皆きつかった。それで野外に行ったら怠けようとしたけれども、それが出來なかった。今生々しく思い出すのはその貨物車の商標だった。それは「日産」だったが、その会社の製品が亜細亜大陸と、南洋各所の戦線で多く使われだであろうし、米軍に多くの損害を与えるのに貢献した筈である。それなのに戦争後二十年も過ぎないのにその製品が米国全域を走り出した。対米戦争に貢献したこの会社の製品が無数米国を走って居るとは! 世間の事は知らないけれども、誰がそれを予見しただろうか? 人間の事は不思議で、矛盾する事が多い。僕は千九百四十八年に留学生として米国に到着した時全国に広がっていた反日感情を記憶して居る。この米国人の反日感情は少し長く行った。それから日本に反米感情が少し長くあったそうだが、日米間の比較的早い和解には驚かざるを得ない。僕はそれで戦争は経済的理由で起こるのであると言うのを又考えるようになった。そうだったら、和解も経済的理由で出来るのであるから、それが早くなるのも当然だろうと思った。

或る日学校から少し離れて居る千葉平野に野外機動訓練をしに行った。その訓練は陣地を作るのに適当な場所を探索するのだった。たやすい科目だと思ったが、それも頭を色々使わにゃならず、適当な場所を探すのも容易い仕事でなかった。それも何回か繰り返さにゃ成らなかった。或る日此の任務を受けて、小隊の臨時指揮所から少し離れて居る所を行ったり来たりしながら地形を見回った。僕等は勿論それが好きだった。頭をよく使ったら、自由時間も少し出るし、地方人達と話をする時間が有るからであった。或る日こんな任務を持って、学生達がチームを作って各々違う地区に散って行った。その後報告を詳しくせにゃ成らんので、この仕事を終えるのに時間が掛かった。それでも時間が少し残ったので僕と日本学生の一人は田舎の見物をする事にした。見物と言っても荒野のような所だったので、見るべき物が別になかった。その後時間がまた少しあるので農家を一つ尋ねて行って休みもし、話もしてみる事にした。農民達は若い軍人を何時も親切に対して呉れた。時には食べ物も呉れたので学校でひもじく生活して居る僕らには此れ以上有難いプレゼントはなかった。

回って見ると少し小さな農家が一つ有ったので、入って行ったら年取ったお祖母さんが一人いた。

話を少し後見たが、どう見ても朝鮮の人のようなので尋ねてみたら、果然朝鮮最南端の慶尚南道から来た人であった。一緒だった日本学兵の諒解を得て朝鮮語で対話を少しして見た。その方は約四十年前から其処に来て住んでいると言った。良く見たら貧農の家のようで家の内には有るのも多くなかった。又家内には価値のある物は別になかった。僕が聞いた。

「お婆さんは此処が良いですか?」

「別に好きではないが、悪くもないです。」

「では如何してこう云う田舎に来て住んで居ますか?」

「では、どうする?」

「良くでも悪くでも、故郷が良くないですか?」

「僕らも度々考えて見たが、思う通りに成らんですよ?」

僕はその時その方の心情とか立場を理解する事は出来なかったが、僕が米国で長い間住んで居るので、他の国に長い間住んでから帰国して住むと言うのがごく難しい、と言うのを分かるようになった。

二つ以上の文化が身に染んで居る人を社会学では、「マージナルマン(MARGINAL MAN：縁の人)と言って、そう云う人は帰国して住もうとしでも適応するのが非常に難しいと言う事だった。移民して行った社会でも、其処の人達との意思疎通が二十五パーセント程度だけだと云うのだから不便が少なくないだろう。そうだからそう云う人達は移民社会で住むのも容易でなく、又故国に帰って住むのも容易くないと言う事である。このお婆さんは漠然と此れを感じて居るようだったが、僕が今米国に長い間住んで居るので理解が出来る。僕らの俚諺にも、「十年以上経ったら故郷に帰るな!」と言うのが有る。其処に一時間位居って告別の挨拶をして出て来たが、僕の心情が良くなかった。日本に来て会った朝鮮のお婆さんを再び会えないと考えると寂しい感もあったが、それも宿命に廻してしまった。その方は今故人になっただろうが、そう云う人が世界各所に居るだろうと思うと少し憂鬱になった。人間はそう動かないといかんし、それを招来する社会を悲しく考えざるを得なかった。

朝鮮候補生の死

ある日千葉高射砲学校在学中、驚くべきニュースを聞いた。事実その時一番衝撃を受けた事だった。

東京帝国大学在学中学兵に徴集されて来た朝鮮の学兵の一人が高射砲中隊にいたが、僕は照空隊所属なので彼に合う機会もなかった。日本人もその大学に行く事が非常に難しいと言っていたが、彼が其処に入ったと云うのは彼が抜群の秀才だったと言うのは言う迄もない。

その学兵が数ヶ月前千葉に来て訓練を受けて居る内、脳膜炎で数日間入院して居たが死んだと言う事だった。彼は体格もよく健康だったので急に死んだと云うのは理解が行かなかった。僕は日本人の誰かに殴られて死んだのではないかとも思ったが、彼は沈着で温和な人なのでそう云う理由がないと思った。

後から知ったが多くの人が集團生活をして居ると、そう云う事が時たま起こると云う事だった。然しどうしてそう云う事がこの秀才に起こるのであろうか? 戰爭の成り行きを見ると歸國も遠くないのに、唯犬死するとは實に嘆くべき事だった。

二、三日後葬儀式が有ったが、願う人は参席しても良いとの事だったので、僕の中隊からは僕だけが其処に行った。その儀式は軍隊式で簡単であった。彼の両親は遠くの朝鮮の最北端に近い咸興南道から来たがその悲哀を誰が敢えて推測出来ようか? 然し両親は日本人の前なので朝鮮式に大声を出しながら泣きはしなかった。唯静かに涙だけを流していた。どんなに嘆かしかっただろうか? 僕もよう知らぬ学兵だったが自然涙が出た。此れもまた僕を宿命論に追って行った。僕は僕の宿命を殆んど毎日考えるしかなかったが、何の慰めも受けないのにどうしようもなかった。止めようとしでも止めることが出来ないので悲哀を感ずるのみだった。

どうしだのか? 日本の政府!

日本人は日本と朝鮮で朝鮮の人を區別してないと言うのを一度も聞いた事がないから、本に厚かましい人達だった。彼らは今も色んな事で厚かましい。日本政府の厚かましいもう一つの良い例は梃身隊問題である。彼らは主に朝鮮で若い女の子を強制的に引張って行って、前線の日本将兵の性欲満足に使ったと言う証拠が続いて出て来るのにも、それを度外視しようとあらゆる努力をして来た。それに対する世界の圧力に絶えず、その犯罪を視認し謝罪するのに五年以上も掛かった。挺身隊は慰安婦とも言うが約二十万名もあると言う。それには多くの国の処女或いは非常に若い女子達が入って居るが、大部分が朝鮮の女だったと言う。高学年の初等学校の女学生か低学年の中等学生達が、日本警察とその傀儡達に引っ張って行かれたそうだから、学兵より何倍も苦しく悲惨な事情に落ちていただろうか? 今日本の総理が変な事を言っているが米国の議会でも彼を責めでいる。それで日本の議員四十名がワシントン。ポストで其れを大きく否認しで居るが実に厚かましい人達である。そんなに仮面を被って何の効果が有るか? 日本政府は天罰を受けでも足りない事をしたのに、その認識と謝罪を避けようとして、五年ももがいて来た政府だった。心中そうでない人も居ったそうだが、保守的で傲慢な自民党とそれを押す過激民族主義者達の責任は至大なものがある。戦争直後、挺身隊の存在が世界に暴露されるのを恐れて、その女達の多くを戦線で殺したそうだから、言語道断である。又生き残った隊員は解放後強制的に引張って行かれたのにも拘らず、恥ずかしくて千九百九十一年迄何も言わんで生きて来たと云う事である。その年に初めて一人、二人の女がそれを暴露した。韓国政府は此れを知らん筈がないが、その時迄此れを度外視した責任も大きいからそれを国民に謝罪し、その人達を援助しなければならない。「裕仁」天皇がそれを許可した勅令が最近発見されたそうだから驚くしかない。こう云うのを作った国家の首領が歴史上又有る筈がない。日本人は自分らの幼い娘達二十万がそんな窮地に落ちていたら、彼らの感情はどうだっただろうか。僕はその時日本に有る部隊に居たので此れに関しては全然知らなかったし、梃身隊を一人も会う事がなかったが、会っていたら僕は彼らを同族として非常に愛して居ただろう。此れは漸く世界にばれたが、何故国際機関は此れを積極的に討論して日本を懲戒しないのか知らない。こう云うのを度外視するか軽視するのも罪の一つである。それで僕はマッカーサア将軍を尊敬しない。彼は日本の天皇の地位を廃止するか懲戒もしないで、日本を優待したと言うのを忘れられないのである。

遂に日本政府は挺身隊員に補償をすると言いながら、民間団体を作り一般市民達から寄付金を集めて補償をすると云っていた。此れは何処迄も政府が関与しないで、彼らの責任を忌避する奸策に過ぎない。このため寄付する一般市民も多くないと言うことだから、彼らも此れは日本政府がすべき事だと思って居るかも知らん。その後僕は此れが如何云う風に決着したか知らない。

半世紀が過ぎて、日本社会党の一人が総理になって、二次大戦に犯した罪に対して謝ったけれども、

補償問題は釈然としない。朴正熙大統領が自分の政治資金を得るため、日本からほんの数億円程度受けて、対日補償問題を再び挙論しない事にしたそうだ。此れも愚かな事で、このため挺身隊補償問題も討論出来ないようになったそうだから、悲嘆至極である。又日本は経済大国として恥ずかしくないのかも知らん。この補償問題も保守的自民党は終始反対して来だし、又反対する民間人も多いと言うから実に厚かましい人達である。近頃日本の保守的主相安部が日本はこれに対する責任が無いとおかしいことを言っている。これを責める日本人もあるそうである。彼らはドイツと違って、本心から謝罪して適宜な補償をしないだろう。又日本がこんな破廉恥な態度で米国の経済を害したのを知らない人が多い。米国は長い間自由貿易政策を維持して居るが、日本は長い間自国貿易保護政策を固執していた。

日本には人類の揺藍地は日本であると、とんでもない事を信じて居る人が数百万もある島國である。

日本はこの極端民族主義を脱皮しないと深刻な問題で、民主國家の隊列に入る事が難しいだろう。彼らは此れは到底出来ない民族である。彼らは文明國とか先進國とか騒いで居るが、此れに相應する道を歩かにゃならん。日本は經濟的に、又技術的に發展したけれども、過去の過誤を固執して行ったら

文化國の資格もない。人口が多く富裕だと言うので眞實な文化國に成るのではないのは言う迄もない。

又日本は自國の歴史を昔から今迄書き直さにゃならん。僕が見たところでは日本政府と國民は二次大戰の前と、戰爭中の特徵だった狹い融通性のない意見と政策に埋まって居る。或る有名な米國の作家が日本はこの爲大國に成らんと云っていた。良い例は太平洋戰爭の時犯した國家的犯罪の自認と、謝罪と、補償に對して余りにも消極的で詭弁的姿勢である。

又世界の人達が知らない事実の一つは、二次大戦が終わる頃朝鮮出身の将兵を連合軍捕虜収容所の責任者に任命した事である。彼らは米軍が継続勝利するにつれで捕虜収容所の責任者達は終戦後戦犯として銃殺されるのを恐れて、朝鮮系将兵にその責任を渡してやったそうである。事實そう云う將兵は戦後連合軍戰犯法廷の判決を受けて銃殺されたそうだ。そのなかで有名なのは朝鮮出身の中將だったが、彼が捕虜收容所の總責任者だったので日本軍が予想した通り銃殺されてしまったそうだ。これに関しでは知っている人が非常に少ないようだが韓国は其の真相を究明すいる必要があると思う。

その反面、僕は勿論亜細亜戦争は日本の侵略に起因したのも知っていた。社会学は社会問題の総ては妥協のみで円満に解決出来ると云って居るのに、どうして人間はそれが何時も出来ないのか知る術がなかった。妥協のみで円満に解決出来ることがよく出來できないときが多いようである。これが人間社会であるのであろう。日本軍は多くの前線で僕等が予期していたのより早く後退しており、戦闘ごとに負けてと言うニュースも聞こえて来た。この情況だったら、米国と日本の実力差は歴々なのに、日本は何故降伏しないのか理解が行かなかった。親しくなると日本の兵士達も僕にそう云う話をした。僕はある日本兵士とはこう云う話を率直にする事が出来だ。勿論用心せにゃならん人も多いので気をつけて対話をした。後から知った事だが、日本は千九百四十五年六月から相互不侵略条約を締結するため交渉中だったソ連を通じて、天皇制度を除外して無条件降伏を交渉中だったと云う事だった。残念にもその時、僕等はそれを知る道理がなかった。

高射砲学校には高射砲、高射機関砲、高射機関銃などがあったが、学生達は訓練中と云う理由で一切戦闘参加をさせなかった。僕は勿論此れは嬉しかった。千葉には高射砲学校と他の予備士官学校と軍事施設があったが、そのどれでも米戦闘機を射撃すると機銃掃射を必然受けた事であろう。千葉では　高射砲学校の数百名の学生は訓練中なので、幸いにも西方から来た候補生は浜松の分校に疎開する迄爆撃とか機銃掃射を受けなかった。

浜松に疎開

僕らが約八ヶ月間訓練をした時、西部の部隊から來た學生は中部地方に疎開すると言う噂が回り始めた。米爆撃機と戰鬪機が頻繁に往來するので危險を感じてか、西部から來た學生は皆中部の東海岸にある浜松の分校に分散すると言って居た。それで一つの學校が爆撃を受けでも候補生を皆失わないと言う事だった。出來る限り後から必要な高射砲將校を確保すると言う計劃だった。それも一理があったが、僕らは彼らが何時迄突っ張るつもりかと思い、嘆いて溜息をつく日が続くだけだった。戦況がそんなに悪化したのにも拘らず、戦争を何時迄続けるつもりかと理解が行かなかったが、浜松に着いて約二ヵ月後知るようなった。彼らは僕らに最後の残虐作戦を教え、訓練をし初めだ。勿論こう云う訓練を受けながらも、彼らが如何して降伏しないのか焦れったかったが、これも僕らの運命に帰するのみだった。

斬壕

浜松高射砲学校の施設は千葉の本校より良くなかった。非常に簡素な校舎と内務班が僕らを待ってた。練兵場も千葉のようでなく、手入れもしてない草原だった。

この時米軍の爆撃が激しくなって日本各所に待避壕を掘っていた。前線では将兵が待避し、休み、戦闘準備をし、白兵戦をする所を「塹壕」或いは「散兵壕」と言ったが、日本の国内では此れを「待避壕」と言って居た。前に掘ったのは皆直線に掘ったので、爆弾が命中したら壕が直線なので、その中に居た人が皆死んだそうだ。壕が長いと被害者がもっと多かった。それで壕を屈曲形に掘らにゃならんと言って、僕らはそう云う壕を彼方此方に掘った。僕等は若かったけれども、それがきつい労動だった。既に掘った壕は埋めるのも惜しいので、その先端、あるいは中部から横に掘って屈曲形に作った。それで日本民間人の苦労も並大抵でないと云うのを体験を通じて知るようになった。戦争が終わらず米軍の日本本土の爆撃が激しくなるにつれて、待避壕がもっと重要になって、幸いにもその中の一つが僕の生命を救って呉れた。

米軍機の機銃掃射

浜松に行った時には、千葉に居た時のように米爆撃機と戰闘機が自由自在に奇襲して来た。彼らは晝にきて爆撃をするか、機銃掃射をして去った。戰闘機はもっと頻繁に來て地上の裝備と陣地に機銃掃射をした。それらの出發地は日本列島の南部を往來する米艦艇と云うのは推測されるが、それらが一定の方向から來て一定の方向に去らないので、それに對する對策を立てる事が出來なく、よく待避する事も出來なかった。然しそれが日本の降伏と、白衣民族の解放と、僕らの安全歸國が近いと云う信號のようで、僕は心中非常に嬉しかった。爆彈が下りて來る時は大きな音より神經を裂くような鋭い音をもっと注意せろと云った。そう云う音は爆彈がごく近い所に落ちる時に聞こえる音だと云ったが、それが本當だと云うのを後で体験した。地上に居る人は機銃掃射が有る時はどうしようもなかった。低空を飛んで行きながら、何時でも地上に対して箒で掃くように、何十メーターを縦に或いは横の方を射撃するので、避ける時間が別に無かった。僕等は昼には爆撃は受けなかったが、練兵場で頻繁に機銃掃射を受けた。直ぐ近く待避壕があれば其処に走って入り、それがない時は唯地上に臥して念仏をするしかなかった*。僕はその時クリスチアンでもなかった。誰でも僕の宗教は何かと尋ねると、寺によく行きもしないし仏経も知らないくせに仏教徒だと言い、何か急な事があるとごく短い念仏を繰り返していた。それで宗教と云うよりも、急な事があると心理的に何でも維持して慰めを受けるのが必要だったのだ。その短い念仏を何度繰り返すと気分が良くなるから、心理的慰安を多く受けてたのである。

艦砲絨緞射撃と熱い砲弾

その後まもなく夜半に非常警報が鳴った。この時の非常警報は米軍機が來るのを云うのだったが、晩中に來るのが可笑しいと考えながら、急いで待避壕に走って入った。然し約十分間静かだったので、僕等は待避壕の上に出て座っていたが、何が起こって居るのか知らなかった。遠い浜松市の火は皆消えで、僕らの學校の周圍もごく暗かった。少し後、米軍機数機のプロペラの音が遠くから聞こえて來た。それらは浜松地区の四隅に照明弾を上げて何処かに消えて行った。大した事でもないのに非情警報が可笑しいと思ったが、直ぐそうでないと云うのを知るようになった。一生見た事もない驚くべき事が僕らの眼前に展開したのである。僕はそう云う事が日本の本土に有ろうとは夢にも考えなかった。太平洋の方から非常に大きい艦砲が射撃をする大きな音が聞こえて、僕らの頭の上を射光を引きながら砲弾が浜松の北の方に飛んで行って爆破し出した。その爆発音が格別に大きかった。爆彈は二十、三十分間皆北の方に行くので、僕等は安心していた。然しその砲弾が火光を引きながら飛んで行くのと、その爆発する音をよく聞いてから、僕等は驚かざるを得なかった。

その時推測した事だが、その砲弾は浜松の南方に近く来た米軍艦が艦砲射撃をして居るのだった。

又僕らが新聞雑誌で読んで良く知って居る絨緞射撃をして居るのではないか! 僕等はそれを一番恐れていた。それは飛行機がする絨緞射撃とは違って居たのである。飛行機がする時は昼するか、夜にしでも射光機の射光に捕まれてするため、艦砲射撃とは全く違う。艦砲絨毯射撃をする時には砲弾が一つの隅から他の隅に、継続何の抵抗もなくごく大きい砲弾で射撃するので、この差異が人達をもっと不安にし、恐怖を与えるのだった。事実人達は此れを一番恐れるしかなかった。

この時には日本のレーダーは完成出來でなかったので、夜半には神風特攻機とか他の飛行機が米軍艦を攻撃する事も出來ず、事実その晩には日本の飛行機は一つも見えなかった。僕等は唯静かに座って運命を待つだけだった。運が悪かったらその砲弾か破片に当たって死に、運が良かったら当たらないで生き残るのだった。それで、時たま聞いて知るようになった念仏が自然に出て来た。僕だけがそうではなく、周囲の日本の学生達も念仏を上げただろうが、僕と違うのは彼らの念仏は僕のより多く長かっただろう。それは日本列島に対して行った最初の絨緞射撃であった。幸運と云うと可笑しいが、僕はどうして北九州でも日本に最初になされた米軍の大空襲を目撃し、又此処に来て日本に最初にされる艦砲射撃、それも絨緞射撃を見る事が出来るのか? その反面その砲弾に当たって犬死をするのではないかと、僕の奇異な運命を嘆かざるを得なかった。時間がどれ位経ったか知らんが、砲弾をついて行く火の線と砲弾の破裂音が段々僕らの学校に近くなって来た。僕等は早く退避壕の中に入って一限に蹲って、爆音が近くなるのを聞きながら、簡単な念仏を繰り返していた。僕の入った壕には二名の日本学兵がいたが、暗いので彼らの表情をみる事も出来ず、死線に置かれて居る僕らは話を掛ける勇気もなかった。

爆音は段々大きくなって僕らの方に近づいで来た。数分後、俄かに耳が裂けるようで、天地が開闢するような破裂音が右の方に鳴った。僕の体が数センチ上に跳ぶのじゃないか! 体が跳ぶ? 此れは嘘のようだが経験しない人は信じられない事だろう。僕は日本に来て本当に犬死をするなと総てを諦念して、最後を直面する運命感を感じざるを得なかった。そして懐かしくもない死の使者を待つように、次の砲弾の落ちるのを待つしかなった。僕は最悪を期待していたが、次の事に又大きく驚いた。僕と一緒に同じ壕内にいた日本の学兵達も同じ事だっただろう。如何したのか、その大きな爆音が僕らに近くなったので、次の砲弾は僕らにごく近い所か、或いは僕らの壕の直ぐ上に落ちると思っていたが、少し後殆ど同じ程度の爆音が僕らの左側に鳴った。僕等は溜息をついて、「ああ、生きたな、良かった!」と言いながら、僕らが死線を無事に通過したのを喜ばざるを得なかった。僕は念仏のお陰を蒙ったと思ったが、その後知ったところでは、他の所で数百名の犠牲者が出たと云う事だった。彼らも念仏を多く上げたのだろうから、僕が生きたのも念仏のお蔭でもないと思うように成った。暫くして僕等は土龍のように退避壕から潜り出た。周圍は暗く、少しずつ遠くなって行く爆音しか何も聞こえなかった。空には星が彼方此方に見え、歴史的大事變が起こって居るのにも無心に見下げて居る様でもあり、又この悲慘な戰況を批判する爲見下げて居るようでもあった。

「おう、神よ、神がいらせられたら如何してこう云う惨劇を許しますか? 砲弾が幾ら的中して、人名と資産の損傷は幾らですか? 日本が犯した罪の罰を受けて居るだろうけれども、どうして罪のない百姓達が死ぬのですか? 然し僕を助けて命を取って行かなかったのは感謝します。こう云う歴史的慘劇を僕のような者に目撃させるのも人間の運命の一つですか? 神がいらせられたら非常に不思議な事です。如何して人間は貴重な人命と資産を犧牲して、こう云う戰争をしなければ成らんですか?」

僕は瞬時こう云う考えをしながら壕の上に少し座って居た。直ぐ硫黄のような臭いが鼻を突き始めた。暗い所でよく見えないが、右側に小さい普通学校の運動場ほど大きく、数十尺も深い穴が掘れてあり、其処で弾けた砲弾の臭いが大変だった。僕は地獄がこう云うのかと考えながら、暗いけれどもそれを俄然と見下ろしていた。それを見て居る内に色んな考えが頭を摺って行った。

僕らが入っていた壕の上には破片が数個落ちていた。行って見たらそれらはごく大きく、触れてみたら熱かった。その破片の一方は平たかったが、他の一方は千切れて刀の刃のように鋭かった。他の学兵達はそれらを唯見て触れてみただけで兵舎に帰ったが、僕は感傷的なので一番小さいのを拾って、内務班に持って帰って背嚢に入れて置いた。それは背嚢の半分以上を占めたので除隊の時、それを捨てでしまった。それが少し小さく軽かったら、それを今迄僕の居室の中に置いて、怖くて難しかったその日を度々思い出して居る事であろう。幸いに僕らが千九百四十五年八月初旬に浜松を発つ時迄艦砲射撃は又と無かった。然し他の数箇所に艦砲射撃があった。とにかく其処には艦砲射撃は又無かったが、散発的機銃掃射と軽爆撃機の爆撃は千九百四十五年八月十五日の日本降伏迄続いた。これで僕は非常に苦しんだけれども同情する人はいなかった。

日本軍最後の殘虐作戰

千九百四十四年十月、マッカーサー将軍は彼がフイリッピンで負けて去る時約束したように大軍を率いて其処に帰還し、千九百四十五年初その列島を征服した。同年四月には米軍は沖縄に上陸した。この頃終戰を管理する任務を負ったと思われる鈴木内閣が日本に組まれた。

千九百四十五年六月二十二日に沖縄が陥落した。状況が此れ迄悪くなったので、日本は降伏三ヶ月前からソ連を通じて降伏を交渉していたが、僕等はそれを知る筈もなかった。然し表面上何故日本が降伏しないのか、その理由をこの頃知るようになった。彼らは最後の残虐作戦を計画していた。その後間もなく彼らは広島と長崎に落ちた原子爆弾のため降伏したが、僕はそれを口実にして言うのではない。その時、新聞と他のメデイアを見でも、日本が講和会議で少しても利点を得るために必要な些細な勝利を得る事も不可能だった。

彼らは予備士官學校に居る僕らに、最後の殘虐作戰に關する敎育と訓練を猛烈にし初めた。此の作戰は此れを考案した軍部と政府の要員のみが知るだろうと思った。その作戰の大要は次のようである。

一。米軍は東京湾東北の海岸と九州東側の日向海岸に上陸する。此れが第一戦線になりこの戦闘に

二。日本は全飛行隊を動員するけれども、米軍は上陸を敢行する。

三。これに対して海岸に高射砲隊を第一線に配置する。此れは第一波に来る米航空機を邀撃する為である。

四。そして米軍が上陸する前、軍艦を先ず破壊せねばならんが、それは高射砲が高速に飛行する飛行機を撃破出来るから、軍艦を撃沈するのは容易い。それだから第一線に配置する。

五。この戦闘が夜間に展開する可能性が大きく、その時には照空隊が必要だから照空隊も海岸第一線に配置する。

六。この作戦で日本軍が負けたら、日本軍は近い山岳地帯に後退して熾烈な山岳戦を展開する。此処で敵に回復出来ない打撃を与えて、勝戦体制を再確立る。

七。九州と東京地方の山岳戦で敗すると、本州の中部の高い山岳地帯に後退する。それに全日本軍を動員し、この戦闘では絶対敗しない。

此れは最後の殘虐作戰であるのは明らかで、又一理のある作戦だった。然し僕には大きな苦脳が始まった。僕は日本軍がその前に降伏し、日本に居る朝鮮の將兵には手も付けず無事に歸國させると思ったが、此れが何事か?　こう云う作戰はほんに意外で、此れに依れば高射砲隊と照空隊が第一線に配置されるのじゃないか!。僕は此れを聞いて氣絶して、心中叫ばざるを得なかった。

「此れがなんと云う気違いな事か? 僕らが第一線に行って最初の犠牲になるとは!」この苦悩は日本候補生の顔にも歴々と読む事だ出来だ。ところが一人も抗議する人は居なかったし、それは抗議をしでも何の所用もないと云うのを知って居たからだった。僕等は浜松の学校でこの訓練を二ヶ月位受けたが、他の訓練と違うところが無なかった。違うといえば目標が飛行機になったり軍艦になったりするだけだった。軍艦は高度も低く飛行機より速度も遅いのでその訓練は難しくなかった。僕等はこの訓練を終えて卒業したが、その数日後投下された原子爆弾のため、日本軍はその作戦を敢行出来ず、僕らの数週間の苦悩と訓練も幸いに無用になった。無用になったと言ってそれを残念に思うのではない。とにかく僕らの苦悩は原子爆弾が天地開闢のように歴史上に現れる迄、過酷に継続した。

高射砲学校を卒業

僕等は惜しい成年の一年を千葉と浜松の高射砲学校で苦労をしながら送っ

た。後から知ったが、朝鮮の人の中でも南洋に行って死んだ人も居り、又煉獄での様な苦労をしながらやっと命を拾ったと言う人も多かったが、それに比べると僕は運が良かったと思った。それでも僕は絨毯砲撃とか機銃射撃のため死線を迷ったのを看過する事は出来ない。然し僕はその時、そう云うのよりもその苦々しい訓練が終わったのが、実に嬉しく酷い苦労から開放されたような気分になった。

卒業の時、僕等は地獄をやっと逃れたと言う気分で、見習士官になり、曹長の階級章の横に座金を付けた。此れを付けた人達は将校の待遇を受けた。そして安っぽく作った腰に付ける日本刀を一つ受けた。率直に言ってその時の気分は悪くなかった。下士官も皆服従するので候補生の時とは全然違っていた。僕は付き上がった気分より、僕も日本人と競えると言う気分と、此れからは戦闘がない以上、安易な生活が出来ると云うのが一番良かった。僕らが見習士官になると、学校で教官を補助して僕らを悩ませた下士官達の態度も一変し、僕らに敬礼をせねばならなかった。

卒業式のようなのが有ったが、誰が何を言うのか関心もなかった。僕のみか皆がそう云う様だった。

日本軍の経験のある人は良く知るだろうが、軍隊内では愛国とか国に対する忠誠とかと云うような話は教範に有るの以外は、別に言いもしないし強調もしなかった。将兵は毎日安易で食物があれば満足で、横における人を助ける必要があれば助けるのが全部だった。一線で戦う将兵を長い間研究したアメリカの学者の一人もこう云った。即ち、兵士は戦闘を愛国心でするのでなく、自分の生命の維持と戦友を裏切らないため、熱心に戦うそうである。此れは僕が経験した日本軍でも同じだった。みな人間だから一線に行った人達の心理が東西を問わず違う筈がないだろう。

大阪駅で一晩

浜松高射砲学校の卒業生はみな西部地方の部隊から派遣された学兵で、九州から来た人も多かった。下関付近から来た僕等は皆一つの軍用車に乗った。僕等は車内で皆解放された気分で、歓談もし車内を行ったり来たりしていた。勿論朝鮮の学兵はごく少数で、日本学兵の間に挟まれていたが、彼らと胸を開いで話す事は出来なかった。日本学生は朝鮮系が少ないためか介意もせず、色んな事を話し、心の底にある事も時たま出て来た。彼らは日本が漸次後退して居り到底勝利するのは難しいだろうと言っていた。然し彼らは戦後の事に関しては何の話もなかった。彼らも僕も米軍が勝戦すれば、日本を如何待遇するのかを予見する事が出来なかった。僕等は民間の学校と部隊で教育を受ける時、米国人は皆毛唐で性格が野蛮的だと云う洗脳教育を受けていたので、前途を非常に恐れていた。僕も帰国前に米軍に捉れて死刑にも処されるのじゃないかと云う考え迄して、恐れがないのでもなかった。

列車が昼間に大阪に着いた。それが如何してか知らんが、汽車がいつ迄も出発しなかった。二時間、三時間、どうしでも発たなかった。それかと云って誰も来てその理由を説明して呉れなかった。学生達が次の民間車に行って聞いてみでも誰も知らなかった。四時間、五時間、長い時間が経っても何の消息もなかった。晩遅くなって遂に、大阪駅で晩を過ごすと言う指令が下りた。どう云う訳かも知らんで、車間の不便なところで寝ようとしたが眠られる筈がなかった。殆ど夜明け迄雑談をして疲れ果てて目を少し瞑った。その後何時間もしない内に汽車が動く音で目が覚めた。皆起きでぶつぶつ言ったが事情を知る事は出来なかった。約一時間後引率する将校が入って来て、俄かに何かの事故があって汽車が何時も行く山陽線を行かず、迂回して山陰線を行くと云った。

その時も今も朝鮮が歴史的に言って来た「東海」を、日本人は「日本海」と呼んで居た。朝鮮では「東海」と云うそれが大韓半島とロシアと日本の三個国を接して居るから、「東海」と云うのも、又「日本海」と云うのも余り一方的である。二、三世紀前にも英国、フランス、イタリア等の地図には、皆それを「朝鮮海」と記して居る。日本は明治(一八六八−一九一二)初期迄そう言っていた。然し彼らは日露戦争に勝ってから「日本海」と呼び出しだし、千九百十九年の日韓合邦後それを公式な名称にしてしまった。その後千九百二十八年日本の要求に従って国際連盟は此れを承認した。僕等は今この名称を変えにゃならん。朝鮮海もそれが三加国を接し居る以上反対が多いだろう。それは朝鮮の東に有るけれども、露西亜の南にあり日本の西方にあるから問題である。だから「平和大海」とかそれに似た名称が良いようだ。とにかく僕は山陰の方に行ってみた事がないので、どう云う理由か知らんが汽車がその方に迂回して行くと云うから、心中「良いな!」と思いながら氣分が良かった。

見たかった出雲

出雲山は日本の建国の神話と関連して出て来る著名な山で、又その地方の名も出雲である。日本の神話記録としては一番古く有名な「古事記：七一二」と又同じ類の「日本書記:七二0」があるが、それには日本創造期に或る神が出雲に降臨して日本建国に多く貢献したと云って居る。少し可笑しいのは古事紀は「日本書紀」より日本建国が六百年も後に成ったと記して居る。

とにかく僕のみでなく、色んな本を見ると、各国は建国の時、神が自国に降臨したのを東洋各国で多く信じで居り、僕は現実的解釈をして居る。考古学者、人類学者、それから人種学者も僕が考えて居るのを裏付けして居る。古来朝鮮から日本に多くの人達が渡来し、出雲にも彼等が渡来したのである。多くの東北亜細亜の神話は、自分の国の建国者が空から高い山に降りて、木の横に立つか或いは降臨後自分の横に木を植えて、空に祭物を捧げたと言って居る。それで日本の神話も又この類型を従って居るが、それは古代人が満洲地方から大韓半島を経て日本に渡ったからであろう。古代朝鮮は今の満洲地方も含んでいたが、ある人達は彼らの一部は日本のすぐ北にある樺太と北海道を経て日本の一番大きい島の本州に至ったと云って居る。又面白いのは日本の最初の王と云う「神武」も日本の本州でなく、その西南にある九州の西北に降りたと云う事に成って居る。

又、出雲地方に降臨した人は空から降りて来た人でもなく朝鮮の壮士で、彼と共に朝鮮の人達が海を越えて其処迄渡って來て、近隣を征服して落ちついだのだと解釈する人も多い。僕も勿論この説を支持する。今も多くの書籍を見れば見るほど、そうだと云う信念が強くなる。考古学的にも、言語学的にも、人類学的にも、亜細亜の騎馬民族が古来朝鮮から日本の西部に渡って、東方に向かって行った言うのが明白に証明されて居る。又日本と云う「ヒノモト」も朝鮮語の同じ意味の「ヘエミツ」と云う言葉に起源したと言う人が多いが、僕も此れを支持する。多くの学者達、特に韓国と欧米の学者達は、日本民族の北来説を主張する。歴史的に朝鮮と中国の歴史家は事実のみを記録すると云う伝統があり、それを固守して来た。その爲歴史を歪曲仕様とした王の爲破廉恥な死に逢った殉職家も有った。こう云う人達が「蒙古(1二-一三世紀)秘史」、「清朝(一六三六-一1九一一)記録」、「李朝(一三九二-一九一0)実録」のような貴重な歴史の記録を残し日本の政府と或る歴史家達が公然と歴史を歪曲するのとは全然違う。参考的に言うと、清國は朝鮮の親族である満洲族が約三世紀間中国を支配した時を言い、その最後の皇帝は映画を通じて世界的に有名になった「The Last Emperor(最後の皇帝)」だった。清朝は高級官吏を「タレン(大人)」と称し、特に満洲系官吏を「マンダレン(満大人)」と云っていたが、それが近世に英語の「Mandarin」になり、清朝の官吏を意味するのである。此れは今英語では主に「標準中国語」と云う意味に使われて居る。それでも或る国粋主義的日本人は今も人類はバベル塔の周囲で起源しないで、日本の奈良で起源したと言って居り、今それを宗教化して布教迄して居るのが実情である。多くの日本学者が朝鮮に関する偏見が多いので、朝鮮が日本の建国にどれほど寄与したかを知らんか、忘れたか、或いは度外視して日本の文物を中国或いは南洋と連結するか、朝鮮を無視するか、或いは沈黙してしまう。こう云う人達が彼らは世界の指導者になると騒いで居るのだから嘆くべきである。勿論例外がないのでもない。例えば江上教授の北方騎馬民族渡來說とか、二十年余も日本の起源に関して研究をして本を書いた邦光史朗のような人である。彼らの本は客観的で良く書いだので、僕らが読む価値がある。近頃、二千年に渡っての朝鮮と日本の密接な関係を書いた本が日本に何冊出て居るが、これらから習うことが非常に多い。

大韓半島と日本の関係に関して良識のない事を言う主導者は日本の文部省である。この日本政府の機関は全国の初等学校と中等学校で使う教科書を管掌して居るが、日本の優越性を必要以上に仮装し、自国の建国を始めてその後の歴史、特に近世彼らが亜細亜の諸国に侵入して数億の人を殺傷し、莫大なる貴重な資産を破壊した事実を隠すか、酷い事にはそれを美化して居るのである。こう云う人達を二十、二十一世紀に見ると云うのは悲しい限りである。日本は島国だからそう云う人がもっと多いかも知らんが、韓国にもそう云う人があると云うのは理解が行かない。此れは千九百五十二年に書いた本に伝えた朝鮮の伝説神話だが、此のため数万名の韓国人が毎年其処を巡礼するのである。この山が僕らの祖先の降臨地だと南韓、北鮮の学生達に教えるので、こう云う事が起こるのである。ところが僕らと日本の違いは、僕等は歴史を故意に歪曲はしないが、日本の一部の有名な人達が歴史を故意に歪曲して、彼らが犯したアジア諸国の侵略を、それらの国のためにしたのであると美化して居る程度だが、どの国が彼らの軍隊を招待し歓迎したか! 日本は此れを良く考える必要がある。僕は出雲に僕らの祖先が渡って行って定着し、その氏族達が結局日本の王族になったと信ずる。再び言うけれども日本の研究家邦光史郎は此れを支持する。日本政府は古代の日本の天皇の陵を発掘し出したが、古代朝鮮の物品が多く出て来るので、その作業を中止してしまった。日本の天皇の陵を皆発掘したら、古代の日本の支配層が多く朝鮮から渡って來たと云うのを火を見る様に証明するのだから、日本の爲政者達がそれを継続する筈がない。日本の書籍の大部分は天皇族が出雲にある神を接触して日本　の建国に参与させたとだけ言って居る。そして出雲にあった神達は大韓半島から渡って來たと言う人が多くない。列車が出雲地方に入って行った。夏で暑かったけれども天氣の非常に良い日だった。夏だからそうだろうが山と野原が青く、風景が朝鮮よりは少し違うけれどもごく美かしかった。誰かが出雲山だと指摘してくれた山が遠く神秘的に立って居た。列車が遂に出雲駅に着いた。その駅で汽車は約二十分ほど停車して居た。食品が多くない時だったが、果実と菓子を売って居る女達もいた。又出雲の美女の評判は日本人は誰もがよく知って居る事である。僕は彼女らは朝鮮族に近い後裔だからそうだと長い間考えていた。それで僕の彼女らに闕する好奇心は當然強かった。

汽車に乗ったり降りたりする女達がいたので、僕は好奇心を持って彼らを良く見た。其処の婦人会の夫人達が出て来て、僕ら軍人を慰問する意味で僕らにお茶を付いて呉れて、菓子も少しずつ呉れたので有難く受けて食べた。僕は其処の女子達を良く見て心中評価をして見た。僕が日本で多くの地方を旅行してみたけれども、果然其処に綺麗で美しい女達が一番多い所のようだった。韓国の女とは少し違いながらも美しい女が多かった。僕は心中その女達は朝鮮の血が多く混じって居るからそうだろうと云う結論に達していた。又それが事実と遠くないと今迄信じて居る。血が混ざっている女達が美しいと言う学者達が世界に多いのは注目すべきである。

僕に死ねと言うのか?

その駅で新しい光景と風景を楽しんで居るのに、俄かに汽車の中にいた日本学兵の一人が大きな声で怒鳴るのが聞こえた。彼は婦人会の一人の夫人に、殺しもするように叫んで居だ。

「おい、僕に死ねと言うのか?」

すると白い襷をしていた夫人がじたじたしながら頭を下げて、

「どうも済みません、許してください。あんまり人が多いので。」

と云いながら腰を何十度も曲げて謝っていた。勿論僕はどう云う訳かも知らず好奇心をどうする事も出来なかった。然し車内は騒がしくて直ぐ聞いてみる事も出来なかった。列車が出発するや、横におる日本の学兵にどうした事かと聞いた。彼は短く言った。

「あ、その女が左の手でお茶をあれに付いたのだ。」

「それがどうして悪い?」

「それも知らんか?」

「僕はよう知らん。」

「日本では死んだ人だけに左の手でお茶を付くよ。それでもそれが駄目だと思う人達が居るよ。」

「然し、彼あまりだったね。」

「そう云う人が居るから、どう仕様?」

「あの婦人が可哀相だった。」

「僕もそう思った。あの学生あまりした。」

それで風俗と信仰は実に怖いものだと又深刻に感ずるようになった。この世の中に悪い信仰とか迷信が多いんだが、そのため無数な生命を殺戮した例が人間歴史上どんなに多い事か? 今も或る人達は自分らは半神と言って信じろと言い、それを信じない人を殺戮するか、或いは奴隷社会のような収容所に囲む所があるではないか。それも二十、二十一世紀の文明と文化の中で! 僕ら人間は古代に比べて精神的に進歩していないのが明らかである。僕が通って居た京城高等商業学校の倫理學の学年末試験の題目が二つあったが、その一つは、「二十世紀の人類はギリシャ時代より進歩したか?」と云うのだった。此れは教授が講義もしてない題目だったので、僕等は當惑した。ところが僕は此れを難しく考えなかった。僕の答えを簡單に言うと、

「人類は物質的には多く発展したけれども、精神的には発展したのが一つも無い。」

と言うのだった。此れを説明するのに時間は掛かったが苦労はしなかった。その教授はこの答えを好きだったのか一番良い点数を呉れた。おそらく彼も同じ事を考えて居たのだろう。ギリシャ時代の後に無数の殺戮戦と革命戦があって、数億の人名を滅消したから人間の残忍性は動物より悪いではないか。人間は動物より次元が少し上かも知らんが、質は動物より悪いかも知らん。動物は同族を殺すのが多くないが、人間が歴史上数十億に達する人間を殺戮したから、僕らが動物より優るのがあるだろうか?

僕は出雲で目撃したその婦人会の夫人の事を時たま考えてみる。僕ら愚か

な人間を誰が動物性から救って呉れるであろうか? 二十、二十一世紀に、欧米を含んで多くの国家の首席が国事と私事処理に関して巫女と相議したそうだから、この日本の学兵と違うところがあるだろうか? 僕は此れを知って非常に驚き、人間性を悲観せざるを得なかった。

非常に奇怪な爆弾が落ちた!

約二十分後汽車は出雲駅を発った。見たかった出雲地方を少しでも見、朝鮮後裔の美人達も多く見て、僕としては山陰線に回って来たのは大きな収穫だったと思った。その地方を又見たいのは勿論だが、戦争後日本を訪問しながらも、其処迄行く機会がなかったのを非常に遺憾に考えて居る。

僕らの軍用車間に民間人が数人入って来たが、座敷がないので皆立って居た。彼らは、「廣島に一昨日奇怪な米軍の爆弾だ落ちたそうだ。今迄見た事もない　非常に奇怪で、非常に大きい爆弾だそうです。非常に恐ろしい爆弾だそうです。」

と「非常に」を繰り返しながら話して居た。僕らはもっと詳しい事を知ろうとしたけれども、それ以上知って居る人は居なかった。他の人は知らんけれども、僕は戦争の終末が近くなったのを感ずるような気がした。民間人と見習士官達は皆士気が沈んでいた。その姿は哀れでもあった。約半時間後僕等は想像も出来ない奇怪な爆彈が廣島と長崎を殆ど破壊したと云う噂を聞いた。僕等は二つの爆彈がその二つの市の大部分を破壞し、数万名を殺したと云うのを聞いて驚愕し、末世が來たのでないかと恐れた。廣島は文化都市でもなく、其處には日本軍の西部司令部があるので爆擊したのではないかと想像をしていた。

米軍が日本を爆擊する時文化都市と看做される都市は避けたと云う事だった。とにかく此れは人類歴史上初めで現れた原子爆弾と云うのを後から知ったが、それは十万以上の人を殺しその二つの市の九十八パ-セントを破壊し、その後負傷のため三十万名余が死んだと云う。どんなに恐ろしい爆弾か? それは千九百四十五年八月五日に投下された。僕等は勿論驚かざるを得なかった。数十万名を一時に殺傷出来る爆弾を製作するとは! 然しその時この爆弾が僕を始めて数百万の人命を救った事は考えも出来なかった。そのため戦争が速く終わり、日本の最後の残虐作戦が流産したのだからそう考えるしかなかった。人類の歴史を書き直すこの事変を、僕等はその時詳しく知る術がなかった。僕はその時もそうだったし、今もそのような武器が出て来たのは人類の大きな悲劇だと思って居る。日本の敗戦を願ったけれども、悪い爲政者のため民間人が大きな被害を受けて居るのを見るか、或いは聞くと、悲観する心を隱す事が出來なかった。良い爲政者も居るのに、どうして東條の様な者が獨裁者になって、罪のない日本の國民を初め、多くの國の百姓數百万ずつを殺戮し犧牲にしようとは! 神様も無心であると考えるように成った。それかと云って、僕は日本人が毎年廣島でして居る事は賛成出来ない。彼らは広島の惨事を記憶して宣伝するため、毎年島の都心に大きな塔を設け、世界各国の名士達を招待して、日本は必要もない屈辱と被害を受けたと、全世界にテレビとラジオを通じて宣伝し同情を求めて居る。此れは勿論大きな惨事だったが、それが何百万の日本人と米国人の生命を助けたと云うのを知って居る人が多くない。特に日本人は此れを知っでも認めようとしない。この爆彈のため、日本は最後の殘虐作戰を放棄し無條件降伏をする樣になった。この作戦を敢行したら數百万の人名が犧牲になっただろうと専門家達は言って居る。日本人はそんなのは論じもせず、廣島の被害だけを宣伝する。

支那の南京を侵攻した時、日本軍を指揮していた司令官が日本軍は五十万名の支那人を殺したと云ったのに、日本政府はそれを十万名だったと欺瞞し、廣島を大々的に宣伝しながら、此れに関しては一言もしない。また二次大戰の時、各國で彼らの爲に死んだ一億位の人達に關しては一言もしないで、彼らが各國に侵攻したのはその國々のためにしたのだと詭弁を弄する人が居るではないか! 朝鮮で半世紀の間日本の官憲と彼らの傀儡の爲に犧牲になった數百万は、どうして度外視するのか? 上でも言ったが、最近發見した文書によると、千九百四十五年八月十八日に朝鮮の各層の指導者と知識人を皆殺戮する計画をしていたと云う事である。そうしたら、僕も死の使者を合った事である! 原爆がその後投下されて居たら至大な惨事が朝鮮半島にもう一度あったであろう。お神様がそれはお許ししなかった。とにかく日本は千九百五十五年の夏、その首相がやっと謝罪の意を一言したけれども、賠償に関しては一言もなかった。賠償を幾らしでも彼らが及ぼした被害を補償する事は不可能であろう。然し此れを看過してはならない。此処で原爆が現れず、日本が最後の残虐作戦を敢行してたら如何なっただろうかと言う事を僕が日本の高射砲学校で受けた訓練と、又僕が米国に来てから知った情報を参照してみようと思って研究してみた。マッカ-サ-将軍は米軍を日本の二つの海岸に上陸させる計画をしていた。一つは千九百四十五年十一月一日に敢行する九州の東海岸にある日向の上陸作戦だった。この作戦には七十七万の兵力と三個艦隊を投入する計画だった。此れはオリンピック作戦と言ったが、彼は又コロネット作戦も計画していた。此れは千九百四十六年三月一日に東京湾東部の千葉海岸に約百万の兵力を上陸させて東京に進撃する作戦だった。日本は前にも言ったように、どうしてこの二つの作戦を探知したのか知らんが、此れに対する防衛作戦を計画して関連のある指導者達を訓練していたから、日本軍はこの作戦に少なくとも米軍以上の兵力を動員した事であろう。

米軍はこの二つの作戦を敢行した時の軍民の犠牲を八百万余と予測し、米軍の犠牲を十万と推測していたと云う。此れが廣島と長崎の何十万の犠牲で予測していた約九百万の犠牲が救助されたのである。日本も原爆を作っていたが、ウラニュム-二三五が無くて成功出来なかった。成功してたら米本土か太平洋の米軍基地にそれを躊躇しないで使ったであろう。日本は又風船で運ぶ殺人細菌を研究していたが、人達はこう云うのに関しては何も言わないで居る。アメリカと世界は今も世界の最高侵略者だった日本が、恰も被害者だったと云う奸計に騙されて居る様だ。又トル-マン米大統領が廣島と長崎の原爆投下を裁可したのを非難する人達は、日本が密かにソ連と講和を探っていたのに、何故そうしたのかと主張する。然し彼らは日本が最後残虐作戦を計画しながら講和の話をして居たと云うのを知らんで居る。日本の講和使節の言葉を信ずる歐米人がいたか疑う處である。又ソ連との交渉は裏面でして居たので、知って居る人が別になかった。

朕は神でない!

僕等は下關を無事に通過して九州に入り、各自の原連隊に向かって散々散って行った。然し僕らが基本訓練を受けながら新兵生活をした原中隊には派遣されなかった。原中隊に帰ったら色んな面白くな　い事が起こるのは火を見るようだった。僕は同じ連隊の同じ大隊の違う中隊に配属されて、若松から遠く離れて居る名もない野原の中の丘に展開した中隊に行くようになった。

小倉で小さい船を乗って小さい灣を越えにゃならんが、其處で同じ中隊に行く黑田と云う高射砲學校の卒業生に会って同行*するようになった。彼の性格は闊達で良いようだった。湾を越えると新しく行く中隊から下士官一人が案内者として来て居た。

僕等は挨拶をして歩き始めた。その時はガソリンが黃金より稀な時で、中隊に自動車も一つも無く何処に行っても歩るかにゃならなかった。又その田舎にバスがある筈も無く、タクシ-もなかった。日は良く晴れて、散歩するのに良く、僕等はあれこれ話しながら歩いて行った。然し八月の夏の日は非常に熱かった。

僕らが歩く間、僕らを案内する下士官が中隊長に関して話して呉れた。彼は北鮮の平壤商業の卒業生で性格の良い人だと云った。僕等はそれは幸いだと思った。少し行ったら人家は別に無く、水田と畑の間にある道に入って行った。それでも道はそう狭くなく、木と草が相当茂って青い左右の夏の風景は、僕らの心を温和にしてくれた。その田園的風景の中に農家が幾つずつ集まって居る小さな村が彼方此方にあった。

約半里ほど行って余り熱いので何処かで少し休む事にした。ところが其処には木も無く日光を避ける事が出来る所もなかったので、済まないが農家に入って休もうと合意して道に近い農家の一つに入って行った。五十が少し過ぎた夫婦が出て来て、僕らに日本式に何回も深い敬礼をして、丁重ながら親切に対してくれた。僕らも三、四回丁寧に挨拶をして、床のような所に座って休み始めた。

そのお婆さんは日本人が四節熱かろうが、寒かろうが飲むように、お茶を持って出て来た。ところが可笑しい事に、その主人が紐をずるずる引きながらラジオを持って来て聞かして呉れた。そして、

「少し後天皇陛下が何か重要な発表をされるそうです。」

と言った。僕等は驚いた。僕は自動的に、

「天皇が直接お話する時がありますか?」

と聞いた。僕は「陛下」と言う敬語を付けるのも忘れていた。韓国の絶対尊敬法は尊敬する人が面前に居ろうが無かろうが、敬語を使わにゃならんのである。日本の尊敬法は間接尊敬法なので、面前におる人には敬語を使うけれども、面前に居らん人に関しては敬語を使わなくでも好いのである。それでそう云う癖が出たのである。それでも例外に皇族に関してはそうしてはいけないのだが、その時それに神經を使う景況でもなかった。又それを責める人もなかったので幸いだった。

黒田が、「そう云う事がないが、何か大きな事が有るのかな?」

と言った。僕が又言った。「さあ、変ですね、天皇が直接ラジオに出て来てお話をする?　僕は聞いた事が無いですが。」事実、元山市で学校に通って居る時、天皇の写真を奉安展に安置した後にも、毎日東方遥拝をさせたが、一遍も天皇の声を聞かせてくれた事はなかった。歴史上人間を神化した社会がどんなに多く、彼らが皆人間だと言うのが暴露されて、人間の様に殺された人がどんなに多い事か? この愚かな事を最も解明したと言う二十、二十一世紀に敢行して居るとは、人間が愚かな存在であるのは昔も今も変わりがない。ラジオを少し聞いて居ると、特別放送があると言って、厳粛で静かな声が出て来だした。「現人神」と言って日本人が奉る日本の天皇のお声だった。内容も人間が作ったのに過ぎなかった。「朕は…」から始まって約五分ぐらい続いたが、その内容があまりにも衝撃的だった。僕だけでなく日本と全朝鮮を驚愕させたであろう。僕等は日本が敗戦するとは思っていたが、裕仁天皇陛下が直接ラジオを通じて降伏を宣言するとは寸時も考えでなかった。事態があまりにも深刻なので、天皇陛下が傳統を破って臣民に直接お話する事に決定したのかも知らん。僕が今でも記憶して居るその内容は大概、

「朕は神ではない。此れ以上百姓を犠牲する事が出来ないので、日本は降服するしかない。将来皆努力して良い国に修復しましょう。」

と言う事だった。その時天皇陛下が自分をさして「朕」と言われた時、僕はアマチュア式の語源解釈をしていた。朝鮮語に勿論「チム(朕)」と言う言葉があるが、僕はそれは朝鮮語の普通の「ジョ(私)」あるいは「ジョン(私は)」と語源が同じだと考えたかった。特に天皇陛下が朝鮮系だったらそうだと　思った。漢字の「朕」が日本語では「チン」で、それが漢字から来たと言うが、果たしてそうだろうか? 僕はその後言語学を専攻したけれども、此れに関しては研究する機会がなかった。

天皇陛下が又、「朕は神ではない。」と言われる時、僕は、「勿論神でない。」と心中叫んだ。参考的に言うと千九百四十六年に天皇陛下は神格を失ったが、米占領軍がそうしたのだろう。今も彼を半神の様に信ずる人が比較的多いと云うのだから、 変な事であると思わざるを得ない。僕の周圍の人達は何も言わんで、下を見たり、空を見たりして居た。僕としてはこんなに嬉しい瞬間はないような氣がした。身体検査が丙一種だった時も天を突くような氣分だったが、この時はその數倍のような氣がした。「僕が運が良くて死なないで家に歸る様になったなあ!」と言う考えで胸が一杯だったけれども日本人の前で踊る事も出來ず、仕方なく僞善者の様に僕も默々として彼方此方

を唖然として見ながら、　座わって居るしかなかった。勿論、彼らが恐ろしいのでそうするのでなく、人間として彼らの前でそうするしかなかった。偽善者の役割も容易でないと言う事を体験したけれども、その時の気分は非常にぎこちなかった。僕がそのように座って居たけれども、　彼らは僕が心中喜んで居るのを知って居たであろう。然し彼らは何も言わなかった。又何が言えたであろうか?

数日前迄日本の最終残虐作戦の訓練を受けながら悲観し、嘆いたじゃないか? その作戦を敢行したら、僕を含んで数十万或いは数百万の人命を失う事だっただろう。それなのに僕等は俄かに天皇陛下の降伏宣言を聞いたじゃないか! 特に歴史的勅語と勅令は絶対であった。誰もそれを違える事も出来ず反問も出来なかった。それでもこんなに重要な事はアジアの侵攻を初めて、挺身隊の創設に至る迄、皆御前會議で決定したそうだから、降伏の宣言も其処で決定したと信ずる。百姓に長い間、日本軍は歴史上百戦百勝して敗戦した事がないと教育して来たので、一般人の衝撃は言う迄もなく大きかった。

とにかく僕は天国に会ったような氣がした。僕が身体検査の結果丙一種になって学兵に行かないと歓喜の絶頂に登っていたが、何週間もしないで内に丙一種も徴集すると言う通知を受けて、絶望の塗炭に落ちていた。今はその反対に数日も経たない内に絶望から歓喜の絶頂に登ろうとは!、僕の運命も奇妙だと又感じざるを得なかった。僕は米軍の鋼鉄のため死ぬと言う苦悶から救われた。今は絶望から喜びの絶頂に登っていだから、どんなに好い事で感謝すべき事か? 僕はその時仏教の、「樂後苦-苦後樂」と言う循環公理を少しアマチュア式に考えて見たけれども、僕が前世の罪の罰を現世で受けて居るとは考えられなかった。この時もこう云うのを少し考えたが、総てを運命に廻すのが精一杯だった。

然し少し後から、敗戰した日本が朝鮮の若者を無事に歸すかと云う新しい心配をし出して、上の循環説の樣、僕の今の歡喜が又塗炭に落ちるのではないかと考える樣になったが、そうでないように、誰にするのか知らんが祈るしかなかった。それでも僕は生きて歸國すると言う希望と決意を再び固めた。後から知ったが朝鮮系の兵士と慰安婦達が多く南洋で日本兵士の手で殺されたと言う事を聞いた。それだから僕がこう考えるのも無理ではなかった。僕等はその農家で話も多くしないで、天皇陛下の宣言が終わって少し座って居てから、簡単に感謝の挨拶をして其処を出た。三人は別に話もしないで默々と中隊迄約二時間程歩いで行った。中隊に到着したら全中隊が喪家のようだった。

見習士官の生活

中隊に到着してみると新しく見る所なので、地域が大きく、氣分がごく違う所だった。僕らが到着した時には中隊では日課は皆終わって居たけれども、中隊長は未だ歸家していなかった。挨拶をすると、威嚴を保ちながら仕事を良くせよというだけ言った。敗戰して軍隊が解散直前にあるのに、何の激勵と注意事項が必要だろうか? 僕は中隊長が彼は平壤商業学校出身であると僕に言うと思ったが、それは口にも

出さなかった。考えてみると、それもそうだろうと思った。僕は高等商業学校を仮卒業して入隊したから、彼が僕より教育では僕に落ちて居るのだから、それを僕に暴露する必要はなかった。

僕は中隊に朝鮮兵士が居るかと聞くと、ただ数名居るとだけ言った。何故か彼は朝鮮の兵士に関して話したくない様なので、それ以上聞かなかった。その後、彼らは良くして居ると云う話を聞いて少し安心した。僕はその中隊に一ヶ月位おる間、お互いに忙しく、日本人の目もあるので、その人達と度々会う事が出来なかった。

見習士官も将校待遇を受けるので、「居室」と言う部屋を一つ呉れて、専属当番も一人呉れた。居室は中隊事務室の一隈に位置していた。当番は内務班で眠りながら朝晩来て、僕の食事、清掃その他の用事を見てくれた。僕は帰国前なので何でも無事に処理する決心をして、この当番にも親切に対し、用事も容易いのだけをさせた。僕は原中隊におる時、当番達が自分の将校か先任下士官を嫌うと、食物にふけを混ぜてやると言う噂を聞いていたので、当番をもっとよくしてやった。日本の現在の軍隊と朝鮮の軍隊にもこう云う悪い習慣があるのか知らない。それのみか、他の人を虐待するのは僕の気質でないので、帰国前に良くない事をしたくなかった。

僕は帰国前、内地の日本人達が朝鮮の人をどんなに取り扱うかを知りたかった。僕等は日本軍人と一般人に囲まれて居るから、何か悪い事があるかも知らんと云う感もしたし、僕らに暴行をしたらそれを避ける事も出来ないと思っていた。それで僕はそう云う事があったら、独りでも殺すと言う覚悟を堅くして、日本刀を必ず腰につけて通い、晩にはそれを僕の藁布団のすぐ横に置いて寝た。幸いに帰国する迄それを使う必要がなかった。結局日本人も皆良い人間だった。

敗戦はしたが日本軍は米軍が上陸した後、相談して適当な時日に解散する

と言っていた。それで兵士達は唯遊ばすと軍規が紊乱になると云うので、朝には二時間位徒歩訓練をして、午後には兵器清掃をさせた。部隊長は米軍に清潔な武器を渡さにゃならんと言って、毎日午後、兵器を清掃し磨くようにした。この課程が退屈なのは勿論の事で問題だった。

どの部隊も同じだっだろうが、田舎の丘にある僕らの部隊の衛兵勤務も、従前のようにしなければならなかった。此れは兵士達何名が衛兵所の後の部屋で休むか寝ながら、交代に衛兵所の前に出て勤務をするのだった。軍隊解散直前にも日本國内でこれをしていた。

見習士官が兵士達から殴られた

ある日黒田見習士官の頬が膨れており、目も青く膨れていて、誰かに殴られたようだった。彼にどうしたのかと聞いて見たが何の話も無かった。何日か経って当番に静かに聞くと、兵士達が黒田が嫌いので、彼を晩に外に引っ張って行って袋叩きにしたそうだった。その後そう云う噂も聞こえて来た。僕が原隊に居る時袋叩きに逢った時、戦友が助けて呉れたのでそんなに酷くは殴られなかったが、愛する人達の間で育った僕には悲惨な経験だった。黒田もその経験が衝撃的で教訓的だっただろうと思う。黒田がどうして兵士に憎まれたかは知らなかったが、一つの噂が僕の耳に伝えられた。前にも言ったように、敗戦後、日本国内でも中隊では衛兵を立てて居た。黒田と僕は見習士官だったので、中隊長から衛兵勤務を監督せよと言う命令を受けていた。衛兵三名が衛兵所の前の方に立って出入する人を監視していた。将校が過ぎて行ったら、「敬礼!」と叫びながら一列に立って軍隊式に敬禮をせねばならなかった。僕ら将校は頻繁に視察をしないで、時たま行って形式的にどうして居るのかを見ていた。僕は衛兵所を巡察する時には、わざと遠くから日本刀を振るって音を立でながら接近して行った。すると眠たくていい加減にしていた衛兵達が、生気になって敬禮をすると、「ご苦労さん!」と言って帰って来た。ところが黒田は性格は悪くなかったが、如何した事か、衛兵所を視察する時には、音をしないように刀を握って静かに接近して、居眠りをして居る衛兵を掴かんんで、氣合を入れたそうである。任務を善く果たそうとしたかも知らんが、僕が考えでも余りだった。特にその時は日本軍隊の解散直前だった。あれこれ彼は兵士の憎みを買って袋叩きにされだようだった。

僕は日本軍隊にこう云う事が有ろうとは考えも出來なかった。こう云う軍隊だから一線では朝鮮系の兵士をどれだけ殺しただろうかとハット思った。僕は又日本人はこう云う人達であるから帰国迄注意して、僕とか他の朝鮮の人を害しようとすれば、一人でも殺すと言う覚悟を堅くしていた。前と違って今度は保護する人に他の同胞も含んでいた。再び言うが、日本人は内地で朝鮮兵を一人も害しなかった。勿論此れは非常に有難かった。日本の一般人は皆良い人達だと再度思うようになった。人間の三パ-セント位は悪い性格があるというのを聞いたがそれが本当だろうか? それだから人間は有史上他の人間を殺戮して來きたのでないか。よく考えで見ると僕らの人間性を残念に思う時が多い。

お前は不動の姿勢で三十分間立っておれ!

新中隊に到着後一週間位は何の事も無く良く過ごしたが、遂に事件が一つ起こった。表面的には皆僕を日本将校と同じく対して呉れたが、遂に不快な事が起こってしまった。僕が中隊に来る時には、高射砲学校で着ていた被服と日本刀だけを持って来たので、被服庫から被服と寝具を受けなけれ成らなかった。ところが当番を送ると、きっと中古品を呉れた。然し日本将校の当番を送ると必ず新しいものを呉れると言うのを聞いていた。それで當番に聞いた。

「お前はどうして被服庫に行くと古いのだけ持って来るのか?」

「いいえ、私がするのでありません。」

「それじゃ、誰がするのか?」

「被服下士官です。」

「それじゃ、彼が他の将校にも古いのをやるのか?」

「いいや、そうはしないようです。」

「それじゃ、お前はそれを知っでも黙っていたのか?」

「いいえ、抗議しましたが …」

「分かった、僕が知って処理する。」

その翌日の朝、兵士達が訓練をする時間に當番を送って被服下士官を中隊の事務室に來るように命じた。然しその時間、兵士訓練はみな下士官達がして、將校達は事務室か居室にいた。被服下士官も兵士訓練に参与しないので直ぐ事務室に来た。僕は中隊長を始めて他の人達も皆聞くように大きな声で叫んだ。敗戦したのに今僕を何処に送るだろうかと云う考えも有って勇敢に成ったのだから、僕も野卑だなあとも考えた。然し僕は怒っていたし、仕返しもしたいので、野卑であろうがなかろうが、中隊の皆が知らにゃならんと云う考えが支配的だった。

「お前が被服下士官か?」

「はい、そうです。」

「お前が僕の当番にやった物を皆記憶して居るか?」

「はい、知ってます。」

「皆中古品じゃないか?」

「その時そう云うのだけ有りませんでした。」

「では、お前は他の将校に中古品を上げた事があるか?」

「有りません。」

「では、僕の当番が行った時だけ、新しいのがなかったと云うのか?」

「何故かそうなりました。」

「お前は僕が朝鮮の人だからそうしたんだろう?」

「それじゃありません。」

「僕はそう考える。」

「……」

「お前は下士官でも悪い奴だから罰を受けにゃならん!」

「……」

「お前はこの事務室の真ん中に不動の姿勢で三十分間少しも動かないで立って居れ!」

こう云う罰を軍曹にやったのは僕しかないかも知らん。それでも僕はそう命じて、少し見てから外に出で一回りして歸って來て見たら、彼は命じた通り眞っ直ぐ立っていだ。僕は何も云わないで居室に入って本を讀み出した。三十分が過ぎた。僕は彼がどうするかを見るためその侭ほって置いた。又約三十分が過ぎて出て見たら、彼はその侭立って居た。彼は事務室で六十分も立って居るので九月だが顔が汗で覆われていた。又事務室の壁に時計が掛かって居るから、一時間が過ぎたのも知らない筈がなかった。僕に來て時間が過ぎたと言うのが嫌だったのだ。それを証明する事も出來なかったので、又其れで差別問題を又擧論する事も出來なかった。又もっと長く立たせたくもないので、皆聞くように大聲で、「以後そんな事するな! もう、行け!」と言って、僕の居室に帰って来た。
僕はその後中隊でどんな話をするのかと神経を使ったが、皆その被服下士官が悪いと考えたのか、中隊長以下誰もそれに関して話す人はなかった。僕に呉れた物を当番にやって戻したら、今度は皆新しいのを呉れたので僕の気分がよかった。彼が僕の当番にさせて、僕の食物にふけを入れないのを望んだけれども、それを確認する事は出来なかった。幸いに僕はその後長い間病気に掛からなかった。

日本農家の招待

黒田見習士官がある日の午後、僕に、
「君、僕と一緒に夕御飯をしに出よう。」
と言いながら招いだ。僕は彼が何を企んで居るのかとも考えながら聞いた。
「僕が行ってもいいの?」
「そう。」
「今晩?」
「そう。」
「分かった、然し…」
僕等は年も同じく、同じ高射砲学校を卒業したので敬語を使わなかった。
「僕が中隊長の許可を得たよ。」
「それは良い考えだが。」
事實この時期、将校か兵士達が晩に許可を得て中隊に居なくでも良い時だったから、将校が晩に外出するのは難しくなかった。僕は好奇心があって聞いた。
「どこに行くの?」
「僕が少し知って居る人が招待した。」
「僕迄行ってもいいの?」
「僕一人で行くのもどうかと思って、お前も連れて行くと云っといだ。」
「それじゃ、何か持って行かにゃ。」

「それは僕がするから、心配するな。ところが其処に女学生が一人居る。卒業班の女学生だ。」

それでようやく氣が付いた。どうしてその家が黑田を知るようになったかは知らんが、黑田に娘を合わせるのに黑田だけを招待するのも露骨的なので、朝鮮の見習士官を見るのも兼ねて招いだようだった。僕は中産級日本の農家をよく見る機會だと思って、快諾した。日本軍人達は大概平服を持って居なかった。外出するか帰家する時には軍服を着た。規則と言うよりそれが慣習であった。その晩早く清潔な軍服を着でよく磨いた日本刀を腰につけて、黑田を追って中隊を出て行った。約一時間歩いで平地にある一つの農家に至った。その周囲には家も多くなく、家の構造も豪農ではないが、中農として良い家のようだった。その家の主人は電話はなかったが、僕らが到着する時間を知って居たようだった。出て来て日本式に数回腰を深く曲げて丁寧に挨拶をして、彼の祖先の牌を二つ奉じている床の間に案内した。その部屋は簡素で綺麗だった。勿論僕らも彼に深く敬礼をした。

僕はその家の構造が他の地方の家と同じか違うか、相当好奇心が大きかった。そうかと云って僕が日本農家の内部を多く見たのでもないので、僕の意見が間違いが無いとは思わなかったが、比較はして見たかった。其の家は大部分の農家の様に一階の屋根の下に寢室が三つあって、馬屋と、小さい倉庫もあった。寢室の壁は朝鮮では堅い壁になっているが、日本では障子を貼って圍っていた。床の間は千葉のお婆さんの家と同じだったが、もっと良いものが有った。床はオンドルでなく何インチか厚い畳だった。それは三、四インチ位厚いので、夏には上がって来る湿気を防ぎ、冬には寒気が上がって来るのを防ぐために作ったのかも知らん。日本の湿気は朝鮮の二倍だそうだからそうかも知らない。此処で付け加えると「たたみ」と言う言葉も朝鮮系と云うが面白い事である。とにかく、こう云う部屋は、台所で火を炊いで煙突に熱を送る大韓半島のオンドル(溫突)とは全然違う。僕らのオンドルは今欧米で好きな、電気か水で部屋の床を暖かくする「RADIANT HEATING SYSTEM (レイデイエント、ヒ-テイング、システム)」の先駆だと見る事も出来るだろう。日本は木が多く、又古来朝鮮から多くの人達が渡って行ったのにどうしてオンドルを模倣しなかったのか知らん。畳は南洋か南アジアの何処から由来したのだろう。その床の間の眞ん中には圍爐裏と云うのが有った。此れは床の表面を五尺位の四方形に、それから二尺位深く掘って、彼らが何時も飲むお茶を沸かす時か、或いは暖房用に使う。其処には炭を炊くが、囲炉裏を長い間使うと天井が黒くなっているので、僕は奇異な印象を受けた。日本の古い農家は部屋に天井が無く、下から屋根迄何もないようである。僕が後で知ったのには、床の暖炉は石器時代に東北アジアでも使ったと云うが、今は其処にはそう云う風習があるかは知らない。そういう風俗が無くなる筈が無い。此れは南方でも使ったであろうし、今も彼方此方で使って居るかも知らん。とにかくこんな家の構造は南方式で、大陸式ではない。日本の神社の前に立てる鳥居は名前はアルタイ系だが、その構造は南洋式で、大陸式ではないようである。それで僕は日本人は或る程度南方の血を持って居ると信ずるようになった。勿論歴史的王族とか昔の指導層にいた日本人は大陸系民族だと結論を付けていたが、それは今も変わらない。

又、後から知ったが、日本の家族制度は合邦式と云って、南方と欧米で使って居る風俗と同じで、大陸式ではない。即ち、上には曾祖以上は無く、そのほかは皆おじさんで、下のほうも曾孫で留まって居る。ところが朝鮮の制度は中国式を模倣したので階級制と云う。曾祖父の上にも何寸(親等)の曾祖さんとか階級が多いし、下の方は曾孫の下にも何寸の孫とか云って又階級が多い。

僕らが床の間で約二十分間話をして居るのに、主婦が夕御飯を日本式によく作って、小さな食卓の上に置いて持って来た。日本は一人の前に小さい食卓を一つずつ置く様である。戦中で食糧が不足して、一般民間人は苦労を多くして居る時だった。然しその家は農家のためか、添え料理も多く良くして出しで来た。主人と黒田はあれこれ話をしながら、時たま僕に話を掛けた。僕は彼らの話を聞きながら食事をよくしていた。それは勿論軍隊の食事より非常に美味しかった。

少しの後、その家の娘さんが出て来た。背が高くも無く、低くも無く、顔付きもちょっと見ると朝鮮の娘のような印象を呉れた。北九州には古来朝鮮から多くの人が渡って来たのだから、それもそうだろうと思った。此れを反対するのは、恰もアングロサクソン族が西欧の北の方から英国に渡って行ったのを否認するようなものである。

黒田は南洋から來たような風采だったから良い對照だった。父がその娘に僕らに挨拶をさせて言った。

「お客さん達にお酒を一杯上げなさい!」

その女学生は、「はい、お父さん。」と言って御酒をついで呉れた。僕はその時迄、酒屋の女中以外には女から酒を受けた事がないので当惑したが有難く受けて飲んだ。黒田は気分が非常に良いようだった。その娘と少し話をしたが、彼女は恥ずかしそうに装っていたけれども、すべき話は皆謙遜に良く

した。彼女は僕らに酒は唯一杯だけ付いて、僕等は勿論彼女に盃を返さなかった。少し後その父が、

「お前の部屋に帰れよ。」と言ってその娘を部屋から出した。僕はその後その家に又行かなかったが、黒田は何回か行っただろうし、その後何かの因縁が有って、その娘と結婚をしたかも知らんが、それを確認する事は出来ない。

此れが日本の家庭に招待されて食事をした僕の唯一な経験だった。日本人は社交をする時、どんなに親しくでも何時も礼儀を正しく守る人達である。此れは僕らが学ばにゃならない事である。僕らの祖先が古来日本に多く渡って行ったのに、その二つの社会がどうしてそんなに違うのかと考える様になった。地政学を良く知らない僕は、人間は新環境によく順応する動物で、公式でも非公式でも教育がどんなに重要であるかを感ずるようになった。父母の教育が学校の教育より人間を作るのにもっと重要でないかと考えるようにもなった。

貴様は日本軍人であるのに何故逃げたか?

或る日、僕の居室の上の方でなんか騒がしい聲が聞こえて來た。一体何が起こって居るのかと思って、その方の小さい練兵場に上がって見ると、兵士達が一列に並んで居て、その前に上等兵が一人立っていた。彼を下士官二人が無慈悲に殴って居るのだった。少し近く行って、彼らがその上等兵を殴りながら言って居るのをよく聞いてみた。

「僕等は敗戦したけれども、貴様も日本軍人だ!」

「はい!」

「それなのに逃げる? 直ぐ軍隊が解散するかも知らんのに、それ迄待てん?」

「済みません。」

「こら、　僕らが負けでも矜持は持って居らにゃ成らん!」

「はい!」

「貴様のような奴が居るから日本軍が負けたのだ!」

「済みません。」

「君は罰を受けにやならん」

敗戦の報復を彼にするのか、あれこれ言いながら彼を酷く毆っていた。その横に白井少尉が立って居るので、僕が止める事も出來なくて、唯見ていた。どうして彼が逃げたか僕は知る筈も無く、又どういう風にして捕まれたかも知りたかったが、それを僕に言ってくれる人も無く、又それを日本の兵士に聞きたくもなかった。又彼らが僕に経緯を詳しく話して呉れるのも期待出来なかったのである。

「解散する軍隊でも矜持を持たにゃいかん。」と言うのを聞いて僕は驚かざるを得なかった。彼らがこう云う精神と、姿勢と、伝統があると、再び見なければならない民族で、又どうにでも近い内に復興する民族だから、驚くべき民族でもあるとも思った。

今、日本は世界屈指の経済国として浮上し、軍備にも多額の金を使いながら世界舞台に登ろうとして居る。又千九百九十年代には日本には保守思想が膨張しており、朝鮮と米国を軽視する思潮も無視出来ない程度に成りつつあると言う。又閣僚の半分以上が軍國主義の象徴である靖國神社を参拝して居るから、この時僕が受けた印象が正しいと見るしかない。靖國神社は主に戰死した軍人達の魂を安置した所であるが、戰犯も含まれて居るので、大阪の法廷では公職員がそこに參拜するのは違憲だと二度も云って居る。とにかく西欧で注意すべき人達はドイツの国粋主義者で、アジアでは日本の軍国主義者であると云える。約二千年前、西欧の一人の碩学が、歴史は反復すると言ったから、こう云う人達は警戒すべきである。近い内に愛国心を表示するため日本の閣僚が皆靖國神社に参拝するであろう。千九百五十五年に日本の首相が大東亞戰爭を美化する話をして居るし、靖国神社を参拝しながら強い日本を標榜して居るから、又東條の樣な者が出て來るのではないかと嘆かざるを得ない。

アメリカのテレビは毎年の春、アメリカの首都ワシントンに櫻花を見に群がって来る人達を見せて呉れる。ところがこの桜の木は、数十年前日本がアメリカに贈り物したのである。その原木は東京にあるが、二次大戦の時その木の子孫があまりにも美しくワシントンで咲いて居るので、東京にあるその原木を皆切ってしまったのである。日本は戦争後ワシントンの桜の木の枝を切って持って帰って植えた。日本内にも桜の木が無数有るのに、どうしてワシントンにある桜の木の枝を切って行ったのか? それは米占領軍に諂らうためにした事だろう。僕はこう云う事が又と無いのを祈る。僕としては日本人がそういう事をするのはとても考えられないことであった。朝鮮ではそういう事は考えられない。

朝鮮の人も見習士官になるの?

或る日曜日、僕等は休暇を貰って中隊を出た。他の将校達は彼らの計画があって、僕は一人で歩き回るようになった。僕は若松市に行って、前に逢った朝鮮の女中が居る食堂に行ってみようと思ってその方に行った。前に逢った女中が居たが、彼女は驚いで、「朝鮮の人も見習士官になるの?」と云いながら歓迎して呉れた。昼食をして居る時、他のお客が居らんので、彼女が何処かに行って来ると言って出て行こうとした。僕は市街の見物をすると言って其処を出て行こうとしたら、

「二時間ぐらい見物して此処にきっと帰って下さい。」と云いながら、僕に自分の食堂に帰って来いと強く言った。僕は特別に何の約束も無く、する事もないので、そうすると言って其処を出た。若松は大きな都市でもないので、市内も大きくなかった。主に書店幾つかに寄ってから、ウィンド-、ショピンもしながら、約二時間を費やした。少し早いけれども夕食時間に成ったので、そのまま中隊に帰ろうかと思ったが、その女中の強い願いを考えて、其処に行って挨拶をして中隊に帰ろうとした。その食堂に行ったら彼女は仕事が終わったのか、外出の準備をして居た。そして僕に一緒に出て行こうと誘った。女と一緒に歩いたのも二年も前の事なので、何處か知らんが一緒に出て行く事にした。ところが海邊とか食堂のような所でもなく、狭い小道を彼方此方回って、一つの小屋のような家に案内した。入ってみたら多くの男達がその庭園に集まって座っており、女達は忙しく食事準備をしていた。勿論皆朝鮮の人達だった。僕は嬉しく、彼らも僕に會うのが嬉しいようだった。そして、「朝鮮の人も見習士官になるの?」と前にその女中がした質問を繰り返したが、皆慶尚道弁だった。後から知ったが彼らは皆朝鮮最南の慶尚南道出身だった。然し其処で長く話したくはあったが、中隊の食事時間になったので挨拶をして出て行こうとしたら、それでなかった。その集会と食事準備が皆僕のためにするのだった。彼らは皆朝鮮の人の将校は始めて見て驚いたようだった。僕自身も高射砲学校を卒業する時迄、朝鮮の将校を見た事が無かった。その時ようやく、隣の朝鮮の人達が僕のために俄か宴会を準備して居るのを知って、感激しざるを得なかった。有難い事に、その食堂の女中が何処かにちょっと行って来ると言って出て行ったがその間に家に行って隣の人達とこの宴会を準備する相談をしていたのである。僕が何でこんな歓待を受けにゃならんか、それから僕が彼らのために何をしてやる事が

出来るか、と云う考えも頭を擦って行った。*とにかくそれを避ける事は出来なかった。

僕は感動して、感謝の心に満ちていた。日本に来て「朝鮮人」と言われて、冷遇を受けて居るこの人達! それを考えながら彼らを又見ると嘆かざるを得なかった。それで其処から逃げる訳にも成らなかった。彼らを僕の両眼で見ながら、彼らが良い故郷を捨てて、何が良いので日本に来て労働とか雑事をしながら、虐待を受けて居るのかと考えると、気の毒で仕方が無かった。彼らはなぜ日本に住んで居るのかと思わざるを得なかった。

印度には UNTOUCHABLES(アンタッチャブルヅ)と言う不觸賤民、或いは最下層賤民と云う待遇を受けて居る人達が居るが、他の人達は彼らを非常に冷遇し接触を避けて居る。二十、二十一世紀にもそう云う社會があると言うのは、信ずる事も難しく、驚くべき事である。或る年、アメリカのミシガン大學の夏季大学に行って居る時、インドから來た教授の一人と寄宿舎で同じ部屋を使っていた。僕等は色んな話をして討論もしたが、僕は彼からインドのカスト(CASTE)と云う最低階級に關しでも多く習った。彼は進歩的、民主的思想家だと言いながら、彼は自分の娘を不觸賤民の男の子と結婚は絶對にさせないと言った。彼は機會があれば牛肉を食べていた。インドではタブー(禁忌)であるのに何故肉を食べるかと聞くと、彼はインドの牛だけが神聖であると云った。それから彼はインドに行ったら、牛肉を幾らでも食べる事が出來る食堂が人達によく見えない所に多いと云った。僕は勿論そう云う社會は詭弁的で、又そう云う矛盾的風習は二十世紀の冒瀆であると彼に言ったけれども、インドの文化と傳統がそれを合理化し、正當化出來ると云っていた。

この日本に居る憐れむべき朝鮮の人達は、日本の社会からインドの不觸賤民のような待遇を数世紀受けて来たのである。日本は六世紀に百濟から佛教を受けた。その後日本の佛教は急激に成長し續けで、今迄佛教が盛大な國なので、「エタ(屠殺者)」と云う人達を不觸選民の樣に取扱って來た。日本はインドのようでなく、歴史的に肉食をして来た人達の国だから、彼らがもっと詭弁的かも知らん。そう云う社会だから朝鮮の人を「エタ」の様に冷遇するのも難しく無かろう。然しそれが人間的でないのは言う迄もない。二十世紀にはそう云うのが無く成らにゃ成らんと思うけれども、僕等は良い点も多く悪い点も多い人間性を脱皮出来ない動物だから、それを皆克服すると云うのはごく難しいと云うのは繰り返す必要もない。然し僕等は最善をしなければ成らない。僕はその後よく分かって來たが、そう云う非合理的な風習はどの社會にもあると言うのを知って悲観する時が多かった。然しそのような風習にも差異があって、インドの風習は最低層に属すると結論を付けるしかなかった。
その同胞達と話をして居る間、日本人が米軍の爆撃を恐れて他の地方に疎開する時、都心地の土地と建物を廉價で売る時朝鮮の人が多くそれを買ったと云うのを知る樣になった。爆撃を受けでもそれが皆無くなる筈もなく、土地は勿論、建物も多く殘って居るだろうから、彼らが戰爭後富裕な生活をして居るだろうと考えると僕は非常に嬉しかった。僕はその後彼らを一遍も逢った事がないが、彼らが今は良い生活をして居ると思う。僕は米國に來て、日本に學兵として行って其處に定着して事業を始めた朝鮮の人の一人に逢った事が有った。彼は日本で成功してステインレス工場を二つも持つように成った。その後彼は大阪實業家ゴルフクラブの會長に成ったと云った。それで朝鮮の人をごく差別する社會でも、富豪は優待すると云うのを知った。然し彼は日本に歸化し、妻も日本人だった。そう云う人が何人居るだろうか?
遂に夕食のテーブルが出て来たが、僕は大きに驚いた。豚肉、牛肉、林檎、海産物、など、無いのが無いような気がした。戦争中なので民間人は見る事も出来ないと言うのがテーブルの上に積まって　いた。僕は幼い時故郷の何万石の豪農の五寸(親等)伯父さん達が、結婚式と葬礼式に供える食物だけがそのように多かったのを思い出しだ。その時朝鮮の田舎でする豪農の宴会は三日も続く時があった。とにかく、僕の前の食卓に積んだ食物を全部食う事も出来ず、それを一つずつ試食しでも満腹に成るだろうと思った。話をして居ると朝鮮の人はヤミを多くして、彼らには無いのが無いと云う事だった。僕は彼らの生活知能と生活力に感嘆せざるを得なかった。彼らに「多福多男」を心から祈りながら晩八時ごろ嬉しい気分でで其処を去った。其処を去る時皆に深い敬礼を数回して謝意を表した。僕はそれから数週後帰国したので、其処を又訪ねる事も出来ず、彼ら数名の住所、姓名も失って、書信連絡も出来ない。

米軍が民間人をデパートで射殺した!

千九百四十五年九月初旬、遂に米軍が北九州の何処かに上陸したと云う消息があった。どの米軍部隊が何処に最初上陸したかは知らんが、彼らは北の方では初めに博多に上陸したようだった。博多は僕らの中隊とは近くはないが、彼らがどれ位早く此方にやって来るのかを心配する程の距離ではあった。日本の軍人達は米軍を非常に恐れていた。平民は米国人は無慈悲で野蠻に近い人種だと云う洗脳教育を永く受けて居だし、どう云う事が起こるかも知らんので、米軍が近くに来るにつれでもっと戦々恐々としていた。日本人は米軍人の話をする時には「毛唐」と云う言葉を良く使った。此れは勿論最初はに「唐の国の人」を貶す言葉だったが、後からは誰でも、特に外国人を貶す時使うように成ったそうである。それで日本人は米国人は大概体に毛が多く生えて居る人で、未開なシロンボだと考えていた。米国では電気を初めて多くの驚くべき文明器具と現代物質を発明発展させたが、精神的に、又文化的に未開な人達だと信じていた。その時迄も西洋人を見た日本人は多くなく、又市中に西洋に関する本も少なく、特にアメリカに関する本が有ってもそれらを禁ずる思潮が強かった。それで日本人は米軍が近く来るにつれて彼らを一層恐れていた。僕も自然米軍に接したこともないので恐怖心が無いのでもなかった。

彼らは米軍が粗雑なのを咎めるかも知らんから、兵器清掃を毎日して居るじゃないか? 自負心が余りにも大きかった人達が敗戦した時の姿勢も醜かった。自分らが余りにも米国の悪評をしたので、それに対する報復を恐れていたかも知らん。日本軍の連合軍の捕虜、特に米軍の捕虜の悪待遇に対する報復を恐れて居るのが火を見るようだった。彼らは米軍がどう云う処罰をするのか知らないので、戦々恐々として居るのが歴々だったし、僕迄も不安に押して行った。僕は勿論屈辱的に日本軍に引っ張って来られただけだったが、それでも非常に不安だった。

ある日将校と下士官達が集まって話をして居るのに、軍曹一人が走って来て言った。

「あの、今日米軍が民間人一人を射殺したそうです。」

「そう、何処で?」

「博多のデパートでその米軍がその人が持って居るのを呉れと言ったのに、遣らなかったそうです。」

「それで射殺する?」

「はい、その場で二言もなく撃ったそうです。」

「それでどうなった?」

「どうなったって? 誰も何も云えなかったそうです。」

「それは大変だね!」

この話を聞いて僕ももっと不安になった。僕は軍服しか無いから、軍服を着て居る人は米軍が虐待するか、射殺してしまう確率が多いような気がした。僕が朝鮮の人だと云う事は英語で出来るけれども、会話が流暢でないからそれ以上はよく説明も出来ないのだ! つくづく考えて見たけれども解決策がないので、それも運命に廻すしか無かった。その後、幸いにも米軍が日本兵士とか民間人を射殺したと云う消息は聞こえて来なかった。僕は帰国する迄日本で米軍を一人にも会わなかった。事実、僕は帰国した後、北鮮にある家に帰る迄米軍は唯一人しか見なかった。僕は千九百四十六年の春に北鮮から南鮮に逃げて来て、米軍を多く見るようになったが、その時は世情が全然変わっていた。

師団長の最後の挨拶

千九百四十五年九月だった。見習士官を俄かに皆少尉に任官する予定だから、師団司令部に出頭せよと云う命令を受けた。国が敗戦して遠くない内に解散するこの時、見習士官を皆少尉に任官するとは、本当にする事も無いのかとも思ったが、命令だから出頭せざるを得なかった。

黒田見習士官と兵士一人と一緒に若松に近く行って、船に乗って小さい湾を越えて小倉に行った。

其処に着く前に早く昼食をしたが、小倉市の見物も出来ないで、少し離れて居る山にある師団司令部を尋ねて行った。其処には既に多くの軍人が群がって居た。誰が朝鮮出身か一眼で知る事も出来ず、歩き回って訪ねる事も出来ないので苛々して居た。その多くの人の中で少数だけない人を、それも知らぬ人を探すと云うのは不可能に近かった。同じ高射砲学校を通ったけれども、照空隊には数名しか居なかったし、又同じ内務班にも居なかったし、皆同じ師団から来た人達でもなかった。

暫くしてから、少し顔が見た事があるような人を見つけて、行って挨拶をしたら、果たして彼は朝鮮出身だった。高射砲学校では中隊も違って居たし、又お互いに忙しくて挨拶も多くしなかった人だったけれども、嬉しく挨拶を交わした。任官式の時間にもなったので長く話も出来ず、任官式後又合ってお茶でも一緒にしようと約束をした。

任官式が始まった。僕は星をつけた軍人をその時迄見た事がないので、好奇心が大きかった。他の人達も皆どう云う人かと好奇心を持って司令官が現れるのを待っていた。お天気も良く、任官式に関連して居る人達が、皆司令部の前の小さい練兵場のような所で列を作って立って彼を待っていた。彼が約二十分後現れた。彼は日本人としては背も少し高く、人物も良い印象を与えた。然し彼の硬い表情は彼も軍人であると云う印象を呉れた。彼は温和な声で、日本が原子爆弾のため敗戦したのは遺憾だと前提して、僕らが長い間苦労をしたと言って付け加えながら言った。

「日本はどんな事があっでも五十年内に立ち上がります。あんた達も此れを確信して、除隊後　熱心に国家復帰に助力しなさい。力かぎり熱心に働いて下さい。」

と云いながら訓示を終えた。勿論この話をするため任官式をしたのだと思わざるを得なかった。若い将校達を一つの所に集めて、自分らは敗戦したけれども自負心があり、それを捨てたら駄目だと云う趣旨の話をしたかったのだった。僕は今迄も彼の予言のような話を時々思い出して居る。五十年以内に日本が立ち上がると云ったので、僕は内心何と言う狂言かと思わざるを得なかった。日本は長い間全アジアで戦争を展開して、各国で一億に近い人命を殺傷し、数十億の民生を塗炭に落とした。米軍の爆撃で自分の國の生産機構が大部分破損したのに、何と云う狂言かと思った。事實、その時迄日本の六十六の重要都市の四十パ-セントが破壊されていた。

然し彼が予言した様に日本は今世界経済大国に浮上して居るのではないか?前でも言ったが彼らは米国がやった巨額の援助金と、韓国戦と越南戦のため米国が日本で使った巨額の金のお蔭で、早く回復し経済は驚異的に成長した。僕等は日本のため死ぬ様な羽目に合った事も多いが、日本に学ぶ事が多い。僕は二次大戦後、千九百八十一年に初めて日本に行って見たが、その回復相と活気に驚いで、日本は果然注視すべき国だと思わざるを得なかった。

このように敗戦後だけれども、僕らは約一年半苦労をして少尉に任官した。僕が日本軍隊に入隊するのは考えもしなかったし、特に甲種幹部候補生に選択されたと云う通告を受ける迄、日本軍の将校になろうとは夢にも見なかった事だった。実に人間の運命は奇異なものである。率直に言って僕が居る軍隊は日本軍で、近い将来解散する軍隊ではあったが、将校に成ったと言うのが気分の悪い事ではなかった。だから人間は斯様に矛盾だらけである。朝鮮を略奪し、搾取した国の将校になって気分が良いとは! 勿論此れはそんな政治的なのを離れての話であって、政治的に言えば僕は日本の軍隊から直ぐ逃げたであろう。又そうしてこそ人間としての価値があるだろう。又僕の心の一隈では帰国後このため僕を親日派と糾弾したら如何するかと云う懸念も無いのではなかった。然し僕の近い経歴に僕が親日派に譴責される理由が少しもないので、大いに心配する必要はなかった。事実、帰国後此れを問題視する人が一人もなかった。又僕の家族と親族には親日派は一人も居なかった。僕の家族を始めて多くの人達が、日本軍ではあるけれども僕が將校に成って誇らしいと言ったので、その事で心配する必要は無いと云うのを知るように成った。又歸還軍人達、特に前日本軍の將校だった人達が韓國軍の再建に多きに貢獻したのだから、どんなに良い事か知らん。然し僕は彼らを羨ましく考えた事も無く、僕がそれに參與しなかった理由は後から述べる。

朝鮮の兵士を助けるのに忙しい

任官式後、僕は黒田と二時間後埠頭で会う事にして、崔少尉と小倉に降りて行って、一つの食堂に行った。僕等はお茶を飲みながら色んな話をした。彼は平安南道出身で、東京のある専門学校に通っていたが、学兵として徴集されて来た人だった。僕は入隊前に平壤を一遍見た事があるので、其処の話をしながら憧れたが、勿論僕等は何時其処を又見る事が出来るのか知る筈がなかった。僕が入隊前に平壤を尋ねた理由は、僕が死ぬ前に再び見る事が出来ないような予感が有るからだった。此れは僕が必ず生きて帰って来ると云う予感とは相違するので、可笑しかった。その後僕は生きて帰国したけれども、今迄平壤は再び見る事が出来なく、僕が死ぬ前にそう云う機会が又と回って来ないと考えて居る。僕は平壌付近の牧丹峰の美しさ、箕子陵を参拝した時の感懐などを話したら、彼も同感で、彼は平壌が有る平安南道出身なのでもっと郷愁に浸されていた。僕は彼がその後、平壤を再び見たかは知る術がないが、総ての事が彼の意図の通りになって、幸福な一生を送って居るのを祈るだけである。

僕の中隊は若松の西北の野原の丘にあるので、外で何がどうなって行くのかを良く知らず、又僕等は度々外出するとか、密かに晩に出て行くと云うのは不可能だった。然しこの時小倉地域にある部隊の朝鮮系兵士達は度々晩に脱出し、酒を飲んで乱暴な事をして、警察に逮捕されて行かれたと言う事だった。警察が部隊に通告したら、崔少尉が警察に行ってよく話をして彼らを助け出し、中隊長にも良く話して、軽い罰とか気合を受けるように努力しなければ成らないと言っていた。そう云う朝鮮系兵士は皆徴集されて入隊した人達で、普通学校も卒業してない人があると云う事だった。

その時、朝鮮では一つの郡から中等学校に進学する者は指で数える程度しか無かったので、僕は学兵を除いで日本軍内で中等学校出身の朝鮮兵を見た事が無かった。だから日本がどんなに朝鮮で朝鮮の人の教育を制限し統制したかを良く知る事が出来る。今韓国(南鮮)では数百万の若者が中高等学校の教育を受けて居る。そして毎年四十万余の若者が大学に進学し、約二百万名が毎日大学で勉強をして居るそうだから、何と驚くべき事で有難い事であろうか! 此れは韓国(南鮮)の五千万を考慮すれば驚くべき数字であり、どんなに有難い事か! 日本が朝鮮でしていた教育抑圧政策と比較すると、天壌の差を感じ、驚くしかない。韓國の若い人達は僕の時代の事情を少しでも理解して、與えられた機會を衷心感謝して、一心に勉強に精進する樣に願うのみである。僕は既に言ったが僕の様な真の田舎者の僕がアメリカにも来で一生よく住んでいるということは神秘的である。

彼は遂に犬死をした!

僕等は話して居る時、忠清道出身の「辺」と言う人を互いに知って居ると云うのを分かった。此の辺氏は僕が釜山で船に乗って日本に来る途中に知るようになった人だった。此の人は日本人も最優秀才でないと入学が出来ないと云う京都にある著名な第三高等学校に在学中の秀才だった。その時の高等学校は中学校五年の後三年勉強をする学校だから、今では初級大学か専門大学に該当するだろうが、その時の専門学校の教育内容は今の大学水準で、大学は今の大学院水準だが、其の時大学院は多く無かった。辺氏は文学を専攻していたが容貌も文学系だったし、性格も軍隊に合うので無いようだった。辺氏は下關地域の高射砲部隊の一つに行くのだった。彼は僕と別れる時詩を一つ書いて僕に吳れたが、僕はそれは實に良いのだと感嘆し、彼は果たして第三高等学校に通うべき秀才だと羨ましくも思っていた。そして彼は將來偉い詩人か作家になると信じて居た。この辺氏と崔少尉は部隊が近いので連絡があったようだった。ところがこの崔少尉から驚くべき話が出て來た。
「その辺氏が死んだよ。数日前訓練中死んだんだ。」
「今何の訓練?」
「良く知ってるじゃないか、兵士を遊ばす事は出来ないと言うの。」
「それと何の関係がある?」
「その人達、実にねえ、実弾を持って訓練をしたのだ。」
「それで、如何して辺氏が死ぬ?」
「砲弾の信管を零にしてたのを知らなかったようだ。」
「それを装填して射撃した?」
[そうしたらしい。それで発射すると同時に爆発したのだ。その時訓練していた分隊の数名が皆死んだそうだ。」
「実に残念だね。軍隊解散がごく近いのに、今迄良く生きて居た者が、俄かに死ぬとは!」
「遺家族は実に悲惨であろう!」
「勿論、僕らがこうなのに、遺家族は。」
そんなに悲しく痛嘆すべき事が何處にあろうか! 学兵が日本敗戦後帰国を待って居る間に事故で死ぬとは! 南洋とか中国に行ったのでもなく、日本の内地に行って苦労はしたけれども安全に居たのに、此れが何と云う事か? 帰国を目前にして死ぬとは! 僕はこの時には既に宿命論者に成って居たが、こう云うニュースは余りにも衝撃的で受け入れるのが難しかった。此れは他人の事でもないようで、僕はもっと足元を見守って無事に帰国せにゃ成らんと云う決心を更に堅くした。
約二時間後小倉の埠頭に行って、朝僕らと一緒に来た中隊の兵士と黒田に合流した。彼らに辺氏に関する話をしたら彼らも意外に哀惜を表したので、僕の心を少し慰めた。然し僕が沈鬱に座って居ると、黒田とその兵士も理解したのか黙って居た。僕としては唯辺氏の冥福を祈る心が自然に出るのを、如何する事も出来なかった。

帰って良い国を作りなさい!

船は遂に若松埠頭に着いた。其処で左右を見ながら、橋を歩いで出て行ったら尾上兵長が立っていた。彼は僕に敬礼を付けた。僕は慌てて答礼をした。彼は僕が新兵として苦労して居る時の内部班長だった。彼は普通何の話もしないで僕等を唯見守る紳士だった。彼は僕より約二年前に入隊したが、その前には小学校の先生だった。僕が先に話を掛けた。

「兵長殿、久し振りです。」

「はい、久し振りです。」

「何処に行かれるのですか?」

「いや、此処迄来ました。」

僕は彼が敬語を使うので少し当惑した。僕が彼の内務班に新兵として居る時には軍隊の風習に従って僕に非敬語を使ったのに、この時敬語を使うので変な気分になった。日本語も朝鮮語の様に敬語と非敬語の間にレベルが幾つ有って、世界でも稀な言葉である。此れらの言語はアルタイ語族に屬するが、同じ語族に屬する蒙古語とか、滿洲語とか、或いはトルコ語にはこう云う語法が少ない。それで、僕は日本語が朝鮮語の親族語であると云う説に同意する。ところが遺憾ながら日本の多くの言語學者は、政治性を帯びるか、或いは朝鮮語を良く知らず、この説をごく反対するのである。僕は今度も彼の内務班に居た時の様に彼に敬語を使った。

「此処迄とは? 誰を待っておられますか?」

「はい、任官式が今日有ると言うのを聞いて、午後休暇を貰って此処に来て、廣原(孫)少尉殿を待っていました。」

「そう云う必要は無いですが、然し非常に有難うございます。長く待って居られました?」

「いいや、市街を歩き回って、船が着く時間の少し前に此処に来て待って居りました。」

「それはどうも有難うございます。なんか特別な事が有って僕を見に来られたのですか?」

「此れから近い内に、少尉殿が朝鮮に帰られるので、お目にかかりたいと思いました。」

「ああ、それは本当に有難うございます。原隊に居る時には余りお世話になりました。」

「どう致しまして、少尉殿が新兵の時、余りご苦労をされました。」

「いいや、僕の不足が多かったです。」

「ところで、一つお願いをしでも良いですか?」

「お話して下さい。僕が出来る事なら遣って上げます。」

「いいや、そんな事でありません。少尉殿が近い内に帰国されるから、帰国されたら熱心に働いて立派な朝鮮を作って下さい。そして朝鮮と日本が良い隣国になったら良いと思います。」

「勿論です。熱心に働いて建国に参与してみます。それから朝鮮と日本は隣だからどんな事が有っても良い隣国にならにゃ成りません。」

「勿論です、そう成らなければ成りません。」

「此処迄わざわざ出て来られて、合って下さり、激励をして下さって本当に有難うございます。一生忘れる事が出来ません。」

こんなに有難い人が何処に又有るだろうか! 僕が二個中隊で何百名に接したのだがこんな人は唯一人だった。歳も僕よりずっと多かったし、小学校の教員生活も数年したし、又僕が新兵の時内務班長として世話をして呉れた方が、僕が少尉に成ったと云って僕に先に敬礼をし、話も新兵の時は非敬語を使ったが、今は丁寧に敬語だけを使った。それから遠く歩いて来て、「建国を良くせよ」と激励するとは! どんなに有難い事か! 僕は今も彼を時々思い出して忘れる事が出来ない。日本にもそう云う立派な思考方式を持って生活して居る人も居ると云うのを忘れる事が出来なく、改めて云うが悪い国粋主義的為政者と彼らを支持する派閥以外には、こう云う尊敬すべき人達が日本にも居ると云うのを又知るようになった。僕は彼がそんなに頼んだ立派な朝鮮建国に参与出来ず、千九百四十八年に米国に来て永住しているので非常に済まないと思って居る。朝鮮は其の時迄も米軍政下に居た。僕は米国に来て最高学位を貰い、因縁があって、米国防外国語大学に就職して朝鮮語を含んで東洋文化と歴史を四十五年の間二万五千名に講義したし、又彼らの教育を見守ったので、僕は僕なりに間接ではあるが、朝鮮に貢献したのが無いのでもないと思って居る。それで尾上兵長が心からした要請を、全的に疎外したとは思えない。又こう云う努力が数名の韓国学者に認められ推薦されて、韓国の盧大統領から韓国国民褒賞を戴いて、特にそう考えるのである。それから僕が米国で引退する時、米国のクリントン大統領から感謝状を受けた事もある。僕はそう云う関係で韓国に居る人達より、朝鮮に関する研究と講義を殆ど毎日したから、ある点においては僕が朝鮮に関する研究と講義を誰よりももっとしたのではないか、と言う自負心迄感ずるから、ある程度贖罪をしたのではないかと考えるのである。此処で付け加えると、僕が四十五年間米国軍の外国語大学で朝鮮語を教育をし、それを指導をし、その間東洋部長代行も時々し、又全校の研究評価部長も六年間したので、日本語課とは接触が多く、僕が出来る限り日本語の教授達を補助してやった。

金と物品は分ける

遂に首を長くして待ちに待っていた日がやって来た。千九百四十五年九月下旬の或る日、故国の空を髣髴させる「天高馬肥」の秋のお天気で、空には雲一点もない涼しい爽快な、人の心と体も空に舞い上がるような稀なお天気だった。僕は早く当番が持って来た水で洗面もしないで、外に出て散歩をしながら、早朝の風景と爽快な空気を楽しんで陣地を歩き回って居た。丘から降りて来る水で顔を洗い、又暫く散策して居室に帰って来た。再度云うが僕は何故か知らんが超自然的存在を感じていたし、予感は迷信でないと考えて居たが、その日も何か良い事が有るような気がした。朝八時頃、中隊長が将校と特務曹長を呼んで指示した。

「今、我等は数日内に解散する。米軍に武器を譲渡する数名を除いで、他の人達は皆除隊させるようになった。中隊にあるお金と物品は、将校と兵士達に適当に分配せよとの指令が有った。廣原少尉は朝鮮兵士約百名を引率して、博多から帰国しなさい。」

永く来ていた事ではあったが、非常に嬉しく、嬉しい日が遂に来た。予感もあったけれども、此れを聞いた時の僕の感銘は実に形容する事が出来ない。僕が裕仁天皇の降伏宣言をラジオを通じて聞いた時とは違って、もっと嬉しく歓喜的であった。その時迄の苦労が皆心身から霧散するのを感じるようだった。暗澹であった前途が一時に晴れたようで、西海に落ちて入った太陽が帰って来て、僕等を祝福して呉れるようだった。この瞬間のために、超自然的存在が僕等を約二年間酷使して困苦の道を歩かせたのでないかと云う、とんでもない考え迄もした。それでもそれを止める事が出来なかった。

二日間、中隊の中で出發準備をし、多くもない荷物を作りながら忙しかった。事實荷物よりも心を整理するのに忙しかったと云うのが正しいであろう。僕は日本刀を一時も僕から遠く置かないで、なんでも急な事が有ったらそれを使うと云う覺悟には變わりがなかった。然し日本人も皆良い人間だった。僕の中隊と若松と小倉地域で朝鮮の人が被害を受けたと云う事は一度も聞こえなかった。

帰国の壮途に登るその日が到達した。早く起きて洗面をし散策をした後、事務室に帰って来た。僕の当番が　三万五千円が入って居る封筒と、被服、石鹸等が入って居る大きな包み三個を、僕の前に置いた。僕は驚いだ。僕はそんなに多くのお金は期待もしなかった。僕が入隊前ソウル(京城)での下宿費は一ヶ月三十円だった。だからその時の中産層の僕にも其れは大きなお金で、本当に有難かったた。日本軍隊が呉れる金も有難いのは如何したのか?僕は人間は多額の金額の前では無力に成るのかと云う考えもした。然しそれは日本が朝鮮から搾取して行ったのに比べたら、何でもないと言う考えをして、僕の心が少し静まった。荷物も勿論期待して居たのでなかった。それよりもお金をもっと呉れだら如何だろうかとも思った。然し故国にある本数百冊と着物　二、三以外には何もない僕にはそれは大きな贈り物だった。故国ではそう云う物が多くないと言うから捨てで行く事も出来なかった。此れを郵便で送る事も出来なかった。当番に聞いた。

「此れを朝鮮に郵便で送られるか?」

「それは不可能だそうです。」

「それでは此れをどんなに持って行くか?」

「引率する兵士達が居るそうじゃないですか?」

「そうだ、彼らに頼んだら良い。」

中隊では兵士に物品を多くやらなかった。それで、彼らに分けてやろうかとも思ったが、釜山迄行って分配する事が出来れば仕様と考えて、兵士達に運ぶのを頼む事にした。一時間後、中隊長が僕に中

隊内の朝鮮兵士十五名を引率して若松迄行って、他の中隊から来る朝鮮兵士やく八十五名を合わせて約百名を引率して、博多に行って船を乗れと命じた。

同郷の兵士達

僕の中隊の朝鮮兵士十五名と一緒に、僕が将校として約二ヶ月居た小さい丘にある中隊を複雑な心情で出発した。とにかく其れは嬉しく幸福な気分だった。若松の埠頭に行くと、其処に僕が引率して行く他の中隊から来た朝鮮兵士達も来て居た。彼らの名前を確認して注意事項を話してやった。

「僕がお前達を釜山に到着する迄引率する任務があるから、注意事項を言ってやる。まず絶対に違法行為をしたらいかん。警察に捕まれたら僕がお前達を救出すると云う保証はない。日本が敗戦して皆神経が尖って居るからもっと注意しなければ成らん。隊列から外れでは成らんし、そう云う必要が

有る時には、必ず他の人に言わなければ成らない。」
僕はこの兵士達が日本人の神経に触って、警察か憲兵に掴まれて行くのを一番恐れていた。彼らが辺一等兵のように死にはしないだろうけれども、帰国直前、朝鮮に居る悪質警察官のような者に捕まれて、長い間苦しむ人が有ってはならんと考えたからだった。尋ねてみたら、その兵士達は皆江原道、京畿道、或いは忠清道のような中部地方から来た人達だった。僕が江原道出身だと云うのを分かり、又僕が同郷人で少尉なのでそうかも知らんが、皆が歓迎し協力を良くして呉れたので有難く、又非常に嬉しかった。彼らと意気が上がって歓談をしながら船に乗って小倉に渡って行った。此れがこの地方を最後に見るのだと云うセンチな気分も有ったが、待ちに待った帰国の途上でそれは長く続かなかった。僕らは船から降りて小倉駅に歩いて行った。其処に朝鮮将校数名が兵士達を約百名ずつ引率して汽車を待っていた。
約二年前朝鮮から最初の部隊迄来る時には、朝鮮の人が周囲から段々減って行くので寂しく、又それが僕の最初の経験だったので異常に感じたが、今は段々朝鮮の人達が周囲に多くなって行くので、それが当然のようで又有難かった。此れを二次戦争後何人が経験しただろうか? 特に慰安婦は何人生き残ってこう云う経験をしてみたか? その数はごく少なかっただろう。こう云う事を考えると眩暈がする程である。僕ら将校は互いに挨拶をして時間があるのでお茶を一緒にした。話をして居る間、又朝鮮兵士達の問題が話に上がったが、彼らは小倉地区の朝鮮系兵士達のため時間を多く使ったと云っていた。如何した事か、崔少尉が見えなかったが、彼らの話は前に崔少尉が言ったのと同じだった。その兵士達は主に市街に行って、酒を多く飲んで酔っ払い、乱暴な事をして警察に連れて行かれた人が多く彼らを救い出すのに大いに努力しなければ成らなかったと云う事だった。それでも日本警察が寛大にしてくれたのも、米軍進駐の直前なのでそうしたのだろうと思った。勿論僕らは其れが非常に有り難かった。

洋服の白いズボン!

僕らはお茶を飲んでその近所を見物したが、その間僕は洋服の白いズボンを一つ買って着た。今考えでも少し可笑しい姿だった。帽子と上着と靴は日本軍の物だが、ズボンだけが白い民間人のものだった。それでも僕の氣分は良かった。この時の僕の心理は日本軍に對する反撥よりも半分でも民間人になったと云う氣分を満喫したかった。その姿を見て他の少尉達も笑い、埠頭に歸ったら兵士達も笑ったが、一人も責めなかった。然し小倉駅で連絡をしていた日本の曹長一人が大変気分が悪かったようだった。彼は僕に言葉を投げた。

「少尉殿、そう云うのを着たら駄目です。」

「如何して?　不法ですか?」

「少尉殿は未だ日本軍の将校です。」

と云って責めた。彼は勿論年が僕よりずっと上だった。

「それは僕も知って居る。」

「そうなのに何故そう云う服装をして居られますか?」

「あんたは家に帰る時どう云う着物を着ますか?」

「私は軍服を着ます。」

「平服を着て帰家する人は居ないですか?」

「たまにあります。多くはありません。」

「それでは僕がこんなにしていでも不法ではないでしょう?」

「それでも少尉殿は今日本軍人を指揮して居られます。」

「それでも日本軍は解散して、僕らが皆帰国命令を受けて帰って居るのじゃないですか? 話してくるのは有難いが、僕は此れを着たいですよ。」

彼も僕に自分の意思を強要出來ないのを知ったのか、それ以上何も言わなかった。僕が日本人でないからそんな事を言うなあとも思って不快だったが、それは長く続かなかった。又僕が孤立して居る情況でもなく、周圍に朝鮮兵士達が多いので心強かった。僕はそう云う服装で春川市迄行ったが、この人以外はそれを非難する人は一人も無かった。

私がその奴を殺そうとしたんですが!

博多驛で汽車から降りて、 埠頭迄兵士達を引率して歩いて行った。僕の荷物は皆兵士達が代わる代わる負って行った。若い兵士達の表情は明らかで歸國の喜びに浸って居たので、引率するのも容易で、僕の心を強くして吳れた。彼らは一人も問題を起こす者は無かった。然し大変な事ではなかったが、臨時僕を怒らせた事が起こった。此れは僕が予期したのでもなく、又考えも出来なかった事だった。埠頭に着いたら夕方に成り、日本連絡将校が言うのに、船は翌日の十時に有るから埠頭でその晩を過ごさにゃ成らんと言う事だった。其処は何もない殺風景な所で、九月末でも晩には随分寒く僕らは怒ったけれども、抗議しでも所用がないだろうし、僕らは又帰国の嬉しさに包まれていたので、大変な不平はなかった。其処には約千名の朝鮮将兵が雲集していたし、僕らは気分が良くて誰でも捕まえて話をして居た。少しの後、日が落ちて暗くなり、九月末旬だったので晩には大部寒かった。僕らは埠頭の少し広い所に火を炊いて食事準備をしていた。ところが食事準備とお茶を沸くのに補給された木と炭が多く不足だった。食事準備とお茶を沸けて居ない兵士達も、火を炊いて寒さを宥めていた。炊く木が不足なので、兵士達はその埠頭にある倉庫の壁の木片を取り外して火を炊いていた。その中に軍用倉庫も有ったそうだが僕らは勿論それは知らなかったし、又誰もそれを話して呉れなかった。

そうして居る内に日本憲兵少尉一人が現れた。彼は僕らの兵士達が倉庫の壁の木片を取り外して火を炊いて居るのを見て怒って、木片を運んでいた朝鮮一等兵一人を捕まえて何か少し話していたが、何処かに彼を連れて行くのだった。僕はそれを見過ごす事が出来なくて、彼らを追って行った。

「御免なさい、この一等兵が何も知らんでしたのだから放してください。」

「それは出来ません。彼は軍法を犯しました。」

「どう言う事をしたですか?」

「軍用倉庫を破損しだんです。」

「そう云う倉庫があるとは僕らは知りませんでした。それは日本軍倉庫を破損する積もりでしたのでもないじゃないですか! 許して下さい。」

僕は懇願するしかないと思った。軍用倉庫を破損したのが事實だからそうするしかなかった。その罪がどんなに重大かは知らんが、引っ張って行かれたら簡單に收拾出來るとは考えられなかった。又その少尉を良く見たら悪い人の様でもないが、この兵士が余り悪く振舞うので、酷く氣合を入れようとして居る様だった。僕はその朝鮮の一等兵に日本語で強く勸めた。事実非常に大きな声で叫んだ。

「お前が悪かったから謝れ!」

「いいや、僕が悪い事をしたのが何ですか? 謝りません。」

「謝れ!」

「謝りません。」

そう云うと、その少尉が、
「生意気な奴、行こう!」
と言いながら彼を連れて行こうとしたら、この一等兵は何の気色もせず、彼を付いて行って居た。
僕は興奮せざるをえなかった。僕は彼らに近く行って、その一等兵に大声で叫んだ。
「お前は僕が謝れと言ったのに何故謝らないか?」
僕は彼の名前も知らなかったし、今迄も知らない。この一等兵がごく驚いだ様だった。温順に見え、白いズボンをした人が、大きな声で叫ぶので、少し当惑した様だった。僕は又叫んだ。
「謝らんか? 直ちにせ!」
その日本少尉も少し驚いた様だった。その一等兵が僕に聞いた。
「命令ですか?」
「そうだ、命令だ!」
「命令だったら仕方がありません。します。」
「命令だから、即座にせよ!」
それで彼は形式的にその日本少尉に謝った。僕は良い瞬間だと思って、その少尉に言った。
「この兵士がこんなに謝っていますから少し見て下さい。此れから私が良く監視して責任を負いますから。」
その日本少尉は少し考えて、その一等兵に、
「又そんな事をしたら許されん!」
と彼を訓戒して去った。僕はその一等兵を真っ直ぐ見て言った。
「引っ張って行かれだらどうなるか、分かって居るだろう!」
「どうなるって。」
「本当に、お前が死ぬ迄殴られるか、営倉の生活を長い間せにゃならんじゃないか? 少し考えてみろ!」
僕は未だ怒りが除けなかった。そう云ったら此の人は意外な事を無愛想に云った。
「少尉殿は無駄に妨害をします。」
「妨害?」
「はい、離れた所に行って彼を殺してしまう積もりでした。」
僕はぎっくりして驚いだ。だから此の人が謝りもしないで、その少尉を何でもない様に付いで行ったのだった。こう云う人が居ろうとは全然考えも出

來なかった。

「それでも、お前、少し考えてみろ! お前がその少尉を殺したら如何なるか?」

「何がどうなりますか。僕らは明日の朝発つのですが。」

「僕らは行っても、僕らの後から来る人達を虐待するじゃないか?」

「虐待しでも、どれ位虐待しますか?」

「それでも、少しでも害を及ぼしたら駄目じゃないか!」

「分かりました。とにかく、今日本人は米軍を恐れて居ませんか?」

「それもそうだ。」

僕は同意せざるをえなかった。彼は木浦で普通学校を卒業して商売をしていた時徴集されたと言った。又日本軍隊に居りながら良い生活をしたと言う事だった。実に驚くべき人だった。軍隊に居りながら良い生活をするとは! それも日本軍隊で! 彼は色んな手段を使って公用に屡々外出して、日本の女一人と親しくなって、一年以上家庭を持って居たと言った。生活費はヤミ商売をして稼いだので、無いのが無かったそうだ。中隊でも得る事が難しいものを上げるので外出を良くさせて呉れたと言っていた。

その人の創意力と生活力に僕は舌を巻いでしまった。僕は朝鮮の兵士の中にそういう人が居ろうとは想像も出来ないことだった。

旅館での懐郷の酒宴

その日、周囲に僕の様に朝鮮兵士を引率して行く朝鮮少尉が数名いたが、皆この晩、付近の旅館で泊まる事にした。今韓国には一流のホテルも有るが、その時に荘、旅館、旅人宿、などがあった。「ホテル」と言う言葉は英語だから良く使いもしなかったが、「荘」と言う言葉も多く使わなかった様である。僕らが入った旅館はごく大きく綺麗だった。今日本には、伝統的旅館以外には女中が無いが、その時には日本の旅館には必ず女中が適当数居た。若い朝鮮将校達が集まったから静かに居る筈がなかった。直ぐ酒宴が始まった。女中達も来て酒を注ぎながらふざけていた。僕は女中と一緒にする酒宴は初めなので窮屈だったが、酒が少し入ると、ふざける真似もする事が出来だ。他の人達は経験があるのか、初めから躊躇い無くふざけて良く遊んでいた。彼らは酒を多くのみ、話も色々していたが、僕は酒を多く飲んだ経験がないので何時の間に倒れて何も知らんで寝ていた。それが何時かも知らんし、そう云う事は僕の一生初めでの事だった。将校と女中達は僕を見て皆ひどく笑った事だろう。その翌日の朝氣分が悪かった。此れも初めで經驗した。僕が寝ていた部屋も少し明るくなった。僕は頭が痛く精神がぼうっとして居た。後に米国に来て一つの雑誌で読んだが、西洋人は酒を多く飲むと血管が膨れて氣分が良いが、東洋人はその反対に酒を多く飲んだら血管が狭くなって頭が痛く、氣分が悪くなると言う事だった。僕はこの旅館に居る時そう云う理論は知らなかったし、その前の晩酒を多く飲んだので当然な事だと思っていた。

起きて見たら室内には誰も居なく、外では仕事をしないのか静かだった。壁の時計を見たら八時が少し過ぎて居た。精神を戻して彼方此方見て見たが、朝鮮の少尉達は見えなく、彼らの軍靴も見えなかった。可笑しいと考えてカウンターに下りて行って見たら、其処で事務を見る男が一人座って新聞を見ていた。僕は彼に聞いた。

「皆何処に行ったですか?」

「誰? あ、あの朝鮮の将校達ですか?既に出て行きました。」

「出た? 僕を残して? では、計算はしたですか?」

「いいえ。」

「では、僕がするんですか?」

「勿論です!」

僕は彼が宿泊費と酒宴費を受けないで彼らを行かしたとは考えなかった。然し受けてから受けでないと言って居るのを確証する事も出來ず、又僕の分だけ拂うと言えるけれども「朝鮮の人」と云う名前を考えて、そうする事も出來なかった。それで言った。

「それが幾らですか?」

「二百五十円です。」

僕はとても高いと思ひ又彼がそれを将校達から受けたとは思ったが払って埠頭に走って行った。

僕らは先に行きます!

埠頭に走って行って見たら、其処にはその少尉達は見られなかったし、僕が引率して来た兵士達も見えなかった。勿論僕の荷物も何処に行ったのか見えなかった。ぎょっとして其処に唯立っていると朝鮮兵士一人が僕に朝鮮語で言った。

「少尉殿の兵士を探してますか? 彼等はですね、朝鮮から来た船に乗って先に立ちました。」

「朝鮮から来た船? 冗談じゃないか?」

「いいえ、朝、小さいのが一つ入って来ました。」

「何時発った? 何処から?」

「直ぐ前、其処から発ったです。」

畢竟、彼らは埠頭に立って居る兵士達に、僕を見たら自分らは先に発つと言って呉れるように頼んだのだろう。走って船着場に行って見たら、小さい船一つが太極旗(朝鮮の国旗)を掲げて釜山の方に行っていた。僕は太極旗に関しては聞いた事は多いが実際見た事は無かった。初めて見る太極旗、それも日本の博多港から獨立する故国に帰って行く時見る印象と感想はとでも表現する事が難しい。日本の海上に翻って居る太極旗! 其れも博多で! 僕が生きて居る時に太極旗を僕の目で見ようとは夢にも想像出来なかった事だが、それが劇的に僕の眼前に展開して居るのではないか? こう云う瞬間を経験した同胞は何人居るだろうか? 僕は誇らしくもあり、僕が日本に来て有史上初めて起こった事などを頭に描いてみながら、僕の奇異なる運命を又考えざるを得なかった。勿論太極旗は獨立志士達が大韓半島に心行く迄翻して見たかった旗幟であるが、それは今は韓国(南鮮)の国旗で、南鮮でだけ見られないのはその半島に起こって居る現代悲劇の一つである。

その船は叫んだら聞こえる距離にあった。僕は手を振りながら叫んだ。然しその船は僕一人のため船首を廻しなかった。僕の声を聞いて僕が引率していた兵士達がその船で叫んだ。

「済みません。僕らは先に行きます!、荷物は此処にあります。釜山に行って上げます!」

「釜山でどんなに会うのか? 良く行け!」

釜山に行ってどんなに合うと言うのか? 如何してか知らんが将校達が旅館で日本刀を皆集めて一つの袋に入れて、僕に保管する様に頼んで釜山に行って配る事にしたが、それが何処に行ったか確かめる事が出来なかった。惜しいのは他のよりもそれだった。安い日本刀だったけれども記念に一生良く保存して置きたかった。然し神様は何故かそれを許さなかった。それが虚栄心でもない筈だが。他の兵士達が居る所に行くと、其処で埠頭地域を管轄していた少佐が僕を見て云った。

「廣原少尉でしょう？ 引率兵がないそうですね。此処に約百名が居るが引率将校が居ないから、あんたが引率して行きなさい。」

先に發って行った少尉達が、その連絡將校に彼らは僕が引率して居た兵士達を連れて行くと言ったようだった。僕が拒絶する理由も無く、又船に乗って釜山迄行ったら終わる事なので、嫌だと云う譯もなかった。その兵士達と話をしてみると皆朝鮮の最西南地方の全羅道出身だった。同じ事だったら同郷の人達が良いのにと云う考えもしたが、皆若く純真で全羅道の訛りも風味があって直ぐ親しくなった。

お前達は如何して日本人を虐待したか?

朝十時が少し過ぎて連絡船のような船が入って来た。釜山から来たのだが晩に出発して来たのだろう。僕らは自然どう云う人達がその船を乗って来たのか好奇心が有ってよく見だ。その船から降りる人達は皆日本人だった。皆憂鬱な表情をして、服装も襤褸で、持って居る荷物も別に多くない様だった。服装だけが平民で、彼等は恰も敗残兵のような印象を与え、惨めな人間達だと云う臭いを発するような沈鬱な光景だった。彼等は朝鮮農民の搾取機関である東洋拓殖会社に追われて、咸興道の鴨綠江に近い山岳地帯に追われで行く可憐な全羅南道の農民達の様だった。僕の近くに居た連絡将校のように見える日本の中尉一人が僕の方に駆けて来た。将校達は訓練以外の時にはお互いに非敬語を使わない慣習であるのに彼は興奮して叫んだ。

「あの人達を見ろ!」

「何故ですか?」

「哀れじゃないか? お前達は人間か?」

と言いながら、船から降りる日本人達を見ろと指差した。それで僕が云った。

「どう云う話ですか?」

「どうして日本人をあんなにして送るのか?」

「まあ、皆自然そうなったでしょう。皆虐待を受ける筈がないでしょう?」

「とにかく、けしからん! 」

「そう考えたら駄目です。」

と言ってしまった。其處で彼に、何十年間虐待を受けたのは朝鮮の人で、日帝が欺瞞手段を使つて千九百十年に朝鮮を自分らの植民地に作り、その後色んな手段を使って朝鮮国民を圧迫し、搾取した朝鮮植民地の歴史を力説する所でもないので、それ以上何も言わなかった。然し僕は内心済まないと言う考えは少しも無かった。事実、僕は朝鮮に居る日本人を憐れむと云う考えはした事が一遍もない。

人間は人間なしに生きられないのに、人間の様にお互いに多く害し搾取する動物は少ないから、人間自体が憐れである。僕はこの様に又哲学的になってしまった。文明な二十世紀と云っても、有史上人間が数億を殺傷したのもこの世紀だから、人間は希望のない動物だと云う考えを更にして居た。

酷いき日本よ! 良く生きろ!

遂に僕ら千余名は日本人が乗って來た連絡船に乗った。僕は船酔いを酷くするので朝から何も食べなかったが、それでも僕は船酔いをして苦しんで居たけれども、天国に来たような氣分だった。約二年後初めて周囲に同族だけ居るのが他の世界のような氣もし、夢の様でもあった。多くの人達が甲板に登って、遠くなって行く博多湾の風景を眺めていた。自然は何処に行っても美しいのに、人間は良く生きるために開拓すると云う詭弁をしながら自然を破損する事が多いから、この点でも人間は仕方がない。僕は朝鮮では日本人と多く直接接触しなかったが、日本に来てから毎日多くの日本人に接したが日本も人間社会に過ぎないと云う結論を下ろしていた。良い人も多いし悪い人も多い社会、心の狭い人が多いけれども、礼儀が正しく勤勉性があり、勉強を多くする社会、少し特徴があるが、結論的には人間が住んで居る社会だと云う事を感じざるを得なかった。良くでも悪くでも日本も人間社会の一つで、それが特殊な個性を持って居ると云うのも驚くべき事ではなかった。他の社会と違う点は、悪い為政者と悪い国粋主義者が比較的に多い事である。良い為政者が出て良い政治をするのを望むばかりである。日本が良くなり正しい道を歩んでこそ隣国も平和で、間接的にお互いに得るものがあるだろう。

僕は甲板で風景を楽しみながらも、日本での約二年の生活が走馬灯のように頭に現れるのを阻止する事が出来なかった。良い追憶が出る時は氣分が良かったが、悪い追憶は僕を非常に憂鬱にしてしまった。又悪いのが大部分だったが、その走馬灯を消す事が出来なかった。新兵時代に酷く殴られた事、金子候補生と激闘をした事、高射砲学校で西村教官に剣道をしながら酷く打たれた事、機銃掃射を受けて殺されるのじゃないかと思った事、艦砲絨緞射撃を受ける時死を直面した事、その時体が何インチ程上に飛んだ事、そのほか悪い追憶が良いのより余りにも多かった。その反面、僕を背後から擁護してくれた小隊長、中隊長、大隊長、尾上兵長の様に良い人も数名いた。敗戦して士気が死に、数百万の命を失い、国土が焦土化した日本を後ろにして離れて行く僕らは複雑な心情で、次第に遠くなる日本に関する感傷を漏らしていた。然し僕らの感想は大同小異だった。総合的に僕等には良くない日本だった。それでも僕は、「酷い日本よ、滅びてしまえ。」とは云えなかった。

「嫌悪すべき人も多い日本だが、将来良く生きなさい。」

と心の中で云いながら、又あれこれを考えながら海峡を越え始めた。日本が遠ざかり、眼界から無くなる迄二つの甲板で、日本の最後に見える風景を眺めていた。皆人間の社会であるのに傳統と、土俗思想、そしてとんでもない宗教の支配をそんなに受ける事が出来るのか? 複雑で、微妙で、矛盾だらけの人間に関して又考えながら、人間の前途を懸念せざるを得なかった。僕はその時、「朝鮮を此れから救って下さい!」と云う考えに浸されで居た。この時僕は心中盟約した事が有った。それは僕はどんな事が有っでも殺戮武器を手にしない事と、又他人を害しないと言う事だった。その時僕は確固とした宗教心があってそう盟約したのでもなく、日本軍に居る間、人間が人間をどう云う理由でも殺すとか、搾取害するとか、てはいけないと云う信念が固くなったからであった。その時から今迄、僕はその心的盟約を反した事がないので幸いである。歸國した學兵の多くが南鮮と北鮮の軍隊に入ったと云うが僕はこの盟約を守った。

釜山港での歓迎

その日はお天氣も格別明るくて良かった。大韓半島の秋だから「天高馬肥」のお天氣であるのは勿論である! 博多を発って約十時間後夕方に近い時、船は釜山港に入った。皆が甲板に上がって眼前に展開する故国の初風景を満喫していた。釜山港は前に二、三回海の方からに見た事があるけれども、いつも非常に美しかった。その日のその風景は勿論表現も出来ないほど美しく、恰も両腕を挙げて僕らを歓迎するようだった。僕らは船が余りにも遅いように感じながら上陸をせっかちに待っていた。船が遂に埠頭に着いた。僕らは埠頭に歓迎者が多く居るだろうと思ったが、誰も居らんし静かなので如何した事かと失望した。僕らは荷物を持って埠頭の汽車の終点のような所に出て行った。其処に数十名の婦人達が歓迎に出ていた。その婦人達は勿論皆朝鮮系で、男はごく少数しか居なかった。男達は彼等の仕事に忙しかったのだろう。

その婦人達は朝鮮各道の旗幟を立てて立って居た。僕は「江原道」と書いた所に走って行って挨拶をして、歓迎して有難いと言って、小さいお土産を一つ受けて話を少し後、其処を発った。ソウル(京城)に行く汽車は翌日迄ないので、その婦人達が教えてくれだ旅館を一つ探して行った。引率して来た兵士達は「全羅道」と書いた所に行った後には、再び見る事も出来なく挨拶する暇もなかった。

旅館に入った時は既に夕べだった。夕食を旅館でしたくもないので食堂を一つ訪ねて行った。其處で日本から直ぐ前に帰って来たと云う兵士の一人に逢った。然し彼は僕が博多迄引率して来た江原道地方の兵士ではなかった。彼は朝、太極旗を挙げた朝鮮の船を乗って来たと言ったがごく後悔をしていた。彼等は釜山に早く着くと思って僕らより早くその船に乗ったが、船が小さいので非常に不便で船酔いを多くし、又釜山に着くのも僕らより少し遅れたと云って、多く不平をしていた。それもそうだろうと思った。それでも僕は船酔いをしでも、釜山に遅く来でも、博多で太極旗を揚げた船に乗って日本を発つのが光栄で、きっとその船に乗って来た事であろう。

僕は釜山には知人も無く、行くべき所も知らず、又疲れでも居たので、唯旅館に帰って休む事にした。部屋に行って少し後誰かが門を叩くので出て見たら主人のおばさんだった。そのおばさんが言った。

「誰かがこの荷物　三つを置いて行きました。」

「それが僕のですか?」

「廣原少尉さんのものだと言ってました。」

「さあ、此処に有ります。」

歸國したのに僕の創氏の名が又出て來て氣分が良くなかった。旅館に來た時僕は朝鮮の名前で登録したが、何故か知らんが創氏した名前も書けと言ったので二つの名前で登録したのだった。僕は荷物は皆なくなったと思っていたが、兵士達が如何して僕の旅館を探し出したのか、又何故僕の荷物を持って自分等の物として奪って行かなかったのか知らなかった。

僕の荷物を預かっていたのは皆江原道出身の兵士だった。だから畢竟は同郷の人を考えていたし、又江原道の旗幟を立てていた婦人達が言った旅館を探ったのだと思った。彼らがその荷物を僕に届けなくでも無関係だったのに、尋ねてくれで有難かった。この世界には悪い人よりも良い人が多いと言う事を又つくづく感じるようになった。その時、僕も他の人に良い事をしてやらにゃ成らんと云う考えを一層固めた。とにかく僕の荷物が僕を探して来たから良い兆しだと思った。事実その後の僕の半世紀以上の生涯はそう悪くはなかった。それで釜山に着いて兵士達に物品を配ってやると云う計画も水泡に帰した。然し僕が一生記念品として保存して置きたかった日本刀は無かった。博多の旅館で集めて括った日本刀の袋はどうなったか知れなかった。勿論惜しいことではあったが別に大した事でもなかった。その後北鮮に在る故郷に行って、以南に逃げたりしだのでそれがあっても大変だっただろう。

汽車内での換金

その翌日の朝早く起きた。気分が少し可笑しかった。日本ですごい團体生活と規則的生活を約二年間してから、旅館の部屋で一人で自由人として起きたので、他の世界に來た様に感じる一方、孤獨も感じた。

人間は果然環境の動物、即ち社會的動物だなあと感じざるを得なかった。

ソウルに行く汽車に乗った。汽車には朝鮮の人が多く、日本人も少し居た。日本人は勿論気が沈んで自分らで静かに話していた。彼らの堂々とした過去の姿勢とは大きな対照だった。その反面、朝鮮の人達は意気が沖天して大きな声で歓談をして騒がしかった。その日本人の中の一人が日本の金に換金するのが難しいと不平をして居るのを耳にした。その時には換金は銀行に行かないと出来なかった。僕は荷物を持って銀行を探して行くのも大変なので、その不平をして居た人に三万五千円を換金してくれる事が出来るかと聞いた。彼は他の日本人と相談してから出来ると言うので良い率で換金が出来だ。

軍政下の朝鮮のお金の最小単位の紙幣はウオン(圓)で、韓国政府の設立直後にはフアンに変わった。このフアンの漢字はあまりにも難しいので、何年後ウオンに戻した。このフアンの漢字は今はコンピュウターにも無いので、それを此處で見せる事が出来ない。だからその字は書くのも非常に難しかった。此れは長くも続かないで、ウオンに戻った。

この様に僕は汽車の中で日本の金を最後に見た。僕は幼い時からその時迄日本の金だけを見て、それだけを使ったが、その汽車の中でその金と最後の離別をした。又英語は「GOOD　RIDDANCE!(良い厄介払いだ!)と云う言葉があるが、その時そう云う氣分も少しあったが名残惜しい気分もあった。

違うソウル(京城)駅前の風景

汽車がソウル駅に着いた。僕を迎えてくれる人は一人もなかった。釜山では婦人達の歓迎を受けたが、ソウルにはそう云う人は一人もい無かったので気分が可笑しく、寂しい感もした。開放と同時に、朝鮮は南北に裂かれて、日本に居る時両親との連絡が良く出来なかった。釜山に来て初めで僕の故郷であり其処で小さい陶磁器工場を経営して居る両親が居られる江原道の楊口郡が北鮮に編入されたと云う消息を聞いた。僕のその時の気分は嘆きに近かかった。どうして僕の故郷が三八線〈南北鮮の境界線〉から何里も離れて居ない北鮮とは! 僕は予め手紙を数通上げたけれどもそれは何の役にも立たなかった。僕は楊口邑を僕一人で探して行かにゃ成らんと云うのを初めで分かった。帰国直後、此れは何の様か?

それでも楊口郡が境界線から遠くないと云うのが少しは慰安になった。ソウルの駅前はビルとか広場は変わったのがなかったが、通行する人達の服装とか表情が非常に変わっていた。前には軍服のようなカ-キ-色の着物が多く見えたが、今は白い韓服を着た人が多く、人達の表情も変って居るような気がした。この光景が少し異様に見えた。広場の周囲の建物の彼方此方には、日政時代には見る事も出来なかった左翼と右翼の宣伝の旗幟が付いでおり、何時も其処で多く見えた交通警官も多くなかった。何か知らんけれども不安を感する環境に変わっていた。又僕の予感が当たっていた。その後の歴史がそれを証明した、僕が約二十年前に、南鮮の慶北大学のセミナ-に来て米国に居る人として見る東北亜事情に関して話してくれと云う招待が有ったので其処に行ったが、その時その校庭を見回して驚いた。その韓国の国立大学の多くの校舎の壁に左傾或いは共産主義の旗幟が多く翻って居るのを見て衝撃を受け、不安を感じて気分が良くなかった。

左翼分子達は四十余年間、南鮮には自由がないと全世界に宣伝したのではないか? ところがこう云う旗幟何十個を國立大學の校舍の壁に公然と掲げて居るのでないか! 僕はこう云う幼稚な事を南鮮で許可しようとは考えも出來なかった。それよりももっと驚いたのは、その時の韓國政府を支持する旗幟は一つも見えなかった事である。聞く所によると、左翼學生達が余りにも過激なので政府では暴力を使わないと、そう云う學生を統制出來ないのでそうだと云う事だった。又學園神聖論が有って、政府も警察力を使うのが難しかったのであろう。こう云う非常識的暴行を見限り官権を使うと、それが悪いと云って全世界にテレビを通して宣伝し、韓国の評が地に落ちるのである。外国のテレビは、それが北鮮の密偵とそれらの傀儡の策略だと云うのは一言もしない。

アメリカのメデイアも惨めな時が多い。イランの王はホメイニより悪く、キュ-バのカステロは唯農村開拓者に過ぎないとか、何とか言って可笑しい報道を多くして来た。とにかく此う云う南鮮での宣伝は勿論公正な報道でなく、所謂民主主義を叫ぶ学生達は学校が彼らに度々降伏する様に作り他の意見を全然無視して来た。こう云う学生達が南鮮の政権を取ると歴史上最悪の独裁政治を敢行する事は確かである。彼らは皆北鮮の政策を賛頌するのが事実だった。此れがどうして韓国で出来る事か! 彼等が南鮮の政治権を把握すると、歴史上最悪の専制獨裁政治を敢行する事は明らかだ。彼等は北の政策を皆贊唱するのが事実だった。それがどうして韓国で出来る事か? 彼等はどうして人類歴史上最も悪毒な独裁国家で、閉鎖された社会である北鮮の特徴に関しては一言もしないのか? 事実そう云う社会は人類歴史上なかった。共産主義者達は百姓の解放と生活向上のために政治を行うと云うが、結果は何時もその正反対である。とにかく僕は千九百四十五年のその日、ソウル駅付近の建物にかかって居る左翼宣伝の旗幟を見て、朝鮮の暗澹な前途を嘆いだ。然し右翼の旗幟も少しは交じっていた。僕は大きな荷物が三つあって釜山から持って呉れる人もないので僕が引っ張って回ったがそれも容易でなかった。

またと銃剣を手にしない

タクシ-も多くない時だった。僕は何十分後やっとタクシ-を一つ得て、荷物を持って城東駅に行った。春川市に行く気動車は其処で乗らなければならなかった。今城東駅はソウルの市中にあるがその時には郊外にあった。タクシ-に乗って其処に行って見たら、人達の服装以外は変わったのがなかった。

僕が市内で下宿生活をしながら京城高商に通う時には、この気動車を利用しなければならなかった。城東駅の東側には家も多くなく西の安岩洞側には家が多かったが、その間には良く作った堤防があって、冬以外の季節には木と草が青く生えてごく美しい風景をなしていた。今はその皆がソウル市中に入って仕舞ったので、その時の田園風景は想像も出来ない。

城東駅でも僕を迎える人はなかった。驛前に数名の夫人達が机を設置して日本軍隊から帰って来る人達の名前を記録していた。それは官庁でするのだと思ったがそうではなかった。僕は今でも何故その夫人達がそれをしていたか知る術がない。彼女らは唯参考的にして居ると言って居た。僕は心中、

「そんなにする事もないのか!」

と考えながら、其處から離れて行こうとしたら、婦人一人が、

「軍隊に又入りませんか?」

と聞いた。僕は心中、

「本当に、する事もない人達だな!」

と考えながら、

「僕は此れからは絶対に銃剣を手にしません。日本軍に居る時そう決心しました。」

と答えた。対話がもう少しあったけれども、僕の決心は確固として不変だし、その理由は人間が人間を殺戮するのは絶対反対だし、以後そう云う事には参与しないと説明し、彼女らが何を書いたのか尋ねて見たけれども話してくれなかった。僕は少し可笑しいと思ったけれども、別に大きな関心もなかったので其処を早く去った。彼女らは新しい政府の軍隊が送ったのであろう。

僕はその後、帰還した将兵達が米軍政下の国防警備隊に加入し、その後又韓国軍に入ってその創設に大いに貢献し、韓国戦でも非常な功を立てたと云うのを聴いて嬉しかった。その中で学兵だった人達も将軍と提督になった人も多いと聞いたが、僕はかれらを羨望する気分は少しもなかった。彼等は誇

らしい人達だが、僕は心中誓った事があるので、彼らの中に入ると云う欲望は少しもなかった。要請と勧誘が少しあったが軍界には足を入れなかった。率直に言って韓国戦争の時僕が韓国に居ったら如何なったかは疑問であるが、僕はその戦争が起こる前に米国に発ったのだった。

僕は山を越えて行くからお前は人道を通って行け!

僕が城東驛で乗った汽車は過渡期の爲か清潔ではなかった。僕が數年前韓國に行ってから不可避な事情があって、春川市に行く最後の気動車に乗ったが急行ではなかった。約二時間後、春川市に到着した。タクシーが多くないので一つ掴むのに時間が多く掛かった。タクシ-を待って居る時彼方此方を廻り見た。市街と商店などは少しも變ったのが無く、僕を歡迎するようで僕も無事に歸還したと挨拶したい心情だった。春川市に来る迄、ソ連軍が北鮮に進駐したと云うのは聞いて居たが、彼らが何処迄降りて来たか、又米軍は既に南鮮に進駐したが、其の両軍が何の協定をしたか、又何処迄が南鮮か、分かるすべがなかった。数人に聞いて見たけれども彼らも良く知って居なかった。

春川市に来て初めて僕の故郷である楊口郡が北鮮に属すると言うのを確実に知るようになった。解放直後で、三十八度線と云うのも知って居る人も多くないようだった。米軍とソ連軍が進駐してやっと二ヶ月しか経って居ないので、殆ど無政府状態で、それも無理でなかった。米軍とソ連軍が境界線をどう云う風に何處に決めたかを知って居る人も別にないようだった。特に難しいのは雨軍が政治的に半島に關して何をして居るのか知らない事だった。雨軍が半島の統一を欲すると言いながら、各々自国の立場を主張して居るので、半島の統一は五里霧中だった。それで僕は朝鮮の人達が半島の運命を知らないのを責める事が出來なかった。

其の反面、僕は半島の半分をソ連軍が占領して居るのが不安で、良くないと云う予感を禁ずる事が出来なかった。僕らの百姓はソ連とかロシア人に関しては良く分からないので、唯後進国か未開人だと考えていた。僕らは知らないのが自然怖くて米国軍よりもソ連軍を恐れていた。僕らは米国に関してよく知っては居なかったが、それでも数百人の米宣教師と彼らの弟子から米国と米国人に関して多く聞いだし、又朝鮮で其の宣教師達が教会、病院、学校、孤児院、其のほか良い社会施設を多く創立して、朝鮮を助けてくれて居るのを良く知っていた。ところが米国から来た宣教師達は、何故朝鮮に居る日本人には宣教をしなかったかは知らんが、僕は長い間彼らがそうすべきだったと思っていた。朝鮮宣教史は何故此れを論じないのか知らん。彼らがそうしていだら故国の事情もごく違っていただろう。とにかく僕の故郷をソ連軍が占領して居ると言うから、どうしても不吉な感を禁ずる事が出来なかった。此れは僕のみでなく、僕が話してみた人の全部が、ソ連人は未開人だと考えていたし、未知のソ連に対する不安は米軍に関する不安より非常に大きかった。それで僕は故郷に行くのが怖かった。再度云うと、米軍も未知数だけれども、米宣教師に関する話を多く聞いていたし、彼らが僕らの獨立運動家も間接的に多く助けてくれたと言うのを知って、彼らを有難く思い、米軍がそう怖くはなかったが、ソ連軍は全然未知数だった。其の上、僕を初めて日政時代に高等教育を受けた人達は英語を多く習い、英語原書も読んでいたので、英米に関して親近感を感するのが普通だった。そのためか日本は朝鮮での英語教育を最小限度に減らしていた。

日本でもロシア語は数個の外国語学校か大学を除いでは禁物だった。除隊後、多く経験したけれども、僕らが学ぶ外国語がそれを使う人達に対して親近感を自然に醸すと言うのを知る様になったし、又此れが余り過小評価されて居るのではないかと考える時が多かった。此処で参考的に言うと、日本は朝鮮の人の海外活動を制動するため、半島に外国語学校を一つも建てなかった。

僕が本当に帰って来たな!

僕は照陽通から鳳儀山に上がる所にある母系の叔母さんの家に行った。春川市に着く前に速達で連絡する時間もなかったし、又重い荷物を引きずって郵便局を探して行く事も容易でなかった。その時には電報とか長距離電話はみな郵便局で管理していた。それでタクシーに乗っておばさんの家を訪ねて行った。門を叩くとおばさんが先に出て來た。僕を見て驚いで僕を抱いで、僕が歸って來られないと思っていたと言って涙を流した。少し後叔父さんが職場の郡廳から歸ったし、従兄弟達が学校から帰って騒がしくなった。長い間色んな話をして、遂に其の時、此れは夢でなく、「ああ、僕が本当に帰って来たな!」と感じた。話をして居る時、春川市も米軍の爆撃を受けなくて、朝鮮は爆撃の被害が別にないと言う事を聞いて安心した。僕は其の時初めてそう言う事を知って、ソウルと春川市に少しも爆撃の痕跡がないのを思い出した。勿論日本との対象が余りにも顕著だったので非常に良いと思った。後から知った事だが米軍は日本の京都と奈良は文化都市と言う理由で爆撃しないで、朝鮮は敵でないから爆撃を最少にしたと云う事だった。

この時ソ連は勿論太平洋戦争とか大東亜戦争にも参戦してなかったが、米軍が八月七日に原子爆弾を日本に投下したその直後、八月十日に対日戦争を宣言して、終戦数日前に北鮮に侵入した。スタ-リンはそんな頑愚な偽善者だった。僕がアメリカに來て知ったが、彼は千九百二十年代にウクライナだけでも数百万　の罪のない百姓、主に農民達を餓死させたと云う事だった。その後此れに関する本も出た。僕と多くの人達が未知のソ連軍と共産党を恐れていた。共産主義の理論は知っていたが、ソ連の絶対獨裁政治が数百万を殺戮したと云うのも知っていた。それでそう言う恐ろしい体制は遠くしたい考えがごく強く、僕は三八境界線のすぐ以北にある故郷に行くのを躊躇って、数日間叔父さんの家に泊まっていた。二、三日間叔父と叔母さんと話して居る時、叔父が僕の心理を推察して僕の父に連絡をしたのか、三八度線の直ぐ北の北鮮に居られる父が俄かに現れた。僕は当惑して大きく禮をして僕の心情をお話したら、北では未だ共産体制が確固に実施されていなく、母と兄弟達が待って居るから家に直ぐ行こうと仰った。僕は今も其の時、父が次のように言われたのを記憶して忘れることが出来ない。

「共産党の奴らも朝鮮の人だし、又人間じゃないか?」

「さあ、そうでも。」

「彼らも人間なのに、同じ血統の人をそんなに過酷に取扱いはしないだろう。」

又その時そう考える人が意外にも多かった。僕に統計はないけれども、こんな考えをしながら共産分子によって犧牲にされたか、塗炭の底に落ちた人が大韓半島のみならず、全世界に数億も居るだろうと考える。僕は最初には、「彼らも人間だ!」と考えたが、結局彼らに関して少し知って居るのが有って、そう言う意見には絶対に反対する様になった。僕は北から避身して逃げなかったら、今頃は彼らに処刑されたであろう。とにかく北には最初の数ヶ月間は共産体制が確立してなかったので、共産党の真相が現れて居なかったし、過酷な政治が未だ別に実施されでいなかった。

「一日でも早く母を見に行かにゃ、僕は既に不幸をして居る。」
と考えて、すぐ北に行く事にした。今韓国と北鮮では孝行の美徳が消えて行くそうだが実に遺憾である。
父が言われた。
「僕は山を越えて来た。」
「山は安全ですか?」
此れは勿論共産分子に捉れるのじゃないかと云うのだった。
「よかったよ、山をみんな守る事は出来ないだろう。」
「じゃ、私も山を越えて行きましょうか?」
「お前は普通の下の道を通って来い。故郷に帰る軍人達は問題がないそうだ。然し道を避けて川を越えて行く人は射殺するそうだ。」
「では荷物もありますから、そうします。」
「いや、荷物はみな奪うそうだ。」
それで僕は荷物の大部分を叔父さんの家に置いて、リュックにもっと必要なものとお土産を入れて、父が仰った通り普通の道を通って行く事にした。春川市にもうそれ以上居る必要もなかった。その翌日の朝早く挨拶をして春川市を発った。楊口邑に行くバスに乗って境界線から約一マイル位前にある地点で降りて、境界線迄とぼとぼ歩いで行った。今半里とか一里を歩くと云うと、皆気が狂ったかと言うだろうが、其の時の田舎にはバスもない所が多いので、歩いて行くのが不可避な時が多かった。
歩いて行くのは退屈だったが、秋だったのでお天気も良かったし、左右に現れる風景が美しくて余り苦労しなかった。ずっと前にバスから乗ってみた風景だけれども、歩いて行きながら見る風景は久しぶりに見るのでそうかも知らんが、もっと印象的で美しかった。今は春川市から楊口邑に行く道の美しい渓谷は皆照陽ダムの中に入ったが、其の時にはそのダムは構築されでいなかった。

ああ、あんたは英語を習うの!

正午になって、家も幾つしかない小さい村の橋に至った。境界線には小さいコンクリートの橋があって、こっちの方には米軍兵士が一人立っており、向こう側にはソ連軍兵士二人が立っていた。後に戻って行って、山を越えて行こうかとも思ったが、「男が何がそんなに怖いのか?」と考えて、継続して歩いた。春川市で平服に着替えて日本から帰る軍人でなく、朝鮮に居た人の様に振舞おうとしたので、日本軍人の跡は少しもないと考えたが、其れが大きな誤算だった。小さい橋に至ると目が藍く若い米軍が一人立っていた。僕は彼の目を見ながら、そう云う目で物が見えるのかと疑った。その米軍が叫んだ。

「Where are you going?(何処に行くのか?)」

勿論そんなのは理解出来だ。京城高商で「ケインズ」(Keynes)の経済理論を英語の原書で習う程度だったので、此れ位は理解出来だが、恥ずかしくも会話はよく出来ないのが事実だった。

「I go home.(僕は家に帰ります。)」

「Where's your home?(あんたの家は何処ですか?)」

「Yanggu.(楊口)。」

その後、彼が何かしゃべったが理解出来なかった。

「I don't understand.(僕は分かりません。)」

「Okay.(オーケー。)」

と云いながら彼は僕の荷物を探っていた。僕のリュックにある英語会話の本を見て、

「Oh, do you speak English?(お、英語を話しますか?)

と言った。僕が何か言ったが其れが英語のようでなかったか、彼は聞き取れなかった。それで僕は、さらに、「Yes, I learn English.(はい、僕は英語を習います。)」と言った。勿論こう云う時には、「Yes, I've been learning English.」或いは、「Yes, I'm learning English.」と言うのがもっと良かった。僕は英語を日本の先生から習ったので、其の時の僕の発音は今考えでも良くはなかった。日本語は南洋諸語の様に母音が五つしかないが、英語は大体九つ位ある。それから日本語は子音が英語より七個位少ない。ところが、朝鮮語は大体八個乃至九個の母音が有り、子音も英語より五個位多い。その他の発音問題があれこれ有るが、日本の先生から習った僕の英語は、朝鮮の人の先生から習った人のより発音がずっと悪かった。その米軍は英語の本を持って居る人は初めで見たのか、露骨に喜んで、

「Oh, good. You can go.(お、いいです、行っでも良いです。)」

と云って、北の方を指差して、その方に行けと云った。その米軍が僕が英語を習うのを喜んだのが、僕の士気を大いに挙げてくれた。其の時は勿論、

江原道の僻村出身がアメリカに迄来て、学位を三つも受けて、此処に永住するとは夢にも考えられない事だった。

僕が普通学校二、三年の頃、僕ら孫氏の村に孫氏でない盲人が一人住んでいた。僕ら小さい子供達は時々彼の家に遊びに行った。ある日、彼は僕の将来を占ってくれた。

「お前は大きくなったら、遠い国に行ってお金も儲け、其処の女と結婚するだろう。」

と言った。僕は此の人が何を言ってるのかと考えて相手にもしなかった。然し今見ると、その盲人のおじさんが言った大部分が合って行ったのである。舊約、新約聖書には悪鬼も予言出來るから占屋に行くなと言って居るから、靈界と云うのは本に恐ろしい世界である。僕は僕の生涯を振り返ってみて、宿命論者にならざるを得ないと既に上で数回言った。僕がクリスチアンになってから、聖オーガスチン(西紀:三五四-四三0)とジョン。カルビン(西紀:一五七0)が解釈し註釈した予定説を、容易に信ずるようになったのも、こう云う背景があったためだった。

アメリカに永く住んでいて、僕の韓国の故郷の村を訪ねて行ったら、その村は三十八度線に余りにも近いので防衛に必要だと云って、その村の家を全部壊してしまった。その盲人の家も何処に行ったのか跡もなく、非常に無情で寂しかった。結局此れも孫氏の運命に看做すしか道理がなかった。

僕はソ連人も人間だから余り無理な事はしないだろうと思って、その小さい橋を勇気を出して渡って行った。僕がこの橋で考えたように考えて数百万の人が死ぬとは考えも出来なかった。

南北鮮境界線でのロシア兵士

橋を渡って行ったら、異常な軍服をしたソ連兵士が二人立っていた。僕は彼らの前に立った。彼らは僕を見つめた。僕は前にソ連人を見た事がないので彼らが怖く見えた。彼らも何も言わんで僕をじっと見詰めるだけだった。一人の目は藍く、又一人の目は褐色だった。僕は直ぐ前に米軍にあった時考えたように、彼らもそう言う目で見る事が出来るから可笑しいと思った。東洋では黒い瞳を好むが、欧米では其れは良くないと考える所が多い。とにかく僕はロシア語は一言も出来ないので、唯唖の様に立って居た。彼等も朝鮮語が出来ないし、又通訳もなかった。どう仕様もないので、唯続けて彼らを見て居るしかなかった。僕は彼らのオーケーを得ないと故郷に行けないので心が焦れだった。なぜ米軍もソ連軍も其の時、其処に通訳を置かなかったのか知る道理がなかった。朝鮮は勿論アメリカと露西亜に朝鮮語が出来る人が多いから其れは可能だと思った。特にこう云う時、第一線で往来する人達を調査統制する地点に、通訳がないと云うのは理解出来なかった。

人の癖は本に恐ろしいと云う事をこの時体験した。僕が余りにも当惑して立っていながら、無意識中に日本軍隊式に敬礼をつけた。直ぐ僕は心中、「此れは大変な事になった!」と後悔したがどうする事も出来なかった。既に零れた水だった。朝鮮の人が平服をしてソ連軍に日本軍隊式に敬礼をするとは! 今考えでも可笑しい。其の前約二年間、朝晩内務班の外に出れば忙しくしたのが日本軍隊式の敬礼だった。日本軍隊では二等兵は一等兵にも敬禮をせねばならなかった。又進級するに連れで、その反對に下級の兵士がする敬禮に皆答禮をせにゃならなかった。その癖の爲に敬禮をしたのたが、僕は當惑してどうして良いのか知らなかった。僕が今考えでもそんなに馬鹿な事はした事がない。そうしたら、その一人が驚いだような表情をしてから少し微笑んで、僕を何処かに連れて行き始めだ。僕は犠牲の羊みたいに引っ張って行かれざるを得なかった。行く処は家が多くない漢江の西側で、彼は山に囲まれた小さい家に僕を連れて行った。僕は大変な事が起こったなあと、最悪の事態に対する覚悟をして彼に付いて入って行った。それでも僕はどんな事が有っでも、「虎に捉れでも、精神を失っちゃいかん!」と云う俚諺の通り、窮地に追われたら堅い覚悟をせにゃ成らんと云うのを思い出して、彼を追ってその家に入った。その家に入ったら、二つの部屋の間にある小さい木の床に古い机を置いて、ソ連軍の一人が朝鮮系通訳のような女と座っていた。今度は注意して敬礼をしなかった。彼は僕をじっと見詰めだした。僕はソ連軍はじっと見詰める訓練も受けたかなと言う考え迄した。横に座っていた通訳がようやく冷たい朝鮮語で僕に聞いた。朝鮮語を聞くと少し心が鎮まるような氣がした。

「何処に行きますか? 故郷が何処ですか?」

「楊口です。」

「あ、楊口ですか?」

「はい。日本軍隊から帰る途中です。」

「階級は何だったですか?」

僕は困ってしまった。少尉だったと言っても良くない様だし、又嘘を言って後から暴露されだらもっと悪くなりそうだった。嘘を言っても彼らが帰って来る人みなの経歴を調べる事が出来なかっただろうが、僕は嘘は付けなかった。どうして嘘が云えなかったのか知らんが、恐らくは嘘を付くのに慣れていなかったためであろう。僕は其の時、「鞭も先に打たれよ!」と云う格言を思い出して「少尉でした。」と言った。そしたら彼らは又僕をじっと見詰めた。僕は見詰められるのがちょっと苦しかった。それ　からその通訳が僕の荷物を探し出した。僕は英語の本のため僕を詰問しだら困ったなあと心配したが、それに關しては何も言わなかった。

それが毒薬かたべてみろ!

僕の荷物をもっと調べてから、その通訳が僕の荷物の中にあった消化剤を一つ持ってきた。僕は幼い時から消化が良く出来ないので消化剤を何時も持っていた。その通訳が僕に聞いた。

「此れは何ですか?」

「消化剤です。」

その通訳は可笑しい表情をした。彼女が「消化剤」と言う言葉を理解しない様だった。

「此れを飲んで見なさい!」

僕は何故そう言うのかを推測はしたが、それを断る勇気はなかった。それから僕の荷物に砂糖菓子の袋が幾つか有ったが、彼女は一つの袋から一つずつ取り出して僕に食べて見ろと言った。勿論僕は言う通りにした。それから彼女は僕には何も言わないで、ソ連軍人と話をして行ったり来たりしながら、僕を見るようだった。約二時間の間僕は静かに座っていた。遂に通訳が来て僕の顔をよく見て、

「もう、行っても良いです。」 と言った。

「それが全部ですか? 有難うございます。」

それが全部だった。その他には何の話もなかった。彼らは僕が消化剤と砂糖菓子を食べて病気になるのかを知るために食べさせたと推測したが、それが当ったのだった。僕は少し心中怒った。通訳は分明に朝鮮の女なのにそん

なに冷たい事は無かった。同族だから少しでも笑う事も出来るし語調も少し柔らかくする事も出来るのに、僕は、「満洲とかソ連に行った同族は皆あのように成ってしまうのか?」

と云う考え迄した。僕が日本軍人、特に少尉だったので嫌ったのかも知らんが、同族としては余りにも冷静だった。その後、ソ連人が北線で政権を握って、以南派、延安派、そのほかソ連派でない共産派の人達を皆粛清したと云うのを知った僕は、この時受けた印象がもっと濃くなった。

金日成は満洲で抗日闘争で永く大きな功を立てた様に宣伝して来たが、彼の本名は金聖柱で、満洲で少し活動してからソ連に行って、ソ連軍の下級将校であった人だった。彼は北鮮にソ連の軍服を着て入って来て、ソ連軍に選ばれ、北鮮の小さなスターリンに成った者だった。僕は共産革命の歴史を少し知っていたので、そのソ連軍の第一線に居った通訳がもっと気に入らなかったかも知らん。僕はその後にロシアと中国を訪れ、其処の同胞と親しんで来た後、其処に居る同胞に対する僕の印象が間違って居たと云うのを体験した。彼らは国内の同胞よりもっと故国を愛し、韓國も北鮮も皆良くなるのを願って居るのを分かった。

此処で忘れられないエピソードを言わざるを得ない。二十数年前一つの学会に参加するため満洲に行った時、延吉で経験した事である。晩九時ころ、する事もないし腹も少し減っていたので、旅館のロビーに降りて行った。其処に日本から来た女教授一人と、韓国から来た女教授一人が立っていた。する事もないので町の見物でもして、食堂が有ったら何か少し食べて来ましょうと誘ったら快く承諾したので、三人が市街に出て行った。町は既に静かで、火をつけた店とか建物も別になかったが、二つ位のデイスコ場は火をつけて居た。中共にもそう云う所が有るのかと驚いだが、そう言う所に入る事も出来ないので、暫く歩いて行ったら、中年の婦人一人が僕らの話し声を聞いたのか僕らに朝鮮語で話しかけた。

「何処に行きますか?」

「ただ、散歩してます。」

と僕が答えた。

「此の暗いところで何をします?」

彼女が又聞いた。市街燈は皆消して市街が暗かった。

「何か少し食べたいですが。」「朝鮮のですか、中国のですか?」

「何でもいいです、朝鮮のが良いでしょう。」

「此処から近い所に朝鮮飲食店が一つあります。」

「あ、そうですか?　其処はどんなに行きますか?」
「初めて行く方には難しいでしょうが、私もその方に行く途中ですから案内して上げます。」
「有難うございます。そうする必要はないですが。」
「僕がその方に行く途中ですから、付いて来なさい。」
その婦人は朝鮮語がうまいので僕らは驚いた。彼女を付いて少し歩いて行ったら朝鮮の飲食店が一つあった。中國に居る人達は白衣民族を「朝鮮族」と言う。その食店は大きくもなく綺麗でもなかったが、約五十に見える婦人二人が僕らを嬉しく受けて呉れた。仕事が終わって店を閉めようとしたガ僕らの爲に　店を閉めないと言った。僕らを連れて來た婦人はその婦人らに僕らをよく接待して呉れと頼んで去った。其處の婦人達は僕らの注文を受けて後に入って準備して出て來たが、味が期待より良かった。僕らがそれを良く食べるのを見て、僕らに尋ねもしないで、あれこれ多く作って持って來た。皆食べる事も出来なかったが、勧める通りあれこれを試食して、僕が計算をしようとするとお金を

受けなかった。僕はこう云う事に合った事がないので払おうとしたが終迄拒絶したので僕が負けてしまった。親しくあれこれ話をしてから行こうとしたら、二入の婦人が僕らが拒絶するのにも、僕らのホテル迄案内してくれた。其の時其処ではタクシーを取ると云うのは考えも出来なかった。僕らは歩きながらその婦人達から約二百万の中国の朝鮮族に関して聞いてみた。皆良くしており大韓半島が南北を問わず良くなるのを祈ると云った。約半時間位してホテルに到着した。僕らはその婦人達を唯歸るようにするのも禮儀でないのでロビに入ろうと誘ったら、彼女らは其處に入れないと言った。僕らはその理由をよく知らなかった。彼女らは別れながら僕らがその翌日何時に發つかと聞いたので朝七時半頃だと言った。その翌日、七時半ごろロビに降りて行くと、正門の外にその前の晩に合った食堂の婦人二人が立っていたので驚いだ。入って来るように二、三度誘ったが、外国人が泊まるホテルには着物を良く着ないで入る事は出来ないと言った。彼らの着物がそう悪くもないのに、百姓が外国人を接触するのを政府が禁ずるのじゃないかと云う考えもした。それで僕ら三人は正門の外に出て彼女らに合った。そしたら彼女らは少し大きい暖かい餅袋を渡してくれた。僕は感激して人達が居らなかったら、その女達を抱えて泣いた事であろう。僕も外国を旅行しながら感傷的人間に成ってしまったからであった。僕はこう云う人達は家族を除いで一生見た事がない。

三十八度線で合ったソ連軍の通訳は、どんなに事務的だと云っでも非人間的だと思いながら、荷物を持って楊口邑に向かって又歩き始めた。僕の故郷は楊口郡の方山面で、僕が十二歳の時方山面で四年制の普通学校を卒業して、約五里離れて居る楊口邑に行って、下宿をしながら普通学校五年生と六年生の一学期迄通わにゃ成らなかった。その後、僕の家族は元山市に移って行った。此れを見でも日本總督の朝鮮文盲政策を覗き見る事が出來る。

遂に家に帰った! 夢か、現か?

父と僕は楊口邑で合つて、一晩其處に泊まった。その翌日一日一回通うバスを乗って方山面、長坪里に行った。其処が良くでも悪くでも僕の故郷である。そのバスが有るのも幸いだと思った。然しそのバスは余りにも古いので故障が生じないのが幸いだと思った。ソウルで育った僕の妻は其処に二十年前初めで行って、余り地域が険しいので又と行かないと言ったが、それでもその後、僕に付いて数回訪れで行った。父は太平洋戦争が終わる前にずっと北にある陽徳市での事業を終え、元山市の事業と家屋を整理して故郷に帰って、小さい陶磁器工場を経営して居られた。其処は三十八度線に近い所で、南鮮に属していたらどんなに良い事だろうか? その反面、父が境界線に近い楊口郡に居られなかったら、僕の運命が今よりずっと違っていた事は言う迄もない。両親がずっと北の元山市に居られたら、僕が日本から歸った時、きっと元山市に行って父母に合っただろうし、そうしだら僕が南鮮に逃れて來られなかった可能性もある。そう言う時、僕がどうなっただろうかを考えると唖然となる。事実、考えたくもない。

家に入ると母が僕を先に見て驚いで、僕を抱いで泣いだ。弟と妹も家に居ったが、彼らも勿論喜んだ。僕も死なないで、その厭うべき日本軍から無事に故郷に帰ったから、此れ以上有難く嬉しい事はなかった。それと同時に、僕は「此れが夢か、現か?」と考えながら、身を抓って確認する程だった。

少し後、僕が母に言った。

「そうでしょう、私が発つ時何と言いました? 死なんで帰って来ると言ったでしょう!」

「お前がそう言ったけれども、それを誰が知ろうか?」

「僕がそう感じたし、又可笑しい事に誰かが、僕を見守ってくれるように感じました。」

「そうか? それは非常に良かったね!」

妹から聞いたところでは、母は僕が發った後、毎晩冷水一杯を家の後ろの小さい壇の上に上げて、「玉皇上帝」と云う神に僕が生きて歸るようにして吳れと、忠誠を盡くして祈ったそうである。僕は余りにも感激するあまり涙が出るようであった。學兵の母として幾名がそうしただろうか? 僕は母に何度も感謝して持って来たお金三万余円を全部を上げた。その時ソウルで一ヶ月の寄宿費が三十円だったからそれは非常に多い金額だった。とにかくその時僕が何回も手紙を上げたので、僕が将校に成ったと云うのは知って居られたが、敗戦した日本軍だから、僕が空手で帰って来ると思って居られたようだった。日本の敗戦前には手紙が届いたがその後は届かなかった。

僕の故郷の村は、面事務所から北の方の三八境界線から約半里位離れた所にあったが、韓国戦後北鮮のスパイが侵入する可能性があるので、又彼らが村の人達を害する可能性もあるので、家を皆破壊してしまったが、僕が其処に行ったのは戦争前だったので、家は皆そのままだった。其処には二つの家族を除いで、百三十五家庭が皆孫氏の家族だった。僕の多くの親族のみならず、孫氏でない人達も皆僕が生きて帰ったのを見て嬉しがって居た。

僕が普通学校を其処で一緒に通った六寸(親等)従兄、従弟達が五寸伯父の宅の後ろの小屋で、酒宴を開いてくれた。其の時、譲造場では米で酒を醸して水を多く混ぜて売っていた。水を混ぜないと非常に強かった。毆米では酒を賣る時、客が望むと酒に水か他の飲料水を混ぜてやるが、其の時朝鮮では予め水を混ぜて賣っていた。勿論、糯米の酒はもっと強く、水を混ぜないともっと非常に強かった。それからその糯米の酒の上に清く浮かんだ酒は何倍も強いが、僕の地方ではそれを変に「トントンジュ(とんとん酒)」と言っていた。僕は「トントンと浮かぶ酒」との意味だと思うが、恐らくそれが正しい解釈だろう。

僕は無事に帰国し、又親しく育った従兄弟達が酒パーテイをしてくれたので、気分が非常に良く、トントン酒がそんなに強いのも知らんで多く飲んだ。少し後僕が知らない間に落ちてしまった。翌日起きてみると他の五寸伯父のお宅の客室に横たわって居た。誰かが僕を抱いで行ったのだが、僕はそれも知らず、変な気分だった。それでも、僕は生き帰って、僕ら式に生きるのが非常に嬉しかった。僕が二週間の間酒を飲んで落ちてしまったのが二番目だった。然しそれが最後であった。

僕は千九百四十八年後保守的クリスチャンに成ってその生活をしようとして、酒を一杯もしないので、そう言う事はその後なかった。いろいろな誘惑があったけれども僕はそれに一度も参らなかった。

陶磁器、壱馬車分捧げよ!

夕方、父が言った。楊口邑に駐屯中のソ連軍が代価を払うから陶磁器一馬車分を持って来いと云うので、念を入れてよく製造して、一馬車一杯載せて持って行ってやったが消息も無く、一度行って話して見ようとしだが相手にもしなかった。彼らは遂にその代価を払わなかった。此の話を聞いた人達は、皆それは凶兆で、悪い予感を禁じられないと言っうにか僕が上げたお金が　少しは助けになったようだった。その後、北鮮が最悪の閉鎖的獨裁國になって今迄続いて居るのは、全世界が皆知って居る通りである。そこでもこの様な事が多いことであろう。

お爺さん! お爺さん!

此のエピソードはソ連軍を貶すために伝えるのでなく、面白いので此処に含むのある。楊口邑で実際起こったと云う事であるし、又多くの人から聞いた話であるから、実話だと思われる。ソ連軍は米軍と違って、初めから朝鮮の人達と交際も良くし、酒も一緒に飲んで遊んだと言う事だった。進駐初期でもあり、又彼らは先鋒隊として来たのであろうから、そう云うのを統制しなかったかも知らない。又彼らが地方人と交際するのも悪い事ではなかった。聞く所によれば彼らは朝鮮を発つ時迄此れを継続したそうである。その反面、彼らが時計とか、指輪とか、色んなものを奪うか取ったのが多いと云う事も聞いた。勿論彼らが北鮮の共産政体を確立するのに大きに參與したのは良く知れて居るし、嘆くべき事實である。

此れと違って、米軍は初めから朝鮮の人と個人的に接触するのを禁じた。

特別な許可を得れば出来だが、それは多くなかった。今もそうだろうと思う。勿論例外が有るけれども、五十年以上米軍何百万が順番に韓国に駐屯して居るが「ジ、アイ、タウン(GI Town)」と呼ばれる前線の米軍基地の側にある小さい町を除いでは、部隊を出て韓国を見回るとか、韓国人を接するのを避けて来た。多くの米政治家達、将軍、提督達は韓国はアメリカの同盟国だと云う。公式にはそうだけれども、彼らの韓国人を対する態度は不十分な点が多い。此れは米宣教師達が一世紀以上築いた親近感を多く害した。米軍が韓国軍と締結した韓美協定を見でも一方的なのを知る事が出来る。此れは次第に修正されたそうである。

アメリカのメーデイアも同様である。千九百八十八年のソウルで行われたオリエンピック直前、アメリカのテレビ社の一つが、韓国にチ-ムを一つ派遣して、韓国人の犬を育てで殺して食べる風俗を詳しく映写し、悪い注釈をつけて半時間放映した。彼らの此れに對する意見は推測出來るけれども、全世界の關心が韓國に集中して居る時、こう云う事をするのは破廉恥な行爲だと言わざるを得ない。此れがアメリカのみか全世界に放映されだであろう。此のテレビ會社は此れでなくでも、その時世界の人達が韓國に關して知りたがるのが多かったが、韓國を惡く見せる爲に、計劃的に卑劣な放送をしたのである。彼らは何故馬とか蝸牛を食べるヨーロッパとか、蛇を食べる国々の風俗を放映しないのか? 韓國に來たアメリカのメーデイア關係者の態度が惡いので韓國人はアメリカの選手よりもソ連選手を應援した。僕も此れを皆テレビで見た。僕は其の時アメリカのテレビのアナウンサーが韓國に關して良くない語調で話すのを聞いて怒ったのを今も記憶して居る。又朴正熙大統領の選挙を放映する時、サンフランシスコに居るアナウンサーの一人が、朴大統領を、「その成ってもない奴。」と云ったので、彼に抗議書を送ったら、謝りもしないで、それが自分自身の率直な意見だと言って送って来た馬鹿な手紙の事を、今も僕はして居る。そして、アメリカのテレビ一つが千九百九十三年の年末、その年の記念すべき事柄を選んで放映したが、日本の皇太子の結婚式は非常に天国的だったと解説し、アメリカに関してクリントン大統領の選挙を大々的に見せならが、韓国の歴史上始めて民主的に選挙された金泳三大統領に関しては一言も触れなかった。それからミスコレアは彼女の父母が選抜委員達に賄賂をやって選ばれたと云って、それだけを放映した。彼らは非文明人に違いない。その後韓國の製品が多く米國に来るようになったので少しは良くなった。この様な「コレア、バッシング(韓国叩き)」は米全域に有ったし、それが人気の有るのだったかも知らない。それで数年前の世界各国の信用度に関する「ギアロップ意見調査」に寄ればアメリカ人は韓國を越南とかマレイシャより下に評價した。米國人がこう云う態度を繼續すると、韓國も屬する自由陣營の指導者と看做す事が難しい事だろう。僕は此れに關しでも哲學的になった。こう云うバッシシングは同じ國の中でも多いのである。韓國も例外ではない。こう云うのは人類歷史上何時も各國に有った事であり、唯米國だけをを非難する事は出來ない。然し多くの米國人は韓國に關する偏見が多いのは事實である。然し二十一世紀には非常に良くなっている。ソ連軍人の話に帰ると、此の人達が朝鮮語を良く知らんので、朝鮮の人との意思疎通が良く出来なかったと云う事だった。酒を飲みながら争う事もあったようだが、朝鮮語で悪口が言えないので、ソ連語を少し分かる人に、朝鮮の悪口を教えてくれよと頼んだ。此の朝鮮の人が少し考えて、ソ連軍が悪口を言ったら、大きな争いになるのを恐れて、「ハラバジ! ハラバジ!(お爺さん!お爺さん!) 」と言ったら良いです。」と教えてやった。ある日二派が一緒に酒を飲む時争いが始まった。ソ連軍が劣勢だったので怒って、拳を擧げて、「ハラバジ! ハラバジ!と叫んだ。そしだら朝鮮の人達は余りにも可笑しいので「ワツ!」と大笑いをし出した。それで、ソ連人も大聲で笑って、皆和解して宴を繼續したと言う。こう云う「轉禍爲福」が南鮮と北鮮の間にも展開して、多くの問題が皆一日早く解決出来だらどんなに良い事であろうか! そうしたら僕のような者も幼い時、普通学校六年と商業学校在学時に居た元山市と、その他数箇所を尋ねる事が出来るであろう。唯一回しか見なかった平壌付近の大同江と牧丹峰も再び見たい。

僕はお前の首を切ってしまう!

僕は幼い時から度々夏期休暇に行って日を過ごした漢江の上流にある伯父の僻村を訪ねて、幼い時から愛してくれた伯父、伯母さんに大きな禮を上げざるを得なかった。僕は休暇に度々其處に行って登山をし、川釣りををしながら時間を費やすのみならず、僕が元山商業學校に通う時、元山驛事件に關連した「鯨會」事件を避けて行った所も其處だッたし、京城高等商業に通う時、奇異な問題に關連されるのを避けて一年休學をしながら過ごしたのも其處だった。又僕を幼い時から自分の子の樣に愛し、物心兩面に援助してくれた伯父、伯母を尋ねない惡い者でもなかった。特に日本軍に行って色んな苦痛を經て來た僕は、嬉しみと感謝の心を持って、其處に行って禮を擧げるのは當然の事だと思った。帰郷して約二週間後、三寸〈親等〉の伯父さんの村に向かって徒歩旅行に発った。約一時間位歩いて千尾里に至った。千尾里は今の「平和のダム」の東側の高い山の奥にある小さい村である。故郷の方山面から三寸〈親等〉の伯父さんの所迄行くのには、其処を越えるのが近道だった。其の時には勿論平和のダムはなかったし、非常に高くて、虎が現れると云う噂のある険しい峠の有る所だった。僕はその峠を度々越えたが、虎を見た事は一度もなかった。勿論虎は或いは僕を見たかも知らん。

その峠を越えて漢江の上流に降りて、その川を沿って北の方に歩き始めた。遅いけれども、「天高馬肥」の秋のお天気で、北漢江の風景は絶世だった。空と川の青い色は濃く、山は楓の黄色っぽい色に包まれて、人家と人がない自然中の自然だった。僕は情緒的人間ではあるが、色んな理由で情緒生活をして居ない時だったので、滿足すべき詩が出て來ないのが殘念だった。

約三時間後、伯父さんの村に着いた。僕が伯父の家に入ったら皆が驚いた。伯父、伯母さんは僕が死なないで帰郷したのを非常に喜んで、僕を前よりも何倍も歓迎して呉れた。僕は其の時職場があるのでもないし、適当な職場が僕を待って居る世情でもないので、其処で醸造場の仕事を助けながら、三週間位過ごす事にした。今度も其処で休みながら田舎の情緒を楽む事が出来るであろうと期待した。

其処で二日過ぎた時、村の人達から期待しない話を聞いた。満洲と北鮮から日本に帰って行く避難民達がその地方を過ぎて行くと云う事だった。ある日本人達は朝鮮の人の報復を恐れて山を越えて行きながら、十月末旬であるのにも凍死する人が居るそうだった。川に沿って来る人達は凍死はしないがも食べ物が不足して苦労するそうだった。彼らは朝鮮の人達に時計とか、着物とかを遣って、食物を少しずつ得て南下するそうだった。彼らの中には僕が尊敬する田中先生とか、新木教授とか、尾上兵長とか、そう云う立派な人達も居るだろうから、彼らを一括的に悪く取り扱う事は出来なかった。それで洞民達は彼らを人情の面だけを見で、惨めな乞食のような彼らを少しずつ助けて送った。

ところが、二、三日後、洞長と洞民達が僕の所に来て、成ってない日本人が一人居るので、どうしたら良いかと相談に来た。僕の背景を見て、彼らは僕を彼らの指導者と看做して居るようだった。彼らの中には、僕が出征前、酒宴を開らいで呉れた人達も居た。

「非常に悪い倭人が一人居るのにどうしましょうか?」

「どうしたんですか?」
「彼は非常に傲慢で僕らを相手にもせず、話も一切しません。」
「どうして、傲慢なのが分かりますか?」
「その奴の顔と態度を見れば分かります。」
「話をしません?」
「はい、一言もしません。」
「じゃ、僕が行って、話して見ましょう。」
その村の大人達の間には、普通学校で日本語を少し習って、易しい事は言える人が幾人居るようだった。僕は直ぐ川辺に行って見た。其処には日本人としては、背が少し高く、少し痩せた、三十五歳位の人が岩の上に座っていた。僕が、あれこれ尋ねて見たけれども、傲慢な表情をして、一切答えなかった。僕は激憤して、洞民に彼を伯父さんの醸造場の部屋の一つに監禁せろと言った。彼を監禁して、僕は又彼と話して見ようとした。
「あんたは何処から来てますか?」
「……」
「職業が何だったですか?
「……」
「何日間旅行してますか?」
「……」
「食べ物はありますか?」
「……」
「一人で来てますか?」
「……」
僕はあれこれ聞いてみたが、彼は末迄默って答えを斷った。僕は彼をもう一日留置して食べ物を遣った。その翌日彼と又話そうとして見たが、前の様に彼は口を開けなかった。僕は非常に怒ったが堪えて、
「お前のような奴は悪質警官だったか、悪質憲兵だったに違いない、そうでないか?」
と言って、脅かしてみたけれども、彼は又何も言わなかった。
「お前はそう言う奴に違いないから、解明しないとお前の首を切ってしまう!」
「……」
「分かったか?」
「……」

「僕が、明日迄待って居るから良く考えてみろ!」
「……」
日本人は、歴史的に日本刀で人を多く殺したので、よく首を切ると脅かすから、僕もそう言って見た。その翌日の朝、又彼を合って見たが、又答えがなかった。又もう一日待ってみる事にした。然しその翌日も同じ事だった。村の人達が来て尋ねた。

「あの奴をどうしましょうか」
「さあ、どうしましょうか?」
「殺してしまいましょうか?」
「そうですね、僕も殺したいけれども、誰がやりますか?」
「……」
誰もすると言う人がなかった。僕も勿論、人を殺した経験がないし、又彼の罪も知らんで殺す猛勇はなかった。僕は彼が大きな罪を犯していでも、人間として彼を殺す事が出来なかっただろう。
彼らが聞いた。
「では、どうしたら良いですか?」
「彼の罪も知らんで、彼を殺す事も出来ないじゃないですか?」
僕は彼等を口説くしかなかった。僕の半世紀以上の生涯の經驗によれは、一般人は口喧嘩をしては駄目で良く相議するか、静かに口説くと言う事を良く聞くのである。其の時の事情では口説くしかなかった。
「僕らが嫌いだと云って、彼を殺す事も出来ないでしょう。」
「それもそうですね。」
「僕は彼を殺せないから、意見を話して下さい。」
「さあ。」
「彼を永く監禁も出来ないでしょう。又、彼を殺しでも、大きな事をするのでもないし、それじゃ、こうしましょう。僕が口説いて、送ってしまいましょう。」
彼らは、少し考えて、お互いに相談してから。
「そうするのが、良いでしょう。」
と云って、僕の意見に同意した。彼らは皆、普通學校程度の教育しか受けでない若者達だった。
其の時には田舎には四年制の普通學校が一つの面(郡の下の行政区)に一つ位しか無かった。僕は彼らが非常識的に出て來たらどう仕様かと心中少し悩んだが、彼らも常識が豊富に有ると云うのを更に知るようになった。休暇の時に其處に行く時には、何時も彼らに合って、多く話したから、彼らが非常識的でないと云うのは知っていたが、こう云う悪い日本人を取り扱う時、彼らがどう出て來るかと、悩みがないのでもなかった。僕はその翌日、彼と又話して見ようとしたが、彼は以前のように何も言わなかった。僕は彼が聞こうが、聞かなかろうが、話をしてやるしかなかった。朝鮮の人も日本人と同じ人間で、人間が人間を搾取し、虐待するのは正当でないのに、日本人は朝鮮半島と満洲で、半世紀以上武力で制圧、統治して話も出来ない虐殺と、虐待と、搾取を敢行したと言うのを力説してやった。それから彼らが朝鮮でしたこう云う悪行は想像以上だと云うのも力説し、それを知らぬ無知な徒輩が居るかも知らんが、歴史が結局その罪悪性を立証して呉れる事だと力説して、話を終えた。そう話を終えたら僕の心が少し爽快だった。然し彼の顔には何の反応もないので、彼が良く理解したか知る術がなかった。

そして、彼に食物を少しやって釈放した。食物をやると有難い気色だったが、何も言えないで発って行った。彼の性格と人生観がどんなに歪曲したかを知る事が出来だ。その後、彼はそれを整理して、意味のある一生を過ごして居るのを祈るだけである。

僕はその後、十日位泊まって家に帰って来た。僕は二度と其処に行く事が出来ない。僕の伯父の家族は朝鮮戦争のため、彼方此方分散したが、僕は其処に又行って見たい。然し北鮮に閉鎖政府が有る限り行く事が出来ない。伯父はその後、以南に来られたけれども、何故家族を連れないで一人で来られたか分からない。僕が韓国戦争後、韓国を初めて訪問する時の前に亡くなられたのでその理由が分からない。伯父は南にきて、老年に又結婚をして、子供を三つも得ていた。

鑛山の親方であった人の下で仕事をせよ!

北鮮政府の体制は徐々に設立しだした。文登と云う僕の故郷から遠くない所の鑛山で親方だった人が、僕等の面の面長になり、彼を助けていた人がその事務所の何かの課長に成ったと云う噂が回っていた。小さい所だからその噂が本当であろう。金城の伯父の所から歸って、父の陶磁器工場の仕事を助けながら其処に居る時、ある晩面事務所から人が來て、僕には會いもせんで、父に言った。
「息子さんが、面事務所の金課長を助けて仕事をして下さい。」
「金課長が誰ですか?」
「戸籍のような書類を取り扱う方です。」
「あ、そうですか?　そうするように言います。然し、あの子も日本軍に行って、長い間苦労をして、今帰ったから、じょっと時間を呉れるのがどうでしょうか?」
「そうしましょう。息子さんにそう云って下さい。」
「は、やってみます。」
何故彼が晩に來て、父と話したか知らんが、それを拒絶したらどうなるかと言うのは良く分かるので、拒絶は出來なく、そうすると言って其の人を歸した。その翌日の朝、父が僕に話して下さった。此れに關して、父は一晩中色々考えた事だろう。
「面事務所から昨晩人が来てお前に金課長を助けて仕事するようにとの事だったよ。」
「彼が誰ですか?」
「戸籍のような書類を取り扱う人だ。彼も又文登の鑛山で親方て居た人だそうだ。」
「勉強はした人ですか?」
「普通学校は卒業しただろう。そうでなければそんな事は出来ないじゃないか?」
「面長もその鉱山で親方をして居た人だそうですが。」
「僕もそう言う噂は聞いた。」
「済みません、私はそう言う人達と仕事は出来ません。」
「では、どうするつもりか?」
「考えて見ます。」
「良いから、早く決めて、僕に言ってくれ。」
父からそう言う話を聞いて、僕は永く待つ必要もなかった。僕は忙しくなった。僕は共産獨裁体制がどう云うのかを少し知って居るので、その僻村の鉱山で親方をして居た人達の下で仕事をする事は出來ないと考えた。その午後、僕は父に僕の南鮮に逃げる意圖を話して、早く逃げて行っでも良いと云う許可を受けた。兩親は陶磁器工場を處理する道がないし、放棄して行く事も出來ないので、南に行くのを保留して、事態がどう成って行くかを見られると云われた。僕は家族を離れて、僕のみが逃れるのが恐縮で又不安なので、そう父に言ったら父も其の時多くの人達が言うのに似た話をされた。

「彼らも人間だ。財産を強いて奪い、任意に人を殺しはしないだろう?」

そして、一言付け加えられた。

「僕は富豪でもないし、知識人でもないし、田舎で小さい工場を経営して居るだけだから、僕らに手は出さないだろう。」

其の時、そう言う風に考える人達が多かったが、そう考えて北に残ってから犠牲に成った人が意外に多かった。それが大きな誤算であると云うのは歴史が良く証明して呉れた。僕が北鮮から逃げて春川市に来ている時、父は山を越えて南の春川市に何度か来られた。父によれば、共産政府はついに、父の工場を奪い、父を唯の経営者として置いたと云う事だった。それで北に残っていた家族と親族達は二番めの五寸〈親等〉の伯父を除いで、人民軍の南侵時、皆酷い苦労と苦痛をしながら南鮮に降りて来た。後に、弟の話によると、父の家族が全部を放棄して越南する時、皆が一週間も飢えた事も有ったし、妹が行方不明になり、色んな苦痛を経験したそうである。戦争後、僕の家族も何百万の避難民の様に、拳だけで生計を立てで行かねばならなかった。その後、幸いにも、妹は南部の大邱に居ると云うのを知るようになった。

それで僕は数日内に越南する準備を急いでした。僕等孫氏家門に万石君と云う豪農の五寸の伯父が三人いた。彼らは少なくとも一年に何千石の収入はあるようだった。その内、最も若い伯父は見識が少し有って、既に田沓を皆処分して以南に移住した。年の最も多い伯父とその次の伯父は、「彼らも人間なのに、僕らを滅ぼすか? 僕らを殺すだろうか? 僕等がどんな罪を犯したか?」と云いながら、以南に行くのを拒んだ。僕が彼らに再度相談したが皆拒絶した。その内、共産党が編成した保安署が人を送って、伯父らの家を捜索し、一ヶ月食う食糧と、着物幾らかを除いて、皆封じ、烙印をして行ってしまった。この爲、一番上の伯父は南に行く決心をして準備を始めたが、その次の伯父はそれでも其処に殘って居ると云って、大きな瓦家から、小さい藁屋根の家に移って、南に行くのを最後迄拒んだ。僕は一番上の伯父を助けて、以南に行く決心をした後、両親以外には誰にも何も言わんで、忙しく準備を始めた。唯、僕が発った後、両親に害が有るかも知らんので苦悶したが、父は別に大事はないだろうから早く南に行けと言われた。そうだと云って、心配がない筈がなかった。初めの伯父の十余の家族と、大きな豪農の家財を移すと云うのは容易でなかった。捨てるものはみな捨てたのにも、荷物が多かった。然し、皆が此れをに二、三日内に仕上げた。遅い秋の或る日の黎明前、僕は父母と兄弟に別れの挨拶をして、家を出て行った。

僕は日本軍に入隊する時とは違って、母を何回も見られないと云う事も知る術もなかった。僕は僕が学兵として引っ張って行かれる時は、僕は死なんで生きて帰ると云う予感があった。然しこの時は何の予感もなかった。僕のため長い間苦しみ、僕が入隊後、毎晩、僕が死なず生きて帰るのを「玉皇上帝」に祈った母をその後何回も見られないと云う予感が全然無かった。僕はアメリカに来ていて、脳溢血で俄かに亡くなられた母の臨終も見取れなかったのが、何時も僕の心の一隈に潜んで居る。母は倒れて二、三日後に亡くなられたので僕がその前に帰国する事が出来なかった。母は死なれる瞬間迄僕の名を呼ばれたと云う事だった。此れが僕の心の隅に一生悲しく潜んで居る。

おお、腰が抜かれそうだった!

こう云う風に父母に合って、僕は故郷を發った。僕は朝早く起きて、初めの伯父の十余名の家族と、約三十名の荷物負いと一緒に、三十余年見られない故郷を離れて行った。故郷を又見るだろうとは思ったが、そんなに永い間見られないとは考えも出來なかった。故國がそんなに長い間分離されるとは誰も考えられなかった。僕が生まれた村は、両親が其の時居られた所から唯半里だがそれが境界線から余りにも近いので、韓国軍が間諜が其処に潜むか、破壊するのを恐れて、家を皆破壊してしまった。それだから故郷はその後又見てないのと同じである。初めの伯父は僕が日本軍の少尉だったと云うのを知って、従弟達が居るのにも、僕が一行を指揮するのを無言の中に任したように、万事僕の意見を聞いた。約五十名を指揮して五里ほど行くのは、日本軍で訓練が出來で居たので、そう難しいとは感じなかった。方山面を離れて華川のダムに向かった。其の時、照陽ダムはなかったが、華川のダムは構築されていた。約五十名が、早い朝とは言っても農村で他の人の目に付かんように旅行するのは容易な事でなかった。二、三組ずつ、約十五分の間隙をおいて、出発させるのも二時間ぐらい掛かった。僕は最後の組と歩いて、方山面の西側にある高い峠を超えて、華川のダム付近に行って皆に加わった。一人も荷物を持って逃げた人は居なかった。其の時にはそう言う荷物を持って逃げでも制裁する事が出来なかった。再度云うが、この世には善人が悪人より圧倒的に多い。

僕らは小さい船数個を予約しておいたが、それらが幸いに僕らを待っていた。僕らはそれに乗って間隙をおいてダムを渡りだした。遅い秋の真昼の湖水は、僕らの心を知らんように美しかったが、僕らはそう言うのを観賞する心情も暇もなかった。僕はこの美しい自然は僕らの歴史的証人にはなるかも知らんが、その他何もしないで、又する事も出来ないと云う明らかな馬鹿げた考えをして居た。横を通っていた二、三の舟に乗っていた人達が僕らを疑わしく見ていたので、警戒をしなければならないと思って、湖水の向こう側に達した時、皆山の半分ぐらい上がった所の藪の中に行って、晩に成る迄隠れて休む事にした。

遠く過ぎて行く人達が度々有ったが、僕等が居るのを探知出来ないようだった。僕らは晩暗くなった時、列を作って山を登り始めた。僕らは何か有ったら、北鮮の警備員を圧倒すると云う合意が出来ていた。僕等は黙って山を登って行った。必ず話す事が有ったら、小さい声で囁く事にしたが、皆此れを良く守って呉れた。遂に僕らは山頂に上って、安堵の息を付いた。約半里行くと南鮮に入る地点に至っていた。それがどうした事か? 此の時、遠くから二、三名の人が歩いて来る足音が聞こえて来るのでないか? この境界線に北鮮の警備隊員が居ると云う噂も聞いて居た。僕らは、近くなって来る足音が彼らのだと考えた。互いにそうは言わなかったが、そう思って気絶してしゃがんでしまった。

少しの後、其の人達が近く来た。何か事が有ったら、彼らを無気力にすると云う覚悟と合意が出来ていたので、起きようとしたが、どうした事か起きる事が出来なかった。伯父の他何人も起きる事が出来なかった。僕は多きに驚くか非常に恐ろしいのを直面すると腰が抜けると云う俚言が僕らの話しにもあり、日本語にも有ると知っていたが、其の時初めてそれを経験した。日本軍から数週間前に帰った者、それも少尉として帰って来た者が、そう言う惨めな体勢に落ちて恥ずかしかったが、僕も人間だからどうする事も出来なかった。

幸いにも、彼らがごく近く来た時、暗いけれども良く見たら、南鮮から何かを買って行く二、三人の商売人のようだった。彼らは何も言わんで過ぎて言った。僕らは其の時遂に安堵の息を付き、士気を回復して、約半里位歩いで、南鮮の土地に足を入れた。其の時の氣分は数百万の同胞が經驗した事であろう。然し僕としてはそれを忘れる事も出来ないし、今も其の時の氣分を生々しく覚えて居る。抑壓的雰圍氣に満ちて居る社會から離脱して、良くでも悪くでも自由の空氣を始めて呼吸する快感と、開放された氣分は實に形容する事が出來ない。此れは經驗した人でなければ良く感じる事が出來ないだろう。然し、後に残しておいた両親と兄弟達、それから親族達を考えると、憂鬱と不安を感じ、彼らの安全と健勝を何時も心から祈らざるを得なかった。後聞いた所によると、共産分子が父に来て、どうして息子を南に生かせたかと詰問し出した。

「僕は彼が何を考えて居るのか皆知りもせんし、又彼が以南(南鮮)に行くと云うのは口にもしなかったので、僕は何も知って居なかったです。」

と云って、堅く否定すると、その後何の話もなかったそうだ。其の時は共産政府の創始期だったし、彼らも人達の意見と精神状態に気を少し使う時だったので、大事はなかったそうである。又僕は其の時彼らの大敵ではなかったので、別に問題は無かった。

僕らは其の峠で寝る事も出来なかったので、一時間位もっと歩いで行って、少し大きな村に至った。其処に旅館が二つあったので、僕らは其処に泊まった。其処で解放された感懐を長く話し、自由を満喫しながら、一晩よう眠った。

その後聞いた所によると、初めの伯父が越南した後、二番目の伯父を小さな藁屋根の家に移住させ、食糧も少ししか呉れず、その他の資財を皆押収したそうだった。それでもこの伯父は北鮮にその侭留っていた。ところが、僕が春川市で米軍の通訳をして居る時、この伯父が俄かに伯母さんを連れて春川市に現れた。伯母さんは妊娠中だったが、田舎の者達は、その子を分娩出来ないので、仕方なく春川市迄来て、僕の援助を求めたのである。僕は米軍医に頼んで分娩させたが、その子は子宮の中で死んでいたので、伯母が苦しんで居たのである。こう云う事もあったので、以南に来る様にその伯父を説得仕様としたけれども、彼は終り迄同意しなかった。悲しい事に、その伯父、伯母、従兄弟達が皆一年以内に死んでしまった。僕は今迄も、どうしてその伯父が以南に来ないで、全家族が一年以内に死ぬようにしたか、理解する事が出来なかった。僕は彼らが、一年内に伝染病で皆死んだのじゃないかと云う考え迄したが、それを確認する道はない。

僕の南鮮生活の初め

遂に僕は五里位歩いで、春川市に着いた。今度は母系の叔父さんの家に行ったら、歓迎して一緒に居れと言うので、其處でお世話になりながら、就職の爲多くの人に職場を探して吳れと賴んでおいた。春川市には前に數度来て見たけれども、永く留った事がないので知人が少ない所だった。或る日、春郡と春川市を管理する春城郡廳で連絡があって、其處に行ってみた。其處に行くと、其處の接待員が、其處の米軍政官が通譯が必要だと云って吳れた。僕としては英語文法と、英語の本に出て来る語彙に關しては、ある程度自信があったけれども、會話と發音は全然自信がなかった。又、米軍人が日常生活に使う語彙と會話は本當に自信が無かった。それで、そう言う話をして居るのに、何處からか通譯一人が現れてその軍政官の部屋に入って、その軍政官と話し出した。其の少佐が僕に言った。

「僕はウィルスン少佐です。」

「私は孫鍾英です。」

「英語を少ししますか?」

「会話は良く出来ません。」

「どの学校で英語を習いましたか?」

「元山商業と京城高等商業です。」

そう云ったら、その李氏と云う通譯が驚いだ。

「僕も京城高商出身です!」

「あ、そうですか、よくお願いします。」

僕は即座に採用された。その李氏の同窓生だと言うので、ウィルスン少佐は何も言わんでその場で僕を

採用した。ところが、問題は僕の會話能力だった。この先輩は何處で會話の練習をしたのか、江原道軍政官の通譯を良くしていた。

通訳は頻繁にする必要がなかったので難しくなかった。初めには、知らなかったら、お互いに紙に書いで仕事をした。僕は仕事しない時間が多かったのでウィルスン少佐の兵士達と話しながら時間を送っていた。彼らもする事が少なく休む時間が多かったので、ウィルスン少佐が部下の兵士達に僕に話をしながら、僕の英語を直して吳れるように指示したであろう。約一ヶ月して、僕の英語の発音を殆ど皆直した。僕は通学時、外国語が好きだったのでその成績が優秀だった。それで僕は良い発音と仕事に必要な語彙を早く習っ

て、約一ヵ月後には通訳を比較的に良くする様になった。この様に僕の以南での生活は、予期しなかった風に始まった。僕は心中、

「おゝ、僕の運命よ、今度は良いのか、悪いのか?」

と云いながら、その生活をよくして行く覚悟をした。約一ヶ月位して、僕は通訳がいやに成り出した。其の時は韓国政府が立つ以前だったのでそうか、米軍の朝鮮の人に對する態度が氣に入らなかった。又、軍政官に來て虚偽申請をして金儲けをする人達が居るのも見て、こう云う社会もあるのかと、気分が悪く成り出した。然し正直な人がそうでない人よりずっと多かった。

僕が待遇も悪くなかった通譯の仕事を止めたのも僕の心の問題だった。ある日、米軍兵士一人がジープ車を運轉して居る時、朝鮮の子供一人を打って酷く傷付けたが、何の處罰もしないで彼をソウルに轉屬してしまった。此れが其の時、米軍と朝鮮の人の間に悪い感情を齎したが、どうする道理もなかった。僕はその事に關して直接通譯をしたのでもないが、衝撃を受けて通譯を辭める事にした。その決心をすると、心が少し爽やかに成った。今考えでも米軍は其の時朝鮮の人を余りにも輕視していた。その後暫くして、江原高等中学校で英語の教師を求めて居ると云う消息を聞いた。僕は直ぐその学校に行って、咸仁燮校長と面会をした。彼が英語筆記試験をすると云いながら、彼が呉れる農業原書の二ページを翻訳させた。僕は京城高商通学の時、経済に関する原書を習ったので、それを翻訳するのが難しくなかった。彼は僕の翻訳を見て、その場で僕を採用した。彼が東京農大出身だと云うのをその後知ったが東京にも農大が有ると言うのは考えも出来なかった。僕に英語試験をして採用したのが常例で

もない様だし、僕を軽視したような気がして、長い間気分が悪かった。然し僕が試験に合格したのも幸いだったと思った。

この様に、僕の短い通訳の生活も清算して、英語教師生活を始めた。其の時には、高等学校の課程が新しく制定された時なので、高等学校を中学校に付けたため、「高等中学校」と云った。春川農業学校が江原高等中学校に昇格し、それが春川農大に昇格した。それがその後江原大学校に昇格したが、此れは皆咸氏がし遂げたのである。彼はその後、農林長官にもなった。この様に僕の英語教師の生活はその年の秋に始まった。僕の記憶に依れば、其の時には学期が米国式に九月に始まって居た。

僕の神様に合う!
否、神様が僕を選んだのだ!

其の時春川市には、米軍の従軍牧師を助けて居る「崔」と云う中学生がいたが、春川市で通訳が出来るのは僕の先輩李氏と僕二人しかないと言う噂が回って居るようだった。米宣教師達が醸した僕らの良い対米感情も米軍の進駐と共に、米国人も普通の人間に過ぎないと云うのを知るようになって変わってしまった。差異があると云えば、彼らが僕らを非常に差別すると云う事だった。考えて見ると日本人も同じだったのに、宣教師のため米国人に対する期待が余りにも大きかったかも知らん。

とにかく江原高等中学校に米軍か米国人が来ると、他の英語教師達は何処に行ったか見えなく、僕が何時も校長と教務主任の通訳をせにゃならなかった。数万人口の春川市に中等学校が三つしかなかったので、彼らが主に行政を監視すると云う理由で二ヶ月に一回位来て居た。ある日、ニューヨーク大学校で教育学を教える教授一人が尋ねて来た。事実、其の時江原道全体に中等学校が十にも成らないので驚くべき事だった。その教授に僕がニューヨーク大学校に行って勉強出来る様にしてくれと頼んだが米従軍牧師の一人のためそれは水泡に帰した。

春川市に通訳出来る人が二人しか居ないと云う噂のためか、ある日僕が学校で仕事をして居る時、面識のある米軍牧が俄かにに尋ねて来た。そして僕らは次のような対話をした。

「私が通訳が必要ですが助けてくれませんか?」

「そうですか? 僕が出來る事ですか?」

「出来ると思うんですが。」

「何時、何処でですか?」

彼は僕の先輩の李氏を接觸しただろうが、彼は結婚をして居るので夕べに時間が出なかっただろう。それで、噂を聞いて、僕を訪ねて來たのだと思った。僕は一度だけするのたと思ったが、それでなく繼續してくれとの事だった。

「いいや、一度じゃないです。」

「そうですか? それでは何をする計劃ですか?」

「学生のバイブル、クラスを作りたいですが、助けてください。」

「僕はクリスチャンでないですが。」
「そうでも良いです、唯通訳だけしだら良いです。」
「度々するのですか?」
「一週間に一回ぐらいです。」
「じゃ、やって見ましょうか?」
「それがですね。俸給はありません。」
「それは良いです。」

僕は英語を練習する機會が來たので、それを有難く考えて、報酬なしにその仕事を始めた。僕は其の時獨身だったので、そう言う時間を作るのは難しくなかった。然し僕はそのバイブル、クラスに通譯だけをする爲通った。そのバイブル、クラスは、主にその軍牧の婦人が敎えたが、その婦人が闊達で外向的な人なので、學生達が直ぐ彼女を好んで從った。彼女は毎度熱心にバイブルを敎えた。偶に軍牧自身が敎える時もあった。僕は毎週一度、或いは、二度ずつ、そのバイブル、クラスの通訳をしたが、或る時には二時間もする時があった。又、招待されて、そのクラスが米軍基地に入ってバイブル勉強もし、パーテイーにも参加して、学校とは別の楽しみもあった。勿論、其の時通訳する時、間違ったのが一、二度でもないので恥ずかしく思って居た。その軍牧の夫婦が寺を見た事がないと言ったので、春川市付近にある寺に彼らのジープに乗って案内をした。僕は彼らに僕は仏教徒だと云う話を又して、僕が知って居るのも多くないが知って居る範囲内で説明をしてやった。朝鮮の仏教は高麗時代(世紀:九一八–一三九二)には盛行したが李朝時代(世紀:一三九二–一九一0)に仏教を弾圧したため、多くの寺が山に行ったと云うのも説明して、良く知らない仏に関しでも説明をし、仏の前に行って参拝もし、奉行にも参加した。それでそれは彼らの　　期待に多く外れていたし、彼らは大いに失望しただろうと思った。事実僕は篤実な仏教徒でもないし、寺に一年に一度行くか、行かないかだった。

僕は普通仏教に関しては別に関心もなかったがクリスチャンに成ると云うのは考えも出来なかった。大部分の朝鮮の人達はよく知りもしないで、傳統的に仏教と儒教を守りながら生活をするのだった。死んだ人に関しては仏教に従い、現世の生活に関しては儒教の風習に従って来た。

こう云う風に僕の時間は行った。秋と冬が過ぎて、千九百四十八年の春が回って来た。或る日バイブル、クラスに行って通訳をして居る時、其処に来た学生達が朴在奉と云う復興師が直ぐ春川市の長老教会に来て一週間復興会を指導するが、その復興師は神癒の恩賜を受けて、彼が祈祷をしてやる病人は皆治ると云う噂が回って居ると云った。米軍牧夫婦もその話を聞いて僕に一度行ってみろと勧めた。僕は何故か知らんが、好奇心が大きくなって、それを初めから終わり迄見る事にした。僕は病人が祈祷のため治るのを見た事がないので、学生達が言うのを信ずる事も出来なかったし、又好奇心も大きかった。

僕は彼が魔術師のようにトリックを使うのではないかと云う考え迄した。僕は独身だったので、職場を除いでは行き来るのが自由だった。

その教会は約六十名位が入れる小さい教会だった。今に比べると其の時の朝鮮の基督教の教盛がどんなに弱かったかが分かる。其の時春川市にはそう云う教会が二つしかなかった。此れは勿論日本に比べると良い率だけれども、今と比較したら非常に弱かった。今春川市には五、六街に大きな教会が一つずつあるようである。今は韓国〈南鮮〉の人口五千万の五十パーセントがクリスチアンだと言うから、驚かざるを得ない。韓国戦争後、韓国の経済復興が奇蹟だと云うが、韓国の基督教の復興は宣教史上奇蹟だと言って居る。そして今韓国は活発な基督国家に変わって居る。韓国は今、世界各国が海外に輸出するバイブルの六割を輸出しており、五大陸に宣教師を送って居る。米国人達は彼らが送った宣教師達の宣教事業がこの様に結実したのにも拘わらず、此れを知ってる人は多くない。又、世界で一番大きな教会が韓国にあり、その信者数が百万に近いと云うのも知らんで居る。こんな急激な発展は、韓国に半世紀以上駐屯して居る米軍が間接に影響して居ると信ずる。彼らのお蔭で、韓国に宗教自由があると見でも少しも過言ではなかろう。

とにかく其の時は春でも晩にはごく寒かった。それでその小さい教会に行ったら、窓は皆堅く閉めてあり、人達は油紙で覆った床の上に座って礼拝を挙げていた。今韓国の教会の大部分は欧米式に椅子を置いて居るが、其の時はオンドル(溫突)式に作った教会が多かった。僕は其処に知ってる人もないので後ろに座って、貸して呉れる賛美歌の本を持って賛美歌を歌う時は真似をせねば成らなかった。賛美歌の数個は、バイブル、クラスで英語で歌ったのだったので、曲が耳に慣れていで、少し助けになった。其処には僕が見でも、多くの病人が来て熱心に祈っていた。びっこを引く人も一人いた。僕はこう云う人達が皆治るのかと疑うしかなかった。初めの日には病人に対する祈祷はなかった。この皆の事が教会に行った事がない僕には馴染みのない事だった。此れが六日継続した。病人に関する祈祷は其の週の日曜日に有ると言うのを聞いたが、僕は毎日復興会に行って見た。一週間、諦念した病人はないようだった。最終の日は日曜だった。少し早く行ったので、遅く来た人達に押されで、僕は人達に包囲されていた。其の日病人のために祈祷をすると言うので、僕の様に見物に来た人も居った事だろう。勿論教会は一杯だった。その時には「教会」よりも普通は「礼拝堂」と言っていた。

病人達とその周囲に居る人達はもっと熱心に祈祷を挙げていた。ある人達は礼拝が始まる一時間位前に来て祈祷を上げていたと云って居た。担任牧師の説教が終わると、朴在奉復興師が病人のため祈祷を上げると云った。僕は彼が病人を一人ずつ壇上に招いで祈祷を上げると思ったが、それでなく、彼が壇上から病人皆のため一度祈祷を上げると言った。僕はそう言う事も有るだろうと思って、頭を下げて聞き始めた。そうして居る時、僕は変な考えをし出しだ。

「あの人達は病気の治癒のため、あのように熱心に礼拝を挙げ、祈祷をして居るのに、僕はクリスチャンでもないのに、見物に来てこうしておるのは何と言う様か! 事実僕が大きい罪人じゃないか?」

と考えた。僕は僧侶と仏教徒達が罪に関して多く話していたので、罪が何かは知っていた。それから寺も教会も皆神聖な殿堂であると信じて居た。僕が見た所では、どの殿堂より此の時のこの教会がもっと神性に溢れて居ると考えられた。僕がこう云う考えをして居る時、俄かに冷風が僕をサッと擦って行った。春の晩でも寒いので窓は皆堅く閉めてあり、隈に有るストーブには火も炊いて居た。可笑しいので見回ったら窓は皆仕舞ってあり、僕の周囲には人達が一杯座っていだ。

僕は繼續して復興師の熱い祈禱を聞いていた。直ぐ病人に關する祈禱は終わった。その瞬間、病人達は治ったと言って、立って踊りながら騒がしかった。とでも、僕の目を信ずる事が出來なかった。これが奇蹟でなかったら何が奇蹟だろうか? 僕は實に奇異な事もあると思って敎會を出たが、僕が一週間見守っていた病人達が治ったのを僕の目で見でも、信ずる事が難しかった。然し氣分が非常に良い事で、感嘆せざるを得なかった。それに又奇異な事が起こった。僕が幼い時から、胃病のようなのが有って、鍼も受け、漢薬も多く飲んだが、治らなかった。僕は一生その症状を持って死ぬと思って諦念していた。それがその翌日完全に無くなって気分が本当に良かった。その翌日も。又その翌日もそうだった。それで僕は元来霊界の存在とその力を信じて居たし、仏教は事実よく知らないし信じでも居なかったので、僕を治した神様と、その名前で祈祷を挙げた神様の独生子キリストを信するのが仏を背反すると言う気分も無かった。事實、佛敎は宇宙の眞理を理解しないと涅槃に行けないと言うが、それが何で、どうしだら其処に行けるかに関しては、具体的に良く教えて居ないと思った。それで、僕はキリストの恩恵を体験したので、キリストとその神様を信するのが当然だと考えて信ずる事に決心した。いや、お神様が僕をそうさせたのではないか? それで幼い時から宿命論者だった僕は、カルビン(Calvin)のような信仰と予定説を信じ、僕の霊界巡礼(Pilgrim's Progress)が始まった。その後僕は牧師にはならなかった。

米国に出発

僕は約三ヵ月後、機会が有って、米国留学の途に発った。それは僕が努力して作ったのでもなく、又それのため祈祷したのも一度もなかった。此れも宿命として僕の膝に転がって来たのだった。此れがお神様の御意図でなければ何んであろう? 留学と云っても、両親は北鮮に居られたので、其処から金が来る筈もなく、春川市での教師の俸給も悪くはなかったが永く教えなかったので貯蓄したのも別になかった。学生達が集めてくれたお金は着物を買うのに使ってしまった。僕は千九百四十八年七月三日にアメリカに発った。出発する時手中には二十五ドルしかなかった。それで米軍牧の周旋で米軍運送船に乗って、船員の助手として船倉で船酔いをしながら働いで、千九百四十八年七月下旬にアメリカに着いた。アメリカに來て、許しを受けられんと言う聖靈を排斥する罪は犯しなかったが、人間としてその他の色んな罪を多く犯した。然しアメリカでも僕が春川市で目撃し經驗したような奇蹟を度々目撃し、僕も又二、三回經驗して、僕のクリスチアンの信仰が漸次堅くなって行った。今も僕は繼續して篤實なクリスチアンに成ろうと努力して居る。僕がアメリカに行くのも偶然の事で、運が良かった。前にも言った様に、僕は此の爲祈禱した事もなくアメリカ人に阿付した事もなかった。僕は高等中學校の英語敎師の仕事に満足していた。然し此れがお神様の意圖でなけければ、何だろうか? 留學は皆米軍牧が周旋してくれた。彼は僕が立派な牧師になるのを願ったが、それは出来なかった。その二週間前に書いた拙詩を載せる。

バルサムの花

バルサムの花が咲く時
とうに過ぎた昔
姉の指の爪は赤く
伯母の目は涙にくれだが

バルサムの花が散ると
姉は嫁に行き
伯母は可愛い息子を得
庭園の月はごく明るかった

かわずが又鳴く時
僕は家を又發ち
他郷を迷う時
バルサムの花が懐かしかったが

今かえずが又鳴くとき
何を望んで、又
何所に行こうとするのか
然しバルサムの花は永く咲けよ

あんたはお金を返して貰ったか?

僕は忘れられない事をもう一つ述べたい。僕は船で良いアメリカ人数人に逢ったが、彼らも僕がアメリカに留学するため、船で働いで居ると云うのを知って、僕を良く考えるようだった。その内の一人が、その船の通信士だった。彼は僕が二十五ドルしかないと言うのを知って、僕の心配をしていた。今はコーヒー一杯に一ドル半以上するけども、其の時は五銭だったから、其の時の二十五ドルは今の五百ドル位のお金だったけれども永く続く金ではなかった。それから船の人達が、勉強するのにパーカーペンが良いだろうと言うので、船でそれを七ドルで一セット買った。其の時にはボールペンの様なのもなかったし、万年筆の様なのだけなかったが、それがそう安くなかった。外部では二十ドル以上だった。

この通信士が、紙入れを船の会計士に任せと言ったので、そうした。僕は其の時迄、領収証と云うのは取り扱った事がないので、それを受けていなかった。船がホノルルに着いた時、僕は上陸して、見物をして見たくて僕が会計士に僕の紙入れを返して呉れと言ったら、彼はそう言うのは知らんと言った。少し後その通信士が僕と一緒に上陸しようと言った。僕は金がないから行かれんと言ったら、心配するなと言ったので一緒に上陸した。ホノルルに行って一緒に見物をしたが、彼が交通費と飲料水費を皆払った。僕は有難かったけれども、それを払う事が出来なかった。僕が心配していたら彼が忘れろと言ったので有難かった。船に帰って仕事をしながらサン、フランシスコに向かった。船が金門橋を過ぎて、サン、フランシスコ付近に停泊した時、船の会計士が微笑みながら十八ドルが入った僕の財布を返してくれた。其の時やっと、彼がホノルルで何故僕の財布を知らんと言ったのか分かる事が出来て本当に有難かった。僕は有難いと言うのを彼に繰り返した。

僕は甲板でその通信士に逢った。彼は心配そうに僕に聞いた。勿論英語でだった。

「財布を受けなかったですか?」

「いいえ。」

と僕が答えだ。

「なに? 受けなかった?」

「いいえ。」

と云ったら、彼は興奮した。

「本当に受けなかった?」

「いいえ。」

と言ったら、彼はごく興奮してその會計士を訪ねて行くと云った。僕は彼が何故そうするのか知らんで驚きもし、じれったくもあった。それで僕が云った。

「その必要は有りません。」

「何故? 金を返して貰わにゃ!」

「財布を受けました。」

と僕がはっきり言った。

「そう? 其れじゃどうして「いいや」と三度も言ったの?」

それでやっと、否定質問に答える時、東洋では欧米語とは違って、「はい」と「いいえ」が正反対だと云うのが頭に浮かんで来た。

「いいや、受けました。」

と云ったら、確実だった。欧米では質問が肯定的でも否定的でも、

「はい、受けました。」

「いいえ。受けませんでした」

と云うが、「はい」或いは「いいえ」とだけ言えばいいのだから、これは東洋語の正反対である。東洋語では質問が肯定的だったら上のように答えるが、質問が否定的だと、

「いいえ、受けました。」

「はい、受けませんでした。」

それでも、「はい」か「いいえ」だけを言えるからそれは英語と正反対である。此れを体得して自由に使うのは容易でなく、時間が実に掛かるのである。「はい」と「いいえ」を持ってこんなに苦労をするから、外国語と云うのは本当に難しいのである。僕が四十五年間働いで居た米軍外国語大学の越南教授一人が法廷で「はい」と「いいえ」を東洋式に使って、刑務所世話を見る直前迄至って居たと云うのであった。それから僕は、若松で言葉一句を良く使わなかったので、僕が朝鮮の人だと云う正体が、朝鮮系女給に暴露された事も、今迄僕の頭に残って居る。同時に、僕は既に數人の良いアメリカ人に逢ったので驚き、有難かった。一番悪いと考える人は僞善者である。アメリカも日本も、韓国のように、良い人と悪い人が多く集まって生きてる社會と云うのは既に言った。然しアメリカには日本のように極端的民族主義者は殆ど無いと言っても良いだろう。

あんたは移民局の留置所に行かにゃならん!

僕らが乗った米軍運送船が美しい金門橋に近く停泊した時、僕らは甲板に上って、サン、フランシスコ灣の美しい風景を樂しんでいた。僕らは何故船が埠頭に行かないか知らなかったが、直ぐ移民局の職員達が上がって來て、外國人に何かの用紙を配って必要事項を書き入れよと言った。その一欄にどの軍隊でも軍隊經驗があると記入する様に成っていた。僕は書かないかとも

思ったが嘘を付くのも嫌ったし、又クリスチャンとして嘘を言うのはもっと悪いと考えた。それで日本の軍隊に居たと書き入れた。少しの後、移民局の職員が僕の所に来て、自分の紹介をし、僕の日本軍隊の経歴に関して質疑を始めた。僕は学兵だったし、志願したのじゃないと云ったが、彼は僕に云った。

「志願しなかったのを証明する書類が有りますか?」

「無いですが。」

「誰かに手紙を書く事が出来ませんか?」

「誰に書きますか?　書いでも時間が掛かりませんか?」

「じゃ、あんたは僕らの留置所に入れにゃ成りません。」

「それが何処ですか?」

「僕らの移民局の建物の中に有ります。」

この時僕はキリスト教の教理をよく知って居なかったので、運命論を考えて皆運命に任さにゃならんと考えた。其の時韓國から歸って來る米軍の大佐一人が僕の困窮を見て助けようとして云った。

「僕は朝鮮から帰る将校ですが、学兵に関しでもよく知っています。皆日本が強いて引っ張って行ったのです。例外が別に有りません。」

「お話だけではいけません。僕らが承認出来る政府機関が書いたのが無かったら駄目です。」

「それをどう得ますか?　僕が書く事が出来ませんか?」

「大佐殿は承認出来る朝鮮政府機関の職員じゃないじゃないですか?」

「じゃ、どうしだらいいですか?」

「それはこの人の問題です。」

その大佐が知って居る米宣教師一人が通って居たが、彼も僕を助けうようとしたが、米宣教師の話と陳述書も受けられないと言った。僕は驚かざるを得なかった。アメリカはキリスト国家だから、牧師とか、宣教師の話は確かに受け入れると考えたが、そうではなかった。僕は南韓に有る米軍政のどの部署がそう言う書類を作ってくれるか知らんと言った。その移民局の職員は、そうだったら僕を追放せざるを得ないが、その間、移民局の留置所に入れにゃならんと云った。少しの後、その大佐に逢ったが、彼が言った。

「どうして、日本軍に居たと書いだですか?」

「隠すのが嫌いでした。」

「何も書かないでも良いのに、大変な事になったですね。」

その大佐が僕を考えて云う話だが、彼がそんなに言ったので驚いた。米宣教師一人が助けようとしたがそれもだめ然し彼が僕を心配して居るのを分かって慰安になった。その午後、移民局の職員一人が埠頭から遠くない移民局建物の十三階にある移民局留置所に僕を連れて行った。僕の部屋にはヨ-ロッパ人が二人いたし、僕は狭い部屋と小さい居室のような所に入ったが、其処から外には出る事が出来なかった。聞く所によると、その建物の多くの階層を移民局留置所に使って居り、拘留されて居る人が数百名に達すると云って居た。其處に白人夫婦が既に何年も泊まってい居ながら、其處で娘を生んだと云う事だった。又其處にノルウェ-イ人が一人居るが、身元確認が善くならんので約四年間拘留されて居るそうだった。彼らは共産分子でないと云うのを証明せにゃならんが、それがそんなに簡單でないと云って居た。それで、彼らはその狹い所で長い間拘留されて居るから、實に奇異な世間もあると考えた。僕はアメリカの統制下にある社會を初めて見たが、僕にはそれは非常に可笑しいと思った。此れがアメリカだったら、僕は韓國に歸っでも良いと思って居た。その後、僕はクリスチャンとしてその建物の内にある人達の爲、眞實な祈禱を擧げたがどうしてこう云う建物がこの國にあるのか幾度も考えてみだ。そして、僕はどの位長く其處に留るのかと心配もした。

夕食後、カトリック教の修女一人が来て僕とちょっと話して、なんの事もないだろうトろと言って行ってしまった。僕は何でも助けが必要なのに、彼女が別に関心を持たないので内心少し怒った。その次、プロテスタントの牧師が来て助けて呉れようとしたが彼も出来なかった。それで僕は多くの人が夢見る天国の様な自由の国、又シャンリラ-のような所であると言う国に上陸するのは諦念して、唯其処に居る人達のように、余り長く拘留されないのをお神様に祈った。

その翌日の朝、僕は何階も下にある検査官に連れられて行った。僕は何処に行くのかも知らんで、ただ着て居る服装をして一人の職員について行った。其の時には何でも公的会所に行く時には必ずネクタイを付けにゃならなかった。僕は移民局の職員はみな検査官だと思ったがそうでなく、僕が此の朝合いに行った人が正式検査官だった。彼は僕の背景に関して簡単に質問した後、次のように尋ねた。

「書類を持ってますか?」

「何の書類ですか?」

「アメリカに入る書類です。」

「上の私の部屋に有ります。」

「行って持って来なさい。」

「今ですか?」
「はい、行って直ぐ降りて来なさい。」
それで僕は僕の部屋に上がって行って、征服を着、ネクタイも付けて、書類を持ってその検査官に下りて行った。彼は僕が正装をして、ネクタイも良く付けて降りて来たのを見て驚いだようだった。少し話して、彼は僕に聞いた。
「あんたはクリスチャンでしょう?」
「はい、僕はやっと、三ヶ月前にクリスチアンに成りました。」
「其れじゃ、このバイブルに手を付けて、日本軍隊に志願しなかったと云うのを誓えますか?」
彼の机の上にバイブルが一つあった。僕は直ぐ答えた。
「勿論、出来ます。」
と言うと、彼は僕に誓いもさせないで、云った。
「それじゃこの留置場から出て行っでも良いです。」
「そうですか? 何時ですか?」
「よかったら、今すぐでも良いです。」
「それは本當に有難うございます。」
それで僕はアメリカに基督教が生きて居り重要なものだと云うのを確実に知るようになった。

僕の祖国と移民して来た国よ! 永遠に榮えろ!

僕は千九百四十八年に故国を発ったが、それが昨日のようだと言うのは余りにも常套的だ。とにかくそれが昨日の様に僕の記憶に生々しい。その後僕はアメリカに半世紀以上も住んで居る。アメリカに来てからも、上に劣らないエピソードが多いが、それを皆此処で披瀝する事も出来ないので僕が千九百九十二年に韓国精神文化研究院に行ってした講演の結論を此処に写したい。此れは移民して来た人達の共通する感情だと信じ、一般の人たちの良い参考になるように祈るのである。僕ら移民達は、祖国を捨て白衣民族を背反した人だと云う非難を受ける時があると言う。然し僕がアメリカに居りながら多くの故国人達を見たが、この非難は實証がないと云うのを確言出來る。故國を極評する人達は政治的に未熟か、なってない反政府扇動家達である。僕が見る處ではそう言う人が眞の反逆者である。他の国から來た人達を見でも同じ事である。

アメリカの社会学者達は、一世の移民達は移民して来た国に二0パーセント同化し、二世は五0パーセトしか同化出来ないし、三世になってようやく百パーセント文化的に同化出来ると云う。その後にも前で言及したように、職場とか社会的に中間以上は登れないし、白人が僕らは異質的人種であり、彼ら個人の社会に入れないと言うのを度々暗示する時が有る。それで僕らは僕らの揺籃地をもっと見回るようになる。とにかく揺籃地を尋ねない動物は多くないだろう。僕は又伝書鳩(homing pigeon)とかブーメラン(boomerang)を度々此れと関連して考え、前にも言った様に又アレックス、ヘイリ(Alex Haley)と云うアメリカの黒人が書いた立派で米国人が多く読む本「根源(Roots)」も考えてみて、僕らの米国化が容易でないと思った。又、或るカナダの学者は多年間研究した後、人間は育つ時食べた食物を食べると健康で長く生きると云う結論に達して居る。

又「コレア(Corea)」と云う名前を持ったイタリア人は、彼らの祖先は「コレア(Korea)」から来たと言うのを皆知って居る。彼らの祖先は十六世紀壬辰倭乱の時、一人のイタリア神父に付いて行った同胞の後孫である。此処で参考的に言うと、韓国とか朝鮮を英語では常に「Korea」と書く。此れは日本が約一世紀半前に多くの道を通して国際団体が「Korea」を使う様に作ったと云う話も有る。それは世界各国を列挙するとき「Japan]が[Korea]の前に出てくるからそうしだのだと言う話もある。出来るだけ早く「Corea」を使うように直さにゃならん。十三世紀に中国に来て帰った「マルコ、ポーロ (Marco Polo)」と云うイタリア人が「Corea」と書いだが、それが後に英語で「Korea」に成ってしまった。然し英語辞典でも「Corea」が「Korea」の別の書き方だとなって居る。とにかく僕らは、僕らの血と搖籃地を忘れる事出來なく、又捨てる事も出來ない。

米國の社會學者達と未來學の學者達は、五百年後、アメリカには肉体的に、又文化的にも完全に同化した單一民族が住む様になるし、女子の体重が百五十ポンド(約百六十kg)を越えると言って居る。そう成ったら揺籃地を訪ねないだろうが、そういう時が来るか、来ないかは知らんが、僕らは根源を探す人間性を脱皮出来ないだろう。移民として過激分子を除いで、祖国の衰退か亡国を願う人を僕は見た事がない。それは祖国が繁栄すると僕らも間接的に恵沢を受けると云う現金主義よりも、白衣民族の血と皮膚が本能的に僕らをそうさせるのである。その故、僕らは他の国から来た移民のように、何時も故国と僕らが選択したアメリカが千秋万歳健在し、もっと繁栄するのを真心から祈るのみである。

著者の履歴書

孫鍾英(John Y. Sohn)

孫 鍾 英 (John Young Sohn)
1043 Via Verde, Del Rey Oaks, CA 93940, U.S.A.
生 : 一九二三、一一、一四

一九四一	元山商業学校卒業。
一九四四	京城高等商業学校卒業。
一九四四	日本軍学兵として徴集される。
一九四五	日本軍から少尉で、除隊
一九四六	駐韓米軍の通訳。
一九四六-四八	江原高等中学校英語教師。
一九四八-四九	米国ミゾリ州、中央神学校在学。
一九五一	カリホルニア州、南加州神学校卒業。
一九五一	米国防外国語大学、韓国語課就職。
一九五三	同大学、韓国語教科書編纂長に任命される。
一九五六	ミシガン大学、夏季言語学課程受講。
一九五七-七九	米国防外国語大学韓國語課長。
一九六二	モントレイ郡韓美親睦会、第二代会長。
一九六三	張牧師とモントレイ韓国教会創立。
一九六二-六四	インデイアナ大学、韓国語学科創立。
一九六五	同大学で、言語学碩士獲得。
一九六六-六七	同大学で、言語学博士課程終了。
一九六九-七0	カリホルニア大学、研究と学習。
一九七三	インデイアナ大学で言語学博士号獲得。
一九八二-八七	米国防外国語大学、研究評価部長。
一九八八-九六	同大学、韓国語課長。
一九九六年末	同大学、四五年勤務後引退。

著書	米国防外国語大学、韓国教科書二0余巻。
	数個の学誌に論文発表。
	二00七年 {ひどい日本軍の朝鮮学兵ー英文版出版}
受賞	米国防外国語大学四十五年在職中、多くの褒章を受く。
一九九0年	韓国、盧泰禹大統領から韓国国民褒章を受く。
一九九七年	米国防外国語大学隠退時、クリントン大統領から感謝状を受く。

圖書目錄

Imamura, Shinobu, Zirni Manuscript, Kyoto University, Japan 1961.
Andrew, M.SW., Tamil Language. Moscor Nauka, 1965.
Raghavan, A.M.S., ed. Tamil Language-DSictionary-English. Madrass Sandaram. 1055.
MADRAS, sandaram, 1955.
MURPHY, John D. A handbook of Tamil Language.Washington D.C.
NationAL Security Agency. 1957.

日本軍の朝鮮学兵 - 二次大戦中 -

초판인쇄 2011년 10월 21일 초판 1쇄 인쇄
초판발행 2011년 10월 31일 초판 1쇄 발행

저 자 손 종 영
발 행 인 윤 석 현
발 행 처 제이앤씨
책임편집 이 신 · 정지혜 · 최인노
등록번호 제7-220호

우편주소 ㊝ 132-702 서울시 도봉구 창동 624-1
북한산 현대홈시티 102-1206
대표전화 02) 992 / 3253
전 송 02) 991 / 1285
홈페이지 http://www.jncbms.co.kr
전자우편 jncbook@hanmail.net

ISBN 978-89-5668-874-9 93340 정가 14,000원